PUBLIC HISTORY IN CHINA
中国公共史学集刊

第三集

（影像史学专号 Ⅱ）

主编◎姜 萌 滕 乐

中国社会科学出版社

图书在版编目（CIP）数据

中国公共史学集刊. 第三集 / 姜萌，滕乐主编. —北京：中国社会科学出版社，2020.12
ISBN 978-7-5203-7476-7

Ⅰ.①中⋯ Ⅱ.①姜⋯②滕⋯ Ⅲ.①史学—中国—文集 Ⅳ.①K207-53

中国版本图书馆CIP数据核字（2020）第222778号

出 版 人	赵剑英
责任编辑	耿晓明
责任校对	李　萍
责任印制	李寡寡

出　　版	中国社会科学出版社
社　　址	北京鼓楼西大街甲158号
邮　　编	100720
网　　址	http://www.csspw.cn
发 行 部	010-84083685
门 市 部	010-84029450
经　　销	新华书店及其他书店
印刷装订	三河弘翰印务有限公司
版　　次	2020年12月第1版
印　　次	2020年12月第1次印刷
开　　本	710×1000 1/16
印　　张	23.25
插　　页	2
字　　数	358千字
定　　价	98.00元

凡购买中国社会科学出版社图书，如有质量问题请与本社营销中心联系调换
电话：010-84083683
版权所有　侵权必究

《中国公共史学》集刊
学术委员会

主　任

杨念群（中国人民大学史学理论研究所所长、中国人民大学历史学院教授）

委　员（以拼音排序）

安德鲁·林奇［Andrew Lynch］（西澳大利亚大学情感史中心教授）

黄兴涛（中国人民大学历史学院院长、教授）

黄克武（中研院近代史研究所研究员）

杰夫·丘比特［Geoffrey Cubitt］（英国约克大学公共史学中心主任，英国约克大学历史系教授）

李伯重（北京大学历史系教授）

李红岩（中国社会科学杂志社副总编辑、研究员）

梁元生（香港中文大学文学院院长、教授）

莎拉·里斯·琼斯［Sarah Rees Jones］（英国约克大学中世纪研究中心主任、英国约克大学历史系教授）

孙　江（南京大学学衡研究院院长、南京大学历史系教授）

王　笛（澳门大学历史系教授）

王明珂（中研院历史语言研究所所长、研究员）

王奇生（北京大学历史系教授）

王　希（北京大学历史系/印第安纳大学历史系教授）

王学典（山东大学儒学高等研究院执行院长、教授）

许纪霖（华东师范大学思勉人文高等研究院教授）

亚历山德拉·M. 劳德［Alexandra M. Lord］（美国历史博物馆医学部部长、研究员）

伊夫·克鲁姆纳盖尔［Yves Krumenacker］（国际基督教历史研究委员会［CIHEC］副会长、法国里昂大学近代史教授）

本期主编

姜　萌　滕　乐

编委会委员（以拼音排序）

杜宣莹（中国人民大学历史学院助理教授）

蒋竹山（台湾东华大学副教授）

姜　萌（中国人民大学历史学院教授）

林　卉（中国传媒大学崔永元口述历史研究中心副主任）

滕　乐（中国政法大学光明新闻传播学院助理教授）

王文婧（中国人民大学历史学院助理教授）

杨祥银（中国人民大学历史学院教授）

张宏杰（中国人民大学历史学院研究馆员）

周东华（杭州师范大学历史系主任、教授）

目　录

开篇的话

影像为历史叙事插上想象的翅膀 …………………………… 滕乐（1）

工作坊传真

历史再现的可能性
　　——从《长安十二时辰说起》 ………… 马伯庸、李开元等（5）

专题研究

图像史视野中的"通州八里桥之战" ………………… 刘鸿亮（44）
晚清的影像与中国人形象认知 ……………………… 徐峰（92）
照片中的晚清
　　——论晚清史书写中的照片使用问题 ……… 杨建秋（114）
影像史学视域下傣族"琵琶鬼"认知变迁研究
　　——以电影《摩雅傣》《孔雀公主》为例 …… 刘金泉、曾备（168）
中国口述历史类影像作品创作变迁 ………………… 林卉（189）
从大众传播到拟态的人际传播
　　——新媒体环境下传统历史剧的挑战及其突破 ……… 滕乐（206）

实践者说

修志问道　用影像记录时代
　　——大型纪录片《中国影像方志》策划手记 ………… 于洪（226）

调查分析

电视历史剧对当代青年历史认知影响探究
　　——一个跨学科研究的探索
………………………… 黄山、余稷荣、崔童、张亦琪、李祎凝（243）

资料整理

中国影像史学研究论著篇目汇编（续） ………………… 楼文婷（278）

学术编年

2019年中国公共史学发展编年 ……………………………… 韩晶晶（338）

编后记 …………………………………………………………… 姜萌（364）

> 开篇的话

影像为历史叙事插上想象的翅膀

如果给你一张欧洲地图，这幅地图除了标注维也纳和它北边的柏林之外，没有标注任何地方，那么，你能否说出布拉格大致的位置？对于多数出生在二战以后的人们，尤其是欧洲人来说，这个问题容易回答。他们会把布拉格放在维也纳的东边。道理很简单，布拉格曾经是捷克斯洛伐克的首都，这个国家在很长一段时间里，属于东欧社会主义阵营，因此，多数欧洲人，一定会把布拉格放置在维也纳的东边。但是，当人们审视地图时，大家会惊讶地发现，事实上，布拉格在维也纳的西边。

这是法国著名社会学家塞尔日·莫斯科维奇（Serge Moscovici）在其经典著作《社会表征》中所提到一个故事。这样一种错误的判断，也许不单单只出现在欧洲人身上，它会成为出生于20世纪后半叶所有人的集体记忆。因为历史不但在抽象层面影响了人们看待世界的方法，更在具象层面型塑了人们认知世界的方式。很多人们无比熟悉的概念，如"东方""西方"这些简单的词汇，无不包含广阔的历史背景和文化意义。传统上，人们解读这些意义时，往往从文字，以及文字背后浩如烟海的符号世界入手，但是，20世纪以来，随着影像技术的不断发展，图像、视频、流媒体，为人们理解抽象世界，提供了不一样的视角。对于历史认知而言，其革命意义可谓非比寻常。

首先，影像的呈现，改变了人们历史认知的基本框架。对于历史学专业以外的多数人而言，这样一种认知框架的搭建，多数来自从小到大一直在背诵，却从未真正理解的教科书话语体系。例如，一旦提到晚清，充斥于人们脑海的是一套悲情主义的话语体系。几乎每一个人，都会自动联想到贫穷落后、被动挨打、吏治腐败、积贫积弱。然而，真实的历史，是否能够简单地用几个充满情绪化的形容词来概括？答案是否定的。当我们真正深入历史现场，尤其是将视野拓宽到当时留下的影像，我们会发现晚清时期的中国，在社会的方方面面，已经广泛存在了现代性的萌芽。而那些积贫积弱、麻木不仁的影像叙事，与其说是来自于当时社会的真实状况，不如说是来自于西方早期殖民者，带有强烈"东方主义"情绪的文化标签。也就是说，记录者在记录之前，脑海中已然存在关于被记录者的某种框架，而这样一种框架，未必真的会客观表现被记录者的状态。"我告诉你的都是真实的，但是未必所有的真相，我都会告诉你。"因此，影像有时是文字的补充，有时是文字的对立面，但更多的时候，影像会揭开被文字有意忽略的历史细节，从这些细节入手，人们得以窥探真实历史的冰山一角。窥一斑而见全豹，从影像出发，研究者常常会拼贴出更加准确的历史真相，或许还会由此引发一场学术界的范式革命。

当然，影像的力量往往不满足于表达肉眼可见的现实世界，它更可能成为想象世界的具象化表达。在中原的传统文化中，儒家文化强调"子不语怪力乱神"。然而，对于边疆地区的少数民族而言，神祇或鬼怪却是他们日常生活中无比真实的一部分。正像名剧《安魂曲》中所言："睁开眼睛的那个世界不是真实的，闭上眼睛的那个世界才是真实的。"新中国成立前，被宗教势力所笼罩的少数民族地区，百姓就生活在权力和宗教的双重压迫之下。展现宗教势力的压迫，以及压迫背后的反抗，文字的表达力量，要远远逊色于影像的表达。于是，我们看到，在20世纪50年代，大量描述少数民族在党的领导下翻身得解放的主旋律电影，把表述的重点，放在"人"与"鬼"的抗争之上。这些电影反映了少数民族地区如何消灭封建首领将普通百姓污蔑为"琵琶鬼"这一段尘封的历史。由此可见，20世纪的中国，经历了远比西方更加彻底的革命。这样一种革命，不但在社会组织层面，更深入每一个人的心灵深处。对于深入灵魂的革命，影像的表达，显然，比文字有更为强大的表现力，也更容易俘获人心。

影像不但会影响人们想什么，更会影响人们怎么想。现代社会，除了出身历史学专业的人士，多数人恐怕既不会从历史类学术专著，更不会选择二十四史去了解史实。社会公众了解历史最普遍的渠道，恐怕就是通过大众媒体传播的历史影视剧。然而，多数情况下，普通受众难以区分历史正剧、历史传奇剧，以及各种历史戏说剧之间的区别。作为一种面向普通大众——尤其是社会中下层——的媒体，电视曾在受众的历史观，尤其是低学历受众历史观的建构过程中，起到了举足轻重的作用。而更让历史学专业工作者感到焦虑的是，随着互联网平台的全面主流化，传统媒体时代曾经广受好评的历史正剧，在互联网时代，却逐渐销声匿迹。面对这种状况，历史学专业的工作者无奈之外，更多的是焦灼。当今时代，到底应该如何运用影像、视频、短视频去传播正确的历史知识、建构正确的价值观体系，帮助受众鉴古知今，已经成为新媒体环境下，公共史学工作者的当务之急。

这是历史学界行业内部的焦虑，这也是整个社会共通的焦虑。为什么今天的中国会普遍存在这种焦虑？首先，这跟历史在中国文化中特殊的地位有关。作为一个在帝国时代肇始之初，就基本摆脱了神权统治，实现了政教分离的国家，传统的中华帝国之中，历史起到了国家宗教的作用。千载而下，由《史记》开启的正史记录体系，成为传统中国当之无愧的国家宗教。以史立国，为帝国正统性背书；以史立身，成为个人的终极追求。其次，这与今天的中国人，在全球化时代的身份焦虑有关。经过20世纪整整一个世纪的革命，中国成为全球化以来最大的受益国，我们脚下的土地成为第一世界和第三世界间最为重要的枢纽。然而，夹在大陆文明与海洋文明之间的中国，在"向东方还是向西方"的选择上，常常出现身份的迷茫，因此，我们需要历史指引我们前进的方向。最后，技术是造成焦虑的触发点。新媒体技术以排山倒海之势，将每个人卷入信息爆炸之中。历史，也成为各种标题党和离奇故事的汇聚地。人们需要理性、客观、公正的历史书写，更需要通俗易懂、喜闻乐见、以人为本的历史书写。显然，在信息茧房包裹每一个受众的今天，真正被需要的历史表达实际上是有所欠缺的。

那么，我们到底需要什么样的历史？我们到底需要怎样被表达的历史？我们到底需要历史的书写者怎样来表达？我们通常认为，影像是瞬间的、善变的、难于捕捉的，然而，心理学研究发现，在人们日常的交流中，文字所传达的信息，只占信息总量的 7%，而文字之外的表情、动作、语音、语调等等，则占到了传达信息的 93% 之多。有一部描述少数民族历史的通俗读物，叫作《另一半中国史》，提醒我们少数民族的历史是另一半的中国史。而文字记录之外的中国史，更是一多半的中国史。艺术界说，音乐无国界。新闻界说，一图胜千言。泛媒体时代，影像无疑比文字具备更为强大的表达力量。

影像是单纯的，同时，也是复杂的。它只捕捉了历史的一个某个瞬间；然而，一个瞬间，往往会凝固成永恒。

影像是大众的，同时，也是精英的。认知影像的门槛，要远远低于阅读文字的门槛；然而，拍摄一段专业影像的素养，却远远比书写一段专业的文字，需要更为长久的训练。

影像是民族的，同时，也是世界的。我们看到五星红旗会心潮澎湃，我们听到国歌会热泪盈眶，当然，我们解读出"宅兹中国"的铭文时会温暖感动。

这就是影像的力量。它更古老，也更年轻。它转瞬即逝，也亘古长存。它是整个民族共同的集体记忆，它更是每个个体怦然心动的温暖瞬间。

《中国公共史学集刊》第三集，带你走进影像史学，我们相信，在新媒体技术彻底改写人类传播格局的今天，影像将为历史叙事插上想象的翅膀。

滕乐

2020 年 10 月 8 日

工作坊传真

历史再现的可能性
——从《长安十二时辰说起》

主旨发言：
马伯庸（作家，《长安十二时辰》《两京十五日》作者）
与谈人：（以姓氏笔画排列）
李开元（北京大学人文社会科学研究院访问教授；日本就实大学人文科学部教授）
陈阳（中国人民大学文学院教授）
张宏杰（作家，中国人民大学历史学院教师）
肖铁（北京大学人文社会科学研究院邀访学者；美国印第安纳大学东亚语言文学系副教授）
邱靖嘉（中国人民大学历史学院副教授）
姜萌（中国人民大学史学理论研究所副所长，历史学院副教授）
路国权（北京大学人文社会科学研究院邀访学者；山东大学历史文化学院副教授）
滕乐（中国政法大学光明新闻传播学院助理教授）
主持人：
杨念群（中国人民大学史学理论研究所所长、历史学院教授）
时间：2019年10月15日上午9：00—12：00

杨念群： 这次把各位朋友约在一起是想讨论一个有意思的话题，

那就是历史写作的学术性与通俗性之间的关系到底是什么？现在的历史学基本分学院派和通俗写作这两个阵营。学院派的研究路径越来越窄，写论著必须遵守刻板的套路，否则刊物不给发表，这个套路不一定是因为生产出来的东西很出色，而是因为这样一种产生历史作品的方式越来越和某种谋生的利益勾连在了一起。现在的一些年青学者走了这条路，很少能够按自己的兴趣写东西，而是必须顾及一些现实利益导向的要求，比如为了获得工作量的认可或为了评职称等等，这样写出来的东西往往很刻板无趣，即使有的人脑子里真正产生了有趣的想法，也不敢写出来，因为写出来也没地方发表。这严重限制了学院派历史学的活力。从事非虚构写作的人则不须有这个顾虑，他们完全是凭借个人兴趣自由写作，写出来的东西不拘一格，从文笔到内容可读性非常强，这对学院派产生了冲击。但非虚构写作也面临着诸多挑战，如通俗写作是否与读者的流行口味合拍？如果仅仅考虑趣味性，会不会有过度迎合读者的偏向？通俗写作只是在写法上表现出即时性的好看一面，是否还应该考虑融入某些思想性，并最终建立起自己的历史观解释框架？现在我们的非虚构写作似乎还没有认真思考过以上问题，写作风格比较松散，各干各的，应该肯定，在表现各个朝代，各个断代的历史方面非虚构写作都出现了非常优秀的作品，但是还需要形成更严密的逻辑，更深层的历史观。如果非虚构写作者能够与学院派历史学真正形成对话，那对双方的发展都将非常有利。非虚构写作要想真正影响人们的世界观，似乎应该在更深层次的历史观上下功夫，学院派的历史研究者也同时应该摒弃越来越僵化的写作套路，多多与非虚构写作者进行交流，以促成历史研究写作风格的多样化。这是个人的看法，仅供讨论。

李开元老师在微信上说已经开始在北大文研院开讲座，讲授非虚构写作的一些技巧。我觉得这也是一个非常重要的发展方向，通过在学院里授课，逐渐把非虚构历史的构思理念，写作手法系统地加以总结和阐释，会培养年青学者的历史想象力，这是我的第一个想法。第二个想法，历史的非虚构写作具有跨界的特点，很早就跟影视圈密切结合，也生产出了不少优秀作品，比如这次《长安十二时辰》继小说之后马上被拍成网剧，火爆程度出人意料，大家都在看。这里涉及一个问题，历史通俗写作与历史剧的影视改编之间到底应该形成什么样的合作关系？一些历史通俗作品被改编成影视剧之后，有的作者感觉比较准确地反映了自己的写作意图，有些人则认为改动得面目全非，已经与原作品无关。那么，影视圈对原作的修改，其标准和限度在哪里？在描写"真实"与"虚构"之间是否应该建立起某种规则？我觉得也是可以讨论的一个重要问题。

这次《长安十二时辰》我看了几集，大家都说细节做得很好，有些服装包括长安城当时一些历史的状态，还有一些诸如望楼、报时那样的设计，我对唐史不太了解，这些处理跟历史什么关系，是否做了一些改变，我不是很清楚。在学院派和非虚构写作者之间以及影视圈与通俗写作的跨界尝试之间，应该形成互相沟通的对话关系，这也是我们想要做的事情。当然我跟姜萌也商量过，我们是史学理论研究所，不能把自己变成一个空谈理论的机构，我们应该更多采取开放学习的态度，为中国历史学的发展提供新的生长点。马伯庸先生这次来所里做演讲，算是我们公共史学工作坊的一次新的尝试。也是《公共史学集刊》的一次新的开始，我们希望把这个活动继续推动下去，以后要多请李开元老师、张宏杰等这些非虚构史学写作的探索者们慢慢参与进来，进行各种形式的交流。今天的主角是马伯庸先生，主要请你来谈谈最近的一些写作近况，我们大家进行一些讨论。

马伯庸：最初姜萌老师找我的时候把我吓得够呛，我一直是民间文史爱好者。

我和在座有些老师聊过，有些是初次见面，但在座各位的研究成果，我都曾经拜读过。比如我看过路（国权）老师写的论文，虽然大部分看不懂，但他写的《考古照进现实》我就很喜欢，还顺藤摸瓜看了张光直先生的《美术、神话与祭祀》。张宏杰老师就不用说了，从小看到大。从《大明王朝七张面孔》。最早李开元老师的《秦谜》我到处找不到，后来买了《秦崩》《楚亡》。

李开元：我送你了。

马伯庸：我知道，我也买了，我也买了（笑）。我读过邱靖嘉老师写的司马光砸缸的考据，因为当时我看了论文觉得特别喜欢。肖铁老师几年前翻译的《大教堂》我也看了，陈阳老师写了一系列影视文学方面的文章，我也学习过。所以今天拿到名单我特别高兴，其实在座的老师我都接触过，而且都从你们身上学到不少东西。这几年我最喜欢的一件事就是去知网上泡着，虽然没拿过博士学位，但也上过知网。所以说这次来有点惶恐，也特别荣幸。《长安十二时辰》就是一个引子，主要也是想跟大家分享一下，这几年其实我有一个方向，就是杨老师说的历史非虚构写作，这几年我出了一本书《显微镜下的大明》，无意接触到明代的徽州文书，发现里面很多故事不用我虚构，不用编。里面的故事既有史学价值又有文学魅力，我就试着把它们集中起来。这书写得特别艰难，这跟《长安十二时辰》不一样，小说里我可以虚构一个望楼。但非虚构写作要按学术论文的要求，每一句都要有根据，每个结论都要有严密的证明。同时还要兼顾文本的趣味性，所以对我来说是个很大的挑战，明史啃得非常辛苦。比如当时有一份材料只有社科院的图书馆有，我当时背着书包就去了，社科院门口警卫都没拦我，可能历史系的都长我这样。进去之后到处找，后来图书馆一个小姑娘问你找谁？我说办图书证。她说你是哪个系？得要介绍信。我说我是市民。她说那不行。我刚要出去，她说你是马伯庸吗？我说你认出来了。她特别激动但还是没让我借，人家是严格要求。

　　后来我通过她联系到了社科院的几位老师，几位老师人特别好，说你不要找原始材料，那个东西保存状况不太好，不可能亲自让你接触到。他们后来做了整理，我后来到专业刊物直接找到现成的材料。特别有意思的是写这段的时候可以感受到学术共同体和专业学者花的心思和心血。我一直在思考，专业学者和我们这些文史爱好者和爱看小说的人三者之间有什么样的关系。我有一个很大的惊喜，《显微镜下的大明》出版后，大概现在有20万左右的销量，没想到有这么好。我原来纯粹是因为自己喜欢才写，但没想到后来引起很多讨论。其实现在的读者对于历史这一块，并不像我们想象得那么隔膜，或者说觉得太学术太枯燥没兴趣。其实他们对里面蕴藏的知识点，体现出、折射出的理念甚至一些史学思维是有兴趣的。只要有合适的机会、合适的媒介，能让他们领略到史学界新的学术成果，他们的兴趣比我们想象得大得多。

我这次也稍微做了准备，连带着稍微说一下《长安十二时辰》。之前我看过一部电影《波希米亚狂想曲》，是英国皇后乐队主唱的传记。我是皇后乐队粉，所以对里面有一个细节很关注：主角发现自己得艾滋病了，把乐队成员叫过来，在演唱会前夕把这件事说出去，一帮人特别感动，说要最后一次绽放光芒，后来演出非常成功。我是皇后乐队粉，知道这事在历史上是不对的。事实上，皇后乐队演出的时候没人知道他得病，他是后来才查出来自己得了艾滋病。但我也能明白编剧为什么这么改，这么一改戏剧性特别强，让人觉得整个情绪就起来了。所以当时看到那段，我想起鲁迅先生的《藤野先生》，藤野先生有一次检查鲁迅的解剖学笔记，拿过去说你把血管位置挪了一下，虽然确实好看了，但真实情况不是这样，咱们不能按自己想的改。鲁迅先生说我知道血管在那儿，但是我觉得这么画更好看。

我在想，藤野先生和鲁迅的对话其实就有点像历史跟文学的对话。历史要求的是真实性，追求的是一定要严丝合缝，不管怎么样，要原样还原历史。但文学有时候要以戏剧性为主，想得最多的是如何把戏剧性表达出来，怎么好看。这个问题我一直在思考，后来无意看到姜萌老师的论文《通俗史学、大众史学和公共史学》。那篇论文给我启发特别大，当时姜萌老师谈到通俗史学，将其归类为民间通俗历史，虽然讲的是历史，但跟文学分不开，里面很多史学观念，都是从《三国演义》《水浒传》谈起的。很多专业史书，比如《史记》，司马迁写《史记》就跟文学结合得很好，既有史实性，又兼具了可读性。而大众史学，尤其讲到公共史学，我记得您分了一个小类叫影视史学，包括百家讲坛和纪录片等，拍的是历史，但会找人演出来。

我发现，历史学正在向文学借鉴表达方式，通过一些文学手法来表达一些真实的历史事实。这一块儿我不熟，史学我不敢瞎说，几位都是专家。我在想是否文学也可以从史学角度去借鉴一些历史思维，包括借鉴一些细节。很多拍历史剧的人有一个问题，他们会觉得细节不重要。有些影视剧特别离谱，像我看过一个唐朝的电视剧，武则天手里拿着线装书。还有一个拍《封神演义》的，姜子牙去西岐之前说："古人有云，天将降大任于斯人也。"我说大哥你看看时间好不好，孟子在您面前算什么古人？刚才陆老师跟我聊，是不是对三代有兴趣？我说有兴趣，但不敢写。因为三代那会儿没法写，哪句成语都不能用。

很多影视作品特别不靠谱。像有一个唐代剧里，里面摆一兵马俑。我说这也忍了，你愣说唐朝人挖出一兵马俑觉得好看摆在家里，说得通。结果他家里还摆唐三彩，我说那是明器好不好，就跟你在家里摆一花圈一样。这些细节，很多制片方特别不注意。我在写历史小说的时候，希望能够达到的一个效果，是把历史真实的细节，以及一些史学思维方法加进去。对我而言，最好最理想的文本状态，是既不违背真实历史，同时在细节上也能够有所发挥。因为历史是片断的，史料永远是不全的，我们不可能知道一件事完全真实的形态，那么在这种情况下，我们通过一些逻辑链条，把两个残缺的细节连接到一块儿，把它补充完全，是个有趣的尝试。这个逻辑链条不一定是真的，但不要紧。从历史角度，这是一个需要大胆假设小心求证的过程；对文学作品来说，我们需要的并不是追求历史的真实性，而是要追求历史的合理性。

我特别喜欢举一个例子，写历史小说的人有点像"美洲的轮子"，美洲文明没有发展出车轮，他们不知道轮子，但他们有没有可能中间有人想出一个轮子，因为轮子这个东西发明起来并不那么难，从逻辑、环境和技术上有可能发明轮子，只是由于种种原因没有流行开来。其实我们写历史文学的时候就是在创造一个美洲的轮子，美洲没有轮子，史实上没有这个东西，但是从逻辑上我们可以想象，可以附加想象的东西在，但同时也要反复跟读者强调，我哪些是虚构的，哪些是非虚构的，哪些是真实历史中汲取的经验，哪些不是。所以我一直在想这些问题，一会儿可以向陈阳老师当面讨教。

影视圈有一个原则，叫大事不虚，小事不拘。就是大事一定不能改变，小事可以进行想象。我刚才说到很多史料背后想象的逻辑，我有亲身经历。2014年我在成都自驾游,想把诸葛亮的北伐路线走一圈,从成都出发一直到剑阁、汉中,围着秦岭转了好几圈,从祁山过去到礼县,绕到天水、街亭。到街亭特别有意思,街亭已经没什么东西了。据说有一块碑叫街亭镇还是街亭井,但找不着了。我到处问,镇子特别破,后来碰到一个联通的工作人员,说沿着这个路往上走。我一上去发现不对劲,特别漂亮的四车道柏油路,上到山顶,有极其壮观的跟陵园一样的仿汉亭,松柏成行,中间有一个碑,我说变化怎么那么大,凑过去一看,上书"街亭古战场"。整个旅途中,给我感受最深的,是在汉中。汉中有个地方叫勉县,是诸葛亮屯兵练兵的地方。我对有关诸葛亮的一个史实细节一直很好奇,他临终遗命说给我葬在定军山,但没说为什么。我想为什么葬在定军山?定军山是黄忠斩夏侯渊的地方,关你什么事?后来到了勉县我先去了诸葛亮的墓,看了之后出来,发现背后就是定军山。定军山是勉县最高的山,挺突出。我爬上山顶一看,忽然理解诸葛亮为什么要葬到定军山,因为从山顶可以俯瞰整个勉县,他的屯田之处、练兵之处、打造军械之处、办公场所,全在那里。他是舍不得北伐事业,希望自己死后,也能注视着后继者把北伐进行下去。这个猜想,没有任何史料佐证,写论文肯定是通不过的。但从人性的角度,我觉得很合理,他葬在定军山寄托了自己的理想,很符合人物的形象和性格,这让我冲动地想以此为题材写一部小说,把诸葛亮内心不为人知的想法写出来,表达出来。论文我不敢写,但写小说我觉得应该是可以实现的。

所以那次给我感触特别深的地方,就在于历史的合理性和历史的合理想象到底该是怎么样的分寸,怎么保障它和真实历史……

杨念群:下本书是这个?

马伯庸:下本书是《京杭大运河》(正式出版时改为《两京十五日》,湖南文艺出版社2020年7月出版),当时我读宣德皇帝登基那段历史,特别有意思。朱棣把首都从南京迁到北京。朱棣的继任者洪熙皇帝朱高炽想从北京迁都到南京,派了太子朱瞻基到南京打前站。他一到南京脚没落地,北京那边就传来洪熙皇帝死了,让他回去继位。他叔叔汉王朱高煦,还试图篡位。宣德从南京往北京奔,汉王半路截击但没截住。所以我写的小说就是宣德从南京到北京路上这15天的事。我算了一下，只能走漕运，而且路上只能15天，其他任何交通方式都不可能达到这个速度。而且我觉得很奇怪，他爸死后，朝廷派人去南京通知他，但和宣德往回走的时间点对不上，他提前就出发了。所以到底怎么回事？史书没有记载，但背后的合理想象，我打造了一个逻辑链条出来，敷衍成文。

所以我想，写历史小说最好玩的地方就在于，作者是带着镣铐跳舞。很多人说写历史小说受限制太多，真实历史事件放在这儿你不能改，又不能变。尤其写悬疑小说，举个例子，《长安十二时辰》里面有一个角色叫元载，是一个真小人，只认好处不认别的。电视剧在播的时候，每天他都上热搜，每天有人在下面刷元载什么时候死，大家都恨他。我说你们读点历史就知道他死不了，不光没死，还当了宰相。写这种小说最头疼的是，结局大家都知道，元载没有死，我不可能给写死，再坏都不能死。其实《长安十二时辰》里我最早想写李白，但我查了一下，天宝三年李白在山东旅游没回来呢，我就没写他。

回到我讲的《长安十二时辰》。杨老师提到望楼传递消息，其实那是杜撰的。因为当时我要解决一个问题，我给自己写小说定的是24小时（一天）之内事情要结束。这个故事在现在好说，有手机，但长安城太大了，一坊跑到另一坊得跑一天，不可能一天完成这些事。所以我以中国古代的烽燧堡作为基础，杜撰了一个望楼系统。每个坊有一座望楼，靠敲鼓传递信息，曹盾导演比我还牛，他搞了一个翻牌，以十六比特的速度传输信息。那个东西曾经存在吗？不存在。但可能做得出来吗？从技术上唐代可以有这种东西，但传输效率绝对极差，而且成本极高，不实用，所以那就是一个合理想象。还有，书里我写主角随身带着弩箭，曹盾导演拍着拍着就骂我，说你写的时候是不是把弩箭当枪写的？我说是的。小说里经常是主角拿着弩啪啪两下，把敌人射倒。曹盾导演说你知道唐代的弩多大吗？一个最小的弩也有半人多高，扛着那个到处走，身上别的都别带了。我说这个我不管，我就是觉得这个好看，你来解决这个问题。他挺厉害，做了两个小木块合在一块儿挂在身上，到用的时候一转，转成十字，一个小箭挂上，只能把人致残，把弩和枪的问题解决了。《长安十二时辰》很多道具的设置，都特别精细。里面有一个情节，主角需要在一个小时（半个时辰）之内解决一件事，不解决就杀头。当官的拿一条金龙放在那儿，金龙是空的，有一条线两头拴两个铜球，一个一个挂上去，上面架一根香，香烧到线这儿，线就断了，两个铜球咣一下砸在地上，非常有冲击感。这东西历史上也没有，但视觉、感官上确实是一个时间紧迫非常清晰的符号。

当时我写小说的时候，虚构了很多小细节，但我跟曹盾说，这些细节是虚构出来的，但一定要有所本，一定要以真实历史为基础，不能写出什么飞碟、机关枪，这不靠谱。而且还有一点，大事不能改。我小说里最终的坏人是安禄山，但没法写，因为当时安禄山正得宠，而且在接下来的十年内他的地位不断提高，我在天宝三年写他的阴谋败露，剧情上没法交代。所以写历史小说最大的痛苦，在于限制特别多，但同时也是这种限制才能给小说带来不一样的质感，完全不一样的精神面貌。写历史小说我们会占一个大便宜，比如说写唐明皇出来，杨贵妃出来，我不用交代他们的背景，老百姓都知道，只要关注故事线的关系就够了。这部戏之所以火，一是因为主创人员拍得好，另一方面是每个中国人心中都有一个盛唐长安的情结。无论对唐代是否了解，一提盛唐长安你胸中会升起豪气，这种豪气落实、投射到电视剧会造成热播。这是历史提供给文学最大的帮助，已经给我们提供了最好的想象共同体，最好的背景普及，只要我们铺陈出好的人物关系，自然就能带出魅力。

我记得当时看姚雪垠先生的《李自成》，那版序言是郭绍虞先生写的，特别贴合今天讨论的话题，他说写历史小说有写历史小说的困难，不熟悉史实就没办法写得有条有理、丝丝入扣。姚雪垠同志的《李自成》在刻苦钻研的基础上搜罗了大量的资料，去伪存真、去异求同理出一条线索，所以历史知识就是一个最基本的必要条件，但这还是一个创作，所谓创作应该是自无而成有，西方人说叫作 making out of nothing。创作和著作不一样，写历史小说的困难之处在于姚雪垠能把独特、丰富的想象力写得有血有肉、栩栩如生。不仅自无而成有，还要自静而到动，由动到活。姚雪垠能做到这点，《李自成》一出版就造成非常大的轰动。姚雪垠先生真正做到了大事不虚，小事不拘，在搜集丰富资料的前提下，还做了making out of nothing，做了一下艺术的升华，最后形成经典作品。亚里士多德在《诗学》中提到诗人的社会职责，"诗人的职责不在描述已发生的事，而在描述可能发生的事"，就是这个道理。

我特别喜欢徐兴业先生的《金瓯缺》，很喜欢，但永远看不完。它一共四卷，前两卷讲的是宋金的海上之盟，两边一起打燕京，但是没有打下来，第三卷到靖康之耻，到第四卷就到南宋那一段，特别惨。看到北宋这帮傻子君臣，生生把很好的局面葬送，看不下去。《汴京之围》我也看不下去，不是写得差，是写得太好。越好就越惨。高阳很多小说我很爱看，但大部分我看不下去，不是瀛台泣血，就是汉宫悲秋，听着名就特别难受、特别丧，但这些作品有来自历史的魅力。历史对于小说最大的意义，就在于它所赋予的真实性以及真实性带来的质感。以前我看安徒生的《夜莺》，背景是中国，但看这篇小说我们不会觉得这是中国历史，因为那是西方人想象的东西。童话很好，但作为中国背景的小说不合格，因为里面的细节极其模糊。里面人的讲话，他们的言词动态都跟中国没关系，他们没有做到历史真实性的反映，所以只能是一个童话。

我之前专门研究过一个特别好玩的议题，唐代有一本书叫《酉阳杂俎》，里面有一个故事叫《叶限》，说南蛮国有一个吴洞主，女儿叫叶限，叶限妈妈死得早，吴洞主娶了后妈，带了三姐姐过来，每天逼着叶限干活，弄得一身灰。她的干妈过来说你把小金鱼烧了，能帮你。她把自己养的金鱼烧了，变成一身绫罗绸缎和一双绣花鞋。叶限穿着到集市，丢了一只鞋，被一个商人捡到，拿到一个岛国，把鞋卖给岛主，岛主拿到鞋说鞋很漂亮，穿这鞋的姑娘肯定很漂亮，回去找，说谁穿这鞋我就娶谁为妻。最后找到叶限，她能穿上这鞋，于是岛主把她娶回去。我一看，这不就是灰姑娘吗？查了一下学界的研究，现在有公认，叶限就是灰姑娘最早的原型，辛德瑞拉故事的中国版本。那么，为什么灰姑娘现在家喻户晓，叶限无人知晓，扔在故纸堆里？后来我想了想，可能就是因为这个故事按中国逻辑说不通，没办法讲成一个中国故事。咱们举个例子，如果写隋炀帝开了舞会，叶限去了，说半夜十二点我得走了，隋炀帝怎么可能放她走，直接大门一关，直接晚上就洞房了。李世民也不行，睡自己弟媳妇，唐明皇也不行，睡自己儿媳妇。中国皇权太大了，灰姑娘参加国王的舞会，子时的时候还能回家，这在中国皇权逻辑中是说不通的。但是这在西方，逻辑就顺了。灰姑娘的背景是中世纪，所谓的国王就是地方小领主，对领民的管束权、控制力很弱，所以灰姑娘可以从舞会逃走，逻辑讲得通。背后潜藏的社会规则的不同，导致了同一个故事内核衍生出不同的命运。所以我在想写历史小说最重要的，是怎样从真实历史中借鉴想法。我想这大概分成三个层次：第一层是硬件的借鉴。比如唐代人看书，看的是卷轴，不是线装，明代才有线装书。唐代看卷轴的时候会有一个小小的斜台，把卷从右到左展开，看一段展一段，这是唐代特有的器物。

有时候我们写三国或者写汉代故事，绝对不能出现桌子、椅子，那个时候都是跪坐在毯子上，前面有一个小案几，这些细节都是硬件细节，这是最低的要求，如果没有硬件细节，你的故事就会跟以前民间戏曲的古装一样，不管什么时候的人民都穿着蟒袍，都穿着明清时候的官袍，那就属于民间的想象了。

第二层就是软件。所谓的软件就是习俗。唐代你不能叫人爸爸，这是后面才出现的称呼。在明之前，你称呼官员不能称大人，这也是明代之后尤其是到了明中后期才会流行的称呼，在这之前称郡望也罢，称别号也罢，称官职也罢，总之不能叫大人。这些软件上的称呼，官职称谓，软件的还原也是还原历史的重要的点，这点都做不到，历史的质感就消失了。

第三层，是社会规则的还原。我觉得最好的历史小说，你看到这一段不用看背景，直接能猜得出是哪个朝代，因为每一个朝代体现出的气质和社会规则都不一样。比如《金瓶梅》，我看的是洁本，全本一直没机会看（笑）。我看《金瓶梅》的时候不会觉得是宋代的事，自动代入明代。里面我印象最深的是一个角色说"皇上去找太仆寺借银子",这件事宋代是没有的,但在嘉靖年间这是特别有名的事,皇上没钱了,找太仆寺借银子,结果哄传民间。所以说每个时代的社会规则不一样,汉代的时候妇女可以再嫁,那时候再嫁不是丢人的事。连曹操的老婆离婚了都可以再嫁,但若是明代,寡妇再醮就会面临重重阻碍,当时礼教兴盛,提倡妇女守节。包括宋代,认为当兵是非常低贱的事,好男不当兵,好铁不打钉,这时候你写一个备受尊重的士兵,违背当时的事实。甚至写狄青,你不能写他飞扬跋扈,宋代的军将很少飞扬跋扈,永远都是战战兢兢,甚至朝廷一份圣旨下来能把他吓得半死,因为宋代是重文抑武。唐代军人的地位就完全不一样。写宋写唐,同样一个故事,逻辑背后体现出来的东西就完全不一样。

所以像器物的硬件,称呼的软件,社会规则这种体现,一定是在历史小说里用细节表现出来,才能够是一个非常好的小说,这个不光是小说,包括影视剧,能够做到这点的说实话不多。你们这些专业人士看历史剧不知道什么心情,是喜欢挑刺还是扫兴抛开不管。我之前认识复旦李碧妍老师,她是研究唐代藩镇的,我问她你看历史剧吗?她说看啊,《甄嬛传》可好看了。我说你纠里面的错吗?她说看电视剧纠什么错?看过瘾就行了。后来她跟我说了一句话,我们研究历史的也是人。后来我又问仇鹿鸣老师,说你们看电视剧会是什么心情?他说其实很简单,当文艺作品看看就算了,但你别跟我说是还原历史,《明妃传》女主角跟正统皇帝的弟弟好了,正统皇帝说给你赐婚,正统皇帝自己拿纸写,写完以后拿起来就念"奉天承运,皇帝诏曰"这有点过了。皇上自己念还"奉天承运",而且断句也错了,应该念"奉天承运皇帝,诏曰",断句还错了。这完全违背了当时的社会规则。

除此之外,还有对历史人物的塑造要不要完全遵循历史,要不要合理想象,我想起一个很久以前的事。金庸先生写《神雕侠侣》,尹志平强暴了小龙女,最后被小龙女干掉了。但真实的历史上尹志平活到70多岁,正经八百的全真教第三代掌教。后来金庸有一次去终南山,被全真教的道士拦住了,说不许上,你侮辱我们教祖。我小时候看到新闻的时候觉得很可笑，觉得道士真不懂事，跟小说较什么真？后来年纪大了，去了几次道观，了解道教的历史，觉得金庸确实有点过分。侮辱小龙女这事就不深究了，这是虚拟剧情，但让尹志平那么早就死了，对全真教其实影响很大，文学作品达到一定影响力，是否要有对真实历史的责任感，是否要有一种责任，像姜萌老师也提到，要对公共传播正确的历史书写，传播正确的历史观，传播史实。做历史非虚构写作小事不拘，大事不虚，尽量不偏离历史人物的性格和历史中的作为。

我们当然可以虚构，比如诸葛亮。诸葛亮年轻时的事迹几乎没有，完全是一片空白。我接过好多个项目说要做少年诸葛亮，我觉得挺好。少年诸葛亮干什么事？很多人设不同，有的人设是少年天才，学霸，上来就是名侦探，什么都能解决掉。还有一种人设，特别怯懦，胆特小，但出于真实的历史责任感，你最终的落点要真实。就算少年诸葛亮是一个贪生怕死，极其怯懦、特别宅的人，没问题，但你写这个故事中间一定要经历一连串的历史事件，是谁教导他还是他自己领悟的，最终要让他明白鞠躬尽瘁、死而后已的道理，变成历史中我们熟悉的诸葛亮。诸葛亮也罢，岳飞和秦桧也罢，都是同样的做法。比如要做一个秦桧的电视剧，你可以虚构剧情，说秦桧一开始特别爱国，特别热血，但中间经历了一系列事情后，最终他变坏了，变成了奸臣。如果你结尾说他还是个爱国之人，陷害岳飞是为了一个更重要的目的，这就是误人子弟了。是我不能接受的。这就是文学创作对历史的责任感。

我之前看过TVB郑少秋演的诸葛亮，看到第一集就喷得不行，第一集就是小乔逃婚，不想嫁给周瑜，遇到诸葛亮，诸葛亮造型跟楚留香一样。结果进城后被孟获逮到了，孟获是隐居在荆州黄巾军的余孽，各种乱七八糟的事。其中有两件事让我年轻时世界观崩溃了。第一件事周瑜是反派，周瑜跟孙权对话，孙权说不想袭击荆州，那是违背道义，周瑜说你必须袭击荆州。孙权说你凭什么命令我？我是你主公！周瑜一拍桌子说你爸、你哥都是我辅佐的，你在我眼里就是个屁，你要不听我的，我现在就可以把你废掉。这还不算过，后面还有更夸张的。第二件,小乔为了救诸葛亮,被迫献身给周瑜,嫁给周瑜,周瑜下毒把她毒死了。最后诸葛亮找了华佗,拿了药把小乔炼成不老不死的半僵尸。最后的结局落到五丈原,诸葛亮在禳星,外头是司马懿、周瑜、诸葛瑾三个人往里打,里头姜维和小乔两个人死顶着不放,说等着诸葛亮禳星成功,最后诸葛亮死了。这部戏开播之后,在香港也引起了很大的争议,最后没播完就停了。

这些年,历史小说的写作包括影视剧开始注重细节方面,明显可以看到不断地吸收新的学界成果,不断地吸收专家们的想法,包括请专家当顾问,专家们说的话终于有人听了,剧作也越来越精良。所以我在想,我们这些写历史小说——尤其是写历史可能性小说的,要从技术上,从真实历史中吸取元素,这是一个提升小说质感最直接的办法。我们有责任还原真实历史,向公众普及历史的真实性。《长安十二时辰》普及的唐代的这些知识,插手礼现在很流行,现在出门一问别人插手礼,人家都可以把手势摆出来,不是上来就抱拳,不是上来就磕头。这是很好的文学、影视作品向公众推动历史普及的例子。

对我来说,未来还会继续写小说,而且这个小说一定会是植根于真实历史。刚刚我讲要写京杭大运河,我自己开车沿途走了两遍,了解了很多只有当地才知道的民间传说和遗址。我觉得很好玩,特别有意思,了解了很多细节,比如船怎么过坝。到了山东,里面有一个汶上县,里面有一个鱼嘴,有一个高坡,运河怎么上高坡,怎么把船弄上去,怎么运水,是很复杂的一套水利体系,有很多技术细节值得挖掘。我之所以看姜萌老师的论文特别激动,就是里面提到,公共史学和大众史学需要有这么一批人,既有能力去阅读这些枯燥、乏味的学术论文,从枯燥、乏味的学术论文中找到最好玩、最有价值、最需要向公众传达的信息,同时也有能力通过一些轻松的写作,通过更好的、简单的方式传达给公众。这一点张宏杰老师和李开元老师是我的偶像。他们两位的非虚构写作方式,确实让人能一口气看下去,而且同时学了很多东西。

当然今天的话题有点散,不管历史、文学写作也罢,还是非虚构写作都是我未来的规划方向,也是学习方向。其实我的动机特别简单，就是通过写这个东西，作为一个理由，促使我去学更多的东西，像刚才你们都没来，路老师第一个来，我第二个来，我跟路老师聊青铜器，我说看不懂，唯一接触的是简牍学，先秦简牍的拼凑，当时我看了孙沛阳一篇极专业的论文。以前的竹片都是散的，孙沛阳发现古人虽然不写页码，但左上角到右上角划一条斜线，只有顺序正确这条线才出现，通过这种简单的方式把简牍学的排序工作解决了一大部分。这是木匠干的事。我家木匠以前搬床板的时候就是先画一条线，搬回去后按这条线重新拼一下。他发现这么一个细节，对简牍学的发展，对历史的解读都有极大的帮助，但没人知道，这件事 2013 年、2014 年就出现了。

路国权：他在上海读高二的时候发现的。

马伯庸：这么牛。后来我专门写了一篇文章，叫作《撬开一线奇迹》讲的就是这个故事，但为了讲明白这个故事，必须讲简牍学面临的各种困难以及发现的过程。当时看简牍看得快吐血，我连字都不认识。为了写那篇文章，确实学了不少东西。有时候我都搞不清楚，写这些东西到底是为了创作，还是借机学到一些我所不了解的学问，秦简也罢、汉简也罢、明代文书也罢，都充满魅力。去年我还差点报了北大辛德勇老师的文献课程，后来因为离我家太远，一直没去成。

杨念群：马老师把他的想法说了一下，还是挺有启发。社会学界有一本《社会学的想象力》。我觉得你应该写《历史学的想象力》。

马伯庸：我原来特别想写一个题材——清代"小学"，清代搞小学的人都特别厉害，也有很多八卦可写。后来我写了一篇论文讨论清代考据的现代想象，看了一些清代学者的研究，最后放弃了我的想法，因为把他们的成果进行非虚构转换实在太难了。小学里那些细节的东西，不是一时半会儿能学明白的。

杨念群：我觉得你提的有一点我特别赞同，学术论文已经形成套路之后有一些细节，但细节的表现方式跟现在一般读者是隔绝的。如果提炼出来，转换为另一种方式，大多数人都能接受或者说能看得懂或者说看得有趣的话，这种转换的意义不在现在历史学的专业写作之下，现在很多人意识不到，老是认为两者就应该是相互隔绝的。其实通俗性写作的难度并不亚于专业写作。《长安十二时辰》的考证功夫，哪怕是想象的也是花了很多心思。

路国权：写小说和剧都非常不容易。

杨念群：对，而且得有相当深厚的修养和修炼才行。

李开元：不练根本写不出来，很多人到后来想写也写不出来。我想介绍一下身旁这位韩贞。韩贞是海政歌舞团的舞编，是现在中国最优秀的两位青年舞编之一，另一位是东方歌舞团的周丽雅。她们是《永不消逝的电波》的编剧，极美的谍战舞剧，极大地拓宽了舞剧的表现领域。她们编导的历史舞剧《沙湾往事》《杜甫》，也都非常有名。我们算是朋友，也在合作，现在一起做历史舞剧。今天来就是关心如何在历史剧中表现历史，特别是一些历史细节如何处理，《长安十二时辰》提供了很有价值的样本。作为艺术作品，情节可以是虚构的，但细节怎么掌握分寸？完全真实是不可能的，关键是度的把握，要真实到哪个程度。不能让别人一看就觉得是假的。这中间的分寸，就是刚才马伯庸提到的，小事不拘，大事不虚。但具体到细节，哪些地方一定要追究？哪些地方要放过？值得推敲。

马伯庸送《长安十二时辰》给我，我回去就看了。电视剧我在日本看了一部分，真实和虚构的度如何把握？这个度的把握，是历史剧优劣的关键。关系到历史感能不能出来，剧情需要如何满足？我的感觉是有些地方追求真实落实到细节，力求酿出历史感；有些地方就不必了，适应剧情需要进行变通。但要讲究，讲究美感，讲究圆润，自然过渡，不要露出一看就假的感觉。现在我看历史剧不多，从头到尾看，津津有味看下去的是《琅琊榜》，看了一部分的是《长安十二时辰》。专家们怎么看？我举一个例子。我曾经与孙机先生一道去上海开讲演会。孙先生是国家博物馆的研究员，顶级文物专家。路上我问孙先生，看不看电视上的历史剧？孙先生说，看，我看他们怎么胡说八道。我不一样，我有时候作为消遣、休息。但大部分看几眼就看不下去。看得下去的，比如《琅琊榜》，情节讲究，服装道具也讲究，美感带出历史感。《长安十二时辰》的服装道具也做得特别精致，也在美感中带出历史感，不过冗长了些。中国的电视剧，真要用心做，还是可以能做到的。历史剧的制作，可以参考日本的大河剧，从史实处理、情节对话到服饰道具，非常讲究。讲究以后历史感和美感都出来了，如果你没有这个追求，肯定做不好。

刚刚马伯庸说到，现在到了听专家说话的时候了。以前我也当过影视顾问，但人家根本不听你的。现在不一样了，现在做顾问都有合同，有退出机制。我觉得你瞎整，立马就退出。作为专家，我们要有我们的分寸。但是，我们也要理解影视制作的艺术家，他们有他们的追求和境况，做剧情安排和细节调整的时候非常不容易。韩真她们做《永不消逝的电波》，既要美又要体现当时的氛围，相当难。这次我们一起做舞台剧，涉及很多细节的东西，比如道具上的文字，因为是战国时代，用什么字体，都是要注意的，如何活用，非常值得探讨。

也要说说我们学界的问题，你不要以为只有你自己在研究历史，别人也在做，只是从不同的角度。追究细节的时候，有时候编导或者舞美比你做得更细，因为要复原出来，要拿出实物样品来，比只用文字表现要深入一层。我有荆轲刺秦王的讲座，不但讲解史书的文字记载，还要据此复原历史现场，念念有词，手舞足蹈，有点舞台剧的味道。通过这种体验，逐渐懂得做学术研究和做影视剧的相通之处和不同之处了。影视复原历史，要考虑历史现场的细节，剑多长，剑怎么拔，有什么人在场，房子多大，摆什么家具……很多因素，都在针对某一问题做学术研究时被排除、被忽视掉，但在历史上是实实在在存在的。

今天的题目是"历史再现的可能性"，不只是大道理上、逻辑上的，特别是涉及影视作品很多是细节上的，没有这个东西就不能打动人。中国影视剧特别是历史剧要想真正提高，涉及很多方面，学术研究、文学创作、编导、舞美、演员，这是一个要综合起来说的，这个分寸怎么掌握？

我一般上午在家写东西，不出门。这次姜萌本来约我是下午出来，后来说记错时间了，我不想出来还是来了。我跟马伯庸是江湖上的朋友，不是学院里的关系。刚好和张宏杰一直没有见过，我们涉及不同领域的非虚构写作。我原来是学院派正统，现在一半在江湖上。

杨念群：你现在已经被开除出学院了（笑）。

李开元：我现在是一只脚在江湖，一只脚在学院，脚踏两只船（笑）。现在我又回到了北大文研院。其实，我在文研院就是讲的跨界，自己如何跨界。文研院不但接受，而且是倡导的方向。可以说是合拍。

杨念群：我插一句，反向影响也会波及学院派写作，比如同样是一个历史事实，换一种写法去表达可能效果就完全不一样了，一段真实的历史，在表现其过程时允许进行部分的想象和虚构。当年我写《再造"病人"》，其中有一个环节，就是当时公共卫生系主任兰安生在北京的内一区建了公共卫生区，当时北京的内一区就是王府井附近一带地区，我把兰安生跟内一区联系起来进行了情景化写作，内一区的地理边界和范围是真实存在的，但某个人如何观察这片区域则可以虚构和想象，想象与事实之间有可能建立起一种联系。我书里说到兰安生坐着车沿着内一区的边界走了一圈，这个细节是虚构的，我的目的是通过兰安生这趟游历，用他的眼光把内一区的地理氛围构造出来，我觉得这样描写并不违反历史事实，这样描写现在学院派的学者可能不认可。但我觉得这样尝试一下挺好玩的。

姜萌：其实现在学术界的观念在松动。李伯重老师在《公共史学集刊》第一集就明确提出了为大众写作。他的《火枪与账簿》这本书影响很大，完全不要注释，真的是为大众写作。杨念群老师是学界大佬，现在也一直提倡公共史学，接掌史学所后，要求史学所主攻公共史学，说明杨老师的观念也改变了（笑）。

李开元：他将来也是要一只脚在江湖，一只脚在学院（笑）。

杨念群：我也考虑要进入你们的江湖（笑）。

张宏杰：我跟马老师认识有一段时间了，有一两年了。

马伯庸：你们都不知道我们是怎么认识的。张老师的微博被封，我找人帮忙。解封后张老师一高兴，发了一条。结果又被封了（笑）。我们就这样认识了，患难之交。

张宏杰：原来对马老师不太了解，后来发现我们都是辽宁人。另外我们都是写面对大众的历史读物，但马老师的很多东西比我的学术性强，当然他的影响力和受众远大于我，我们俩不在一个数量级上。

马伯庸：您直接说但是吧（笑）。

张宏杰：另外我们俩都不算是正规科班出身，他不是学历史的，我也不是学历史的。

杨念群：你不是科班出身吗？

张宏杰：我本科是学财经的，虽然读了历史学的博士，做了博士后，但是水平不够，自认为还是民科。马老师在历史写作者当中是比较特殊的一位，因此我们俩交流比较多。姜萌老师问你认不认识马伯庸老师，我说认识，姜老师说那你帮忙请一下，我也感到很荣幸，终于有机会给历史学院做贡献。马老师的特点是，他的作品的质感是建立在大量工夫之上，他很用功，下了很多工夫接触原始材料，读了大量研究者的论文。在我认识的从事通俗历史写作的人当中，这样做的很少。其他很多人用的是第二手、第三手甚至第四手的东西。就像在市场上卖烤冷面、烤香肠的，他们是超市里买了冷面、香肠去加工，马老师是直接去种地，或者直接买粮食再加工。所以他有种地的本事，又有做菜的本事，这点很厉害。我很认真地看了他的《显微镜下的大明》，因为他让我帮忙在封面上写句推荐语。这本书很好读，读来很有收获，因为用了很多第一手材料，明代《丝绢全书》，明代的《黄册》。他也读了大量的相关论文，找很多历史研究者进行交流，这在通俗历史写作的作者中是很罕见的。马老师还有一个非常特别的习惯，利用了某些论文后会在后记中对帮助他的学者进行认真的感谢，会把过程写出来，这也是很少见的。所以我看《长安十二时辰》最大的感觉是细节特别讲究，能否完全真实我不知道，但能够看出花了很大的心血。电视剧细节的真实建立在原著的基础上。《锵锵三人行》有一集，聊中国的历史剧创作不认真，有一个嘉宾讲到，美剧《权力的游戏》中龙妈讲的瓦雷利亚语，就是创作团队专门找来语言学家依照原作马丁提供的有限词汇搭建的。剧中有一个小小的细节，一个店铺门口挂着一排死耗子，证明它是卖耗子药的，但是镜头一扫而过，其实你不仔细看，根本注意不到。该剧每个细节都建立在大量的研究之上。当时我就感慨，什么时候中国也可以出这样一部电视剧。现在《长安十二时辰》我感觉就差不多达到了他们期望的水平，我看观众的反映也都是说这部电视剧是一部良心之作，之所以取得这样的成绩，基础就是马老师良好的写作习惯。所以这也是我需要继续向马老师学习的地方，我就简单说这些。

邱靖嘉：我第一次知道马先生是前几年看微信上的转发文章，说马先生参考了学者的研究论文想要给他们分稿费，结果一打电话联系，被骂成是骗子。后来看高晓松的《晓说》节目，有两期马先生的访谈，讲唐代长安，当时我还没看过《长安十二时辰》。今年上半年我在美国哈佛大学访学，正逢《长安十二时辰》热播，我跟我太太利用吃饭时间追剧，感觉更新太慢，要不还是直接看书吧。于是我专门注册了一个电子书账号，下载《长安十二时辰》来看，越读越吸引人。我本人特别喜欢看悬疑、探案类的作品，本来我每天都会安排固定时间做专业研究，结果一读就无心向学了，老是想把小说看完，知道后面的故事发展。看完小说之后，我就基本弃剧了，尽管电视剧在画面场景上有许多值得称道之处，但由于我是做历史研究的，所以更关注内容和细节，我感觉原著被改编之后，原来很多故事内容在细节和逻辑上讲不通。特别是有些人物的性格设定和处事行为改编后很奇怪，但如果你去看原著，从前到后是能够贯通下来的，这是我的一个关注点。

随后，我又看了马先生的其他作品，比如《古董局中局》四部我都看了。虽然它不是历史类小说，但在写作时还是贯穿着一种对历史叙述的严谨追求。我印象比较深的是第二部讲《清明上河图》，参考了大量有关《清明上河图》的学术研究成果，融入故事情节的推动之中，我觉得特别好。在讲到其他器物时，也都会有相关历史知识的介绍。在小说写作中，能够始终表现出对于历史知识的尊重，具有严谨求实的态度，这一点是十分难能可贵的。

我还看了马先生今年出的新书《显微镜下的大明》，同样令人感佩。这是一部历史纪实，讲述了徽州地区真实发生的故事，明代徽州文书很难读，即使专业学者去研读都会有困难，而马先生在书中参考了大量的学界研究，把故事线索理得非常清楚。明代的赋役制度极其复杂，牵涉面很广，而且涉及最底层民众的日常生活，我觉得马先生在书中把有关赋役的知识点通俗地介绍给一般公众读者，是一种很好的尝试。这也促使我去反思自己的历史研究，历史学家除了专业研究之外，也应有历史普及的责任和意识。

我个人的研究领域是宋辽金史。辽金史研究史料比较少，很多问题明明知道有疑问，但苦于缺乏材料，讲不清楚。即便是其他历史文献资料比较丰富的断代，也总会有许多细节无法完全还原。其实，历史研究也需要具备较强的想象力，在现有史料的基础上去脑补一些细节和过程。但囿于现行的学科评价体制，专业学者如果写一些比较另类或者需要发挥想象力的文章，往往没法被纳入考核评价体系，不算成果。在座的杨念群老师、李开元老师已经是功成名就的学界大腕，自然可以在写作风格上做新的尝试和突破，但对于我们这些青年学者来说，现在这么做还不行。

杨念群：那可能创出另外的江湖。

邱靖嘉：我一直有这样的想法，趁年轻多搞点学术研究，等到了一定阶段，也想尝试别样的历史写作。

杨念群：想写越早越好，否则等你想写的时候就有点被套路固定住了，我现在特别想写小说，但发现已经没办法了。

邱靖嘉：对，写小说得有一点天赋和训练。我觉得有些问题难免要做一些推论，但如果推论的尺度太大，或者做多重连环推断，这样的学术论文肯定是发表不了的。

杨念群：不要想着发表。

邱靖嘉：但这种想象很有意义，是存在这种可能性的，至少能够把多个碎片联系起来，在历史上是有可能发生的。历史学家与一般的文史爱好者不同，我们的推论还是有一定依据的，不是随便瞎说，而是在一定的史料基础和前期研究基础之上的推断，会更加靠谱一些。

最近我在研究金宋之际的历史，特别有意思，有些大案、要案讲得不太清楚。比如金熙宗时期宗室内部的政治斗争很激烈，其中有一个重臣完颜昌在《金史》里很简单地说他想逃往南宋，结果被抓处死。然而根据我的研究发现并不是《金史》说的那么简单，他其实没有要跑去南宋，而是被控制在燕京，他想前往金朝当时的都城金上京面见熙宗，但他知道有人在监视，所以派了一路疑兵，出居庸关往北，朝漠北鞑靼方向奔去，而他自己则出古北口，向东去金上京，且坐车走，这样隐蔽性比较好。后来因为有人告密，泄露了行踪才被抓获，下狱处死。我对这个事件经过的还原，有一定程度的推断成分，但这个地理形势我觉得是比较符合实际情况的，像这种情况如果写学术论文，也许发表不了。如果把这些东西串起来写个小说，我又怕文笔不行，没有这个才能，其实像辽金史上这样的事情还很多。

杨念群： 我觉得这里就有一个非常大的问题，就是把很多有意思的事，他认为是细枝末节忽略掉了，不进入所谓主流的系统，其实很多好玩的细枝末节不断被剔除。到最后再用非虚构写作是把这些打捞回来了。为什么两边不能靠拢呢？

姜萌： 需要您这样的大佬说话（笑）。

杨念群： 其实马伯庸他们已经在这样工作了，他们从学术研究的枯燥成果里打捞出有用的东西，再进行二次转化。这种写作其实是对学院派学者如何从另外的角度观察历史是一种有益的推动。学院派历史学有时过于端着架子，高高在上，而不注意把一些专业知识简约化，写出有分量的通俗作品。比如当时凌力老师在我们清史所，写出《少年天子》，得了茅盾文学奖，她曾利用业余时间把清朝的风俗、民俗这些内容写成通俗小册子，这样的做法当然也有意义。但是我觉得现在我们的非虚构写作已经不能局限于这个层面了，我们应该把学院派历史研究中的一些精华提炼出来，通过不断探索新的写作路径，把历史表达得更加丰富，更有意思。

马伯庸： 刚刚邱老师说查原文这件事，当时是这样的。最早我写了有关《丝绢全书》的文章，四万多字，放在"得到App"上，老罗说花十万买下来。我说这十万块我不敢收，因为我知道老罗肯定往死里吹，吹得天上少有，地上绝无的，我受不起这个，怕以后有争议，我说这不是小说，参考了很多论文，这十万我不要，送给四位老师，包括点校该书的学生和他的老师，还有一位提供了关于财政史研究的老师，我让我的助理联系四位老师，助理联系到其中一位老师，然后发短信说我是出版社的，找到您，希望付您稿费。那位老师直接回了三个字"骗子，滚"，特别痛快。我觉得有点辛酸，这些人花了这么多时间，一年多做一个后面可能没有人关注的东西。后来我问他，他说没想到我写论文还有人给我钱，一般是我给别人钱（笑）。后来一人两万五发给四位老师，其中一位现在在长沙市图书馆工作，我发微博后，下面有人就说，这两万五顶他大半年工资，我说做学术的人太可怜了。帮我参考财政史论文的是一位小姑娘，是1982年的，她问给多少钱？我说一人两万五。她解释了一下，她说我们研究财政史的不怕谈钱，我说应该的（笑）。后来发现这些人特别好玩，而且他们做学术的挺不容易的，读完之后我发现这么犄角旮旯的东西，点校的时候认认真真、注释得非常清楚，没有他们的点校注释我也种不了地，只能收粮食。如果像刚刚杨老师说得那样，推动公共史学，从史学的意义上是有意义的，从改善生活的角度，我觉得也是一个好事。

杨念群：所以张爱玲那句话说得很对，出名要趁早。所以靖嘉要一方面写学术论文，一方面写这个。

姜萌：靖嘉已经出名了。

李开元：别一下子到了顶峰，然后一辈子郁郁寡欢。学院是饭碗，江湖是乐趣。

杨念群：先闯荡学术这个江湖。学院派是饭碗，江湖是乐趣。不过学院派传播力太小。

马伯庸：看论文都得上知网。刚开始上知网还跟人家借一个大学账号，后来不落忍，自己充值看。

李开元：马伯庸对历史传播起了很大的作用。我问你一个问题哦，这次《长安十二时辰》美工是谁？

马伯庸：是黑泽明的女儿，是日本人。

李开元：这次在里面，你算原著，没参与编剧？

马伯庸：就是原著，没参与编剧。影视制作环节特别多，流程特别长，很多时候不是你当编剧就可以把握住，有时候演员说我自己要加戏份。我听说有一部戏女主角掉到水里，男主角去救，那天女主角来月经，拍不了，就改了，让编剧改，最后逻辑都断了。受制于各种条件，制片人、后期剪辑都要改，但老百姓不知道，看到的都是编剧名字，最后说李开元编剧都拍成这样。所以我还是专心写小说吧，拍得好了，大家说原著底子好，拍得不好了，大家说糟蹋原著。没办法。（笑）。

姜萌：马伯庸情商特别高，讲得确实有道理。

马伯庸：不是情商高，是被骂过几次的血的教训（笑）。

李开元：你被骂过呀，哪个被骂？

马伯庸：就是《三国机密》。后面拍得有些问题，他们就说编剧瞎编。我也见过一些朋友，自己是原著，参与了编剧，也一样被批评。所以您那个戏要拍，千万记得当顾问，别挂编剧。

肖铁：在座的都是专家，我是中文出身的。马先生说得非常有启发，不仅提到您对很多历史学家的研究成果的利用，非常有意思的是您也提到了很多作家。从高阳到姚雪垠，在您的写作当中，甭管是否自觉，您也有一个文学史上的意识。非常好奇，提几个问题，非常想听您的想法。因为咱们都知道，历史故事、历史写作发展有几个阶段，从高阳、姚雪垠到二月河，在这个脉络里面，不知道您怎么看待自己在这个脉络里的位置。

马伯庸：这个问题有点复杂。（笑）

肖铁：刚才您说到大事不虚特别有意思，历史故事让我想起昆汀·塔伦蒂诺的二战片。二战题材在美国绝对是历史题材中最重要的，甚至超过南北战争。他彻底改编，很多细节非常好，但最关键的时候，到最后这帮人把希特勒在法国给杀了，二战就结束了。在美国当时也是引起轩然大波，但很多人非常赞赏，也开创了新的历史虚构的可能性。

杨念群：这算是架空写作。西方很多英文小说，比如希特勒万一统治全球怎么样，中国也可以想象袁世凯称帝了怎么样，可以想象历史由此改变，不一定就很差。

陈阳：昆汀还是搞笑，没有那么严肃。

肖铁：您的写作中有没有考虑走这个方向？在什么情况走这个

方向？

马伯庸： 从文学界的师承来说，老舍、姚雪垠、徐兴业、二月河是我文学上的师承。其实我还有另外一条师承来自于芭芭拉·塔奇曼，就是《八月炮火》《远方之镜》的作者，她的写作手法是我特别欣赏的，她就是从一些历史的碎片里挖出一些东西，然后写得波澜壮阔。像《八月炮火》开头写乔治三世的葬礼，把仪仗队写了一遍，包括各国的使节，这些人跟后面的一战有极深的渊源，她是文学化的写法，写得气势磅礴。看的时候跟小说一样，看完这一章看到结尾才发现里面每一句话，无一字无典，都是从私人记录出来的，当时我觉得太厉害了。后来找了她很多的东西，后来看了《巴黎在燃烧》，里面采访了八百多个亲历者，每个人的记忆统合在一块儿，不是学术论文的统合，而是完整叙事过程，后来看了史景迁、孔飞力包括何伟的作品，开始看到有关中国题材的东西这种写作方式，尤其看罗威廉的《红雨》。当时我觉得非虚构写作，他们这条脉络下来的，这种学术手法让我获益匪浅。第一他们能够做到史料的精确程度，第二完全用文学的手法写，里面体现出的情绪，有时候不是学术论文体能够表现出来的，等于一边从文学的角度，一边从非虚构的角度，从非虚构里拿到的东西，放到虚构写作，让虚构写作带一点非虚构写作的风格，这两条线最后合到一块儿。

陈阳： 刚才听你们说的非常受启发，脑子跟着各位的发言跳来跳去。您刚刚说到昆汀的时候，我觉得还有前面提到的香港电视剧，以及90年代传到大陆的戏说历史剧，它们都是娱乐的，同时也有解构的成分，这大家都清楚。戏说历史带有强烈的娱乐色彩，但是历史剧对于国家、历史和社会的严肃思考却也被消解掉了，这点比较糟糕。这些年历史剧重新回来是好事，因为这跟中国的大国崛起有关系。在全球没有消除国家的时候，国家意识永远都会存在，历史也好、文学也好、电影电视剧也好，都绕不开。我刚写了一篇论文，是关于电影与民族国家历史记忆的。因为我是20世纪80年代上的大学，当时搞文学、艺术和电影的人特别崇尚纯艺术，甚至说许多人都有纯艺术的梦并不为过。我印象深刻的就是法国左岸派，阿伦·雷乃的《去年在马里昂巴德》《广岛之恋》都被作为纯艺术的标本看待。但后来发现所谓的纯艺术和历史依旧发生神秘的联系。《广岛之恋》恰恰让全世界记住了广岛,通过电影世界似乎特别记住了两个二战受难者,一个是奥斯维辛,另一个就是广岛,这其中阿伦·雷乃可谓功不可没。而且《广岛之恋》还有日本人投资。日本人太聪明了,他们非常精通地把历史记忆嵌入艺术和电影之中。与此相连的,还有值得一说的就是大众都喜欢精美精致的电影,精致的维多利亚时代英国生活,这在好多英国遗产电影里都有表现,包括李安拍的《理智与情感》也属于遗产电影,但骨子里是英国保守党对待历史的态度。与保守党对立的工党也有自己的电影经典,如《法国中尉的女人》,我们看的时候说艺术手法高极了,采用的嵌套结构堪称开一代风气之先。后来发现,两者同样是评价维多利亚时代,但历史观和各自价值立场却全然不同。这种历史观可能在任何诱人的场景里出现,比如,斯特里普扮演的安娜与迈克两个人偷情的过程中聊天,说到维多利亚时代的伦敦,当时的女性除了当家庭妇女就是当女工或者当妓女,没有别的出路。工党的历史观一下子就出来了,所以这就是艺术和历史观的问题。当然细节的东西,国外做历史特别到位。维多利亚时代一个小档案调出来就能说明许多问题,很多悲惨的故事都是围绕由个别到整体的放大呈现,我觉得老牌帝国主义脑袋真太成熟了。中国到今天搞电影和电视剧的人还不能说对此非常清楚。影视剧要么是纯粹谈技术,纯谈票房,挨个谈一遍,捏不到一块儿去。电视剧刚出来不久,电视家协会讨论了一次。从创作的角度产生一个问题,20世纪60年代吴晗他们讨论的历史剧,挺有含金量的。当时搞成了两派的辩论,搞文学的质疑吴晗为代表的这些历史派,但有一点很有意思,历史资料不可能特别完整,中间有很多断的空隙,那就是文学想象的空间,但同时也是历史建构的空间。因为我总觉得这其实又要回到历史本身的问题,历史上很多时间点因为有争议或其他原因变成了空白。比如辽金史,大部分中国人都不是很清楚,岳飞要捣的黄龙府就是哈尔滨旁边的阿城,这应该让中国人知道。我说岳飞一定不知道阿城有多冷,要知道可能就不仅是满腔热血还要有更周密的准备安排。当然,有的时候可以私下开开玩笑，但反映出中国人对历史时空的问题还有很多断片儿的地方，比如说，苏武牧羊的北海就是贝加尔湖，今天有几个人知道呢？其实我还想问，比如说我们老家重庆合川钓鱼城，那个地方的历史太好了，南宋最后的英勇抵抗之地，真正表现中国人的文化精神之所，历史多丰富，在那个地方把蒙哥打死了。南宋的皇帝都没了，那些守军居然又坚持了二十多年，这是中国人最有民族气概的地方。至今却无法被搬上银幕，实在可惜！

马伯庸： 陈老师说到合川钓鱼城的问题。金庸写《神雕侠侣》死守襄阳，愣把蒙哥放到襄阳被打死了。现在很多人都认为蒙哥是在襄阳被打死的。

陈阳： 涉及历史真实的地方还是要有历史责任感。

李开元： 香港文化本身狭隘，地域性很强，对大陆影响那么大，值得思考。

马伯庸： 金庸还算有责任的，后期还说了这是剧情需要，还是死在钓鱼城之下（笑）。当时看完之后我就想到历史责任。

杨念群： 谈到责任也特别重要，《甄嬛传》特别糟糕，把宫廷变成了个人之间的钩心斗角，不断地推波助澜。

陈阳： 把历史演绎成个人的钩心斗角，确实特别糟糕。

杨念群： 据说是电脑写作，我不知道是真是假，通过电脑拼剧情。根据观众的心理来拼剧情。

马伯庸： 电脑哪有这么好用，要有我早用了（笑）。

邱靖嘉： 现在有一个研究方向就是电脑写作。

滕乐： 拼贴故事的是《延禧攻略》。

陈阳： 我觉得这里有个叙事目标问题。从剧作来说，叙事目标需要把握好个人欲望和文化理想的关系，有些影视剧的目标过于偏重个人欲望，他们把现实层面人的欲望和艺术应该是带有文化理想的目标给混淆了。大家都觉得现实就是这样，人们不都是为了欲望而在职场拼搏吗？实际上，现在跟学生讲消费主义的弊端时，很多人还一时难以接受。我一讲消费主义，女生就说我们都喜欢包包，大家也都喜欢各种名牌，消费主义就是社会现实啊！我说现实生活和艺术里的东西不一样，艺术的东西肯定比现实生活高，因为艺术有文化理想。而且我还有一个发现，我发现好莱坞这些年的电影，人的目标设定全部都是利他主义的，这与以前我们小时候受的教育"毫不利己专门利人"竟然高度吻合。你看《拯救大兵瑞恩》，那八个人冒着牺牲自我的危险就为找瑞恩一人。我们小时候受的教育是舍己为人，现在恰恰成了好莱坞的主题，是否可以说，现在好莱坞的强大和它电影里宣扬的利他价值观有重要的关系呢？

消费主义、功利主义把人的思维限制得日趋狭隘，也失去了广阔的视野和反思的能力。前一阵陈可辛和岩井俊二合拍的《你好，之华》，大部分人没有看懂，其深层是中国人的生死观问题，现在的人太多只想长寿却不思考人生的意义。日本美学里的落樱之美包含着对生命意义的理解。生命在最灿烂的时候结束，虽然令人感伤但却能因生命的意义而壮美。这部电影实际上是通过对死者的生活轨迹找寻，发现生命意义的故事。故事里的之华自杀了，家里人都对此讳莫如深，因为我们只认为自杀总是不好的，至于她的生命有何意义，却无人去思考。怎么讲，这多少有些犬儒主义，好像只有长寿才是生命的意义，对于社会、他人的意义几乎可以忽略不计了。在中国这才是挺麻烦的一件事。但日本人却反过来，从一个人的死亡去看她的生命，不管她是怎么死的，关键要看她生前给他人、给这个世界留下了什么美好的东西。这才是最重要的，然后再去评价这个人的意义和价值，即使是一位极其平凡的人，只要曾经给他人留下过温暖、鼓励，就值得人们永远铭记。从小处说，这是关于一个人的评价问题，从历史的角度说，也是我们评价历史人物的一个基本的、人性的立场。

李开元：我们在日本、欧洲看到墓地跟住宅很近，大家不觉得去墓地是阴暗。但中国人丧礼很隆重，但死后就变成魑魅魍魉，避之唯恐不及，墓地离居所很远。很不一样，生死观有很大的差异。

陈阳：《长安十二时辰》这部剧牵涉到历史价值观的许多问题，繁华之时要有危机意识。历史的确就是一面镜子，所以我觉得《长安十二时辰》所表现的盛世与危机特别棒。关键是年轻学生都特别喜欢，他们极力推荐我看这部剧。前几天电视家协会说给我们先拿一套碟片看，结果我还没看完，主要是因为看到中间有些累，感觉弦绷得太紧了。

马伯庸： 主要是太长。

杨念群： 我也觉得，拍到二十集就行。后来我觉得有点看不下去，问题已经解决了，怎么突然又出现一个问题。

滕乐： 广电总局要新出政策，说明年最长到 40 集。这跟电视剧创作有关系，一般来说所有的电视剧写作的时候就是按 30 集写的。编剧做的是"码故事"，实际上编剧不知道这个剧到底有多少集。放在电视台要放广告，所以就拉得特别长。我觉得明年 5G 推开，网络平台主流化了之后，可以回归 30 集。我是做新闻传播学的，历史研究我不太懂，我看您的《长安十二时辰》，觉得最精妙的一点是以前很少看到中国的历史剧有类型化创作，我觉得这是第一部可以把类型化创作的电视剧和非常严谨的历史考证的符号、器物结合在一起，看的时候特别欣喜。我们都熟悉编剧创作人设的时候，尤其是典型商业题材，要有一个人物弧，这个人最初出来价值观是反的，到了结尾会变成正的，这是主流商业剧的做法。但是，有很多重要历史人物，从正史的记载来看，这些人是没有人物弧的。甚至有人的价值观从头到尾都是负的，但是，你做历史的大众传播如果涉及这些人，怎么进行通俗化叙事，这是一个十分困难的问题。

杨念群： 有人写康熙是坏人，皇帝不是坏人怎么当得上皇帝？男人不坏女人不爱，你怎么解释？道德预设肯定成问题，所以他所有的论证非常细腻，有点先入为主，结论非常荒诞。康熙是大王八蛋，大王八蛋又是大伟人。文史不分家，很多人做了预设，大量的论证都是为了证明预设，但预设的结论过于简单。比如某人认为康熙就是为了作秀，考证的就是所有作秀的过程，最后得出结论就是坏人。我觉得皇帝作秀这是必需的，皇帝不作秀，不是皇帝了，皇帝作秀本身对历史的进程有非常大的影响，这个影响不是用好坏的标准来评价。

滕乐： 历史学界评价本身就有很大的差异，搞创作的人怎么写，这是需要确定的关键性的东西。暑假的时候帮姜萌老师看了几个稿子，大家一致结论古装剧的衰落跟新媒体的发展有一定的关系。《显微镜下的大明》每年我都跟学生讲,我有一门课《〈万历十五年〉导读》,讲到"一条鞭法"的时候一定会用《显微镜下的大明》,讲到海瑞的时候一定要讲到张宏杰老师的《七张面孔》。

马伯庸:《显微镜下的大明》明年拍,我说让我当编剧。当不了导演,但要找个听我话的导演,就拍12集,完全贯彻我的意图,看看能拍出什么东西。因为那部戏不是我,别人没法弄,是完全关于财政的,很专的。

滕乐: 今天都说非虚构写作,其实这两年新闻传播学对非虚构写作也研究得挺多,但新闻传播学用另外的套路写。我发现历史写作其实是用虚构写作的套路去处理非虚构素材,这是一个很难的东西。虚构写作套路是特别严格的,三幕四段、起承转合,主体、对立体、盟友、十六个节拍,三十二个故事,最后一幕之前,主人公得跟盟友遇到巨大危机,两个人得做一次打开心扉,最后出一个决策,其实是特别僵化的套路。但历史研究有很多碎片的东西,如何把这些碎片塞到这个套路里也很难。

马伯庸: 有时候跟历史的某个细节对得上,我成就感最强的一次,就是您提到《古董局中局》第3卷,孙殿英盗墓时驻地具体的位置我没查到,后来查当时的局势和地图,找了一个地方,说只能在这儿,我就写他在这儿驻扎。后来我接触到另外的史料,他就驻在这儿,我猜对了。其实驻在哪儿读者并不关心,你埋很多的东西读者也无所谓。《长安十二时辰》开始有一个反派,逃了之后在长安城遇到一个老头,把人家脖子拧断就走了,后来传到靖安司,说死得是谁?死得是焦遂,贺知章挺伤心的,其实普通人也不知道什么,就是看个热闹。但是其实你要了解的话,就知道酒中八仙,贺知章和焦遂关系非常好,有些专业读者看得出来。

杨念群: 张大春的《李白》写法怎么样?

马伯庸: 张大春的《城邦暴力团》我特别喜欢。《李白》我有些看不下去。

李开元: 刚刚你们说《无耻混蛋》,陈老师和肖铁说是戏说,你们怎么看?

马伯庸：我觉得特别简单，我不把它当正史看，只要昆汀没说我拍的是历史，这就不是事。我说这是历史传奇剧，一定是有发挥。比如《夺宝奇兵》，假设纳粹统一天下，后续怎么发展，都是有这种可能性。但是前提一定要强调这不是历史，这是有责任的，因为很多人分不清。你写了之后，很多小孩儿会认为希特勒就是这样，这就不对。

杨念群：是不是有个词叫伪纪录片？

肖铁：塔伦蒂诺后来又拍了一部片。他还是挺强调历史的真实性，里面有很多"黑鬼"等词语，后来被人批评。你们怎么看？

马伯庸：对，塔伦蒂诺又拍了《被解救的姜戈》。这部片不像《无耻混蛋》这么戏说，他强调历史的真实性，有人批评里面白人脏话特别多。其中一个老黑奴特别坏，帮助白人。在真实历史上，白人主子对黑奴都还好，最狠的就是这帮二鬼子，叫黑奸。通过一个典型人物的典型事件，把当时的社会氛围体现出来，这是有实际意义的。

杨念群：这是历史观，以前我们老说黑人、白人怎么样，在中国肯定不能出。比如袁世凯称帝后没死那么早怎么样？假设比民国好，万一成了，民主改革可能更顺利，溥仪没退位，北伐军打败了，推进不到南京，清朝的旧人又把他扶起来。其实我特想写，不敢写（笑）。

李开元：下一步我就准备写这个了，荆轲刺秦王如果刺死了结果怎么样？后面有很大的预设空间，而且不是荒谬的。

杨念群：它是合理推论，合理想象。

李开元：这次舞剧要我写了一个剧本。我在剧本里已经用另外一种方式回答了如果秦始皇被刺死会有什么样的结果。常常听人念叨历史不能假设，但假设是所有学科最常用的方式。问题不在于能不能假设，而在于如何假设。好的假设，后面引出有意义的因果关系，有意义的事情发展，那就是价值所在。所以下一步我准备再尝试。荆轲刺秦王后面加了这部分，如果荆轲刺死了秦王会有什么后果后续。

杨念群：假设的写法不一定是真实的，但代表一种理想。比如戊戌变法成功了，光绪没有死，这是一种理想。历史反思也是代表了人类的理想，现实是残酷的，但理想是美好的。这就跟穿越一样，穿越是一种现实的消费主义，消费主义是没有理想的，反映了现实的投射。但历史如果失去了理想，就不好。我们搞晚清的完全不可以写，但你搞秦研究的，完全可以写。

滕乐：莫言写过《我们的荆轲》就做了假设，秦国派了女特务跟荆轲说，要不你别刺死他，最后他能统一天下，你作为刺客也出名了，但你要刺死他，就是刺死一秦王，多没劲。

姜萌：大家已经从历史的可能性探讨到了历史的假设问题了。

李开元：我要讲明这是我的假设，我的推测。

杨念群：这里透出一种历史观。为什么大家诟病张艺谋的《英雄》，以天下大同为理由劝说刺客，其实就是为专制背书。我当时在香港同时看的《无间道》和《英雄》，我觉得英雄主义太恶心了，没有说服力。天下大同是什么？我把他杀了，天下就大乱，黎民百姓就遭殃了，不杀他就天下大同，黎民百姓就能过得安稳，这是什么逻辑？

陈阳：中国的大同思想和秦始皇统一结合得比较深。

马伯庸：结合得也行，就是太生硬了。我跟李开元老师聊过，本来有一个题材也是讲秦代，说的是秦始皇的时候，一颗陨石从天而降，上书"始皇帝死而地分"，把石头毁了，周围村子的人杀完了，我就从这儿开始写。当时张良在，这个字是张良刻上去的，张良借刻这个字起事，最后集结一批人，每个国家出一个，齐国徐福、赵国孟姜女、韩国张良。反正每国出一个人组成一个刺杀团队，但写到后来发现这个话题避不开统一和分裂的讨论。就没再写。

滕乐：李开元老师讲的题材，我想起美国著名的悬疑电影《蝴蝶效应》的主人公，尝试人生各种可能性，最后发现每种可能性都没好处，最后穿越回去自杀了，把自己消失掉最好。

李开元：我对穿越不反感，做历史从哲学的角度看就是穿越，就是从现代回到古代，是思维上的穿越。穿越的另一种体会就是把思路具体化、人物化了。这次他们让我写，提了一个条件要穿越，我也真穿了。

马伯庸：是谁穿过去？你穿的？

李开元：不是，一开始设计了两个人物穿过去。

马伯庸：穿到谁身上？

李开元：穿到秦始皇身边，其中一个人做了医生，还有一个人做画师。后来没有用这个本子，但是我觉得有意思，相当于一个思路上的转化。我们做历史研究，就是做思维穿越的，影视穿越，就是拟人化、具体化穿越，逻辑上都是穿越。但穿越要有规矩，哪些事可以做，穿越回去做什么？这样做比较好玩。我这次尝试用虚构是逼上梁山，也许可以用这样的方式把一些历史观和教育性的东西放进去。

姜萌：穿越是有意义的，有些"以今视昔"的意思。

马伯庸：穿越要有意义。我之前写过一个短篇，是我写过唯一一篇穿越，一个天津说书的穿到徽宗年间变法，开始说三国，他也不会干别的。现在的三国肯定比那会儿三国好听多了，一下爆得大名，说水浒被抓起来，出来以后不敢说了，讲施公案、海公案，一直到汴梁之围，他是满族人，他说金兵不是满族老祖先吗？该站哪边儿？他说不对，我是现代人，要站在老百姓那边，金兵烧杀抢掠。从我的定位来说，这是不对的，跟我是不是汉人没关系。他就站在城头给军人讲杨家将，城没有守住，城破的时候他跳楼自杀了。

姜萌：商业讲史还真是从宋代开始的。

马伯庸：对，我查了，讲五代三国什么的。

姜萌：虽然俗讲在唐代就有，但商业讲史，通过讲史谋利，史料记载在宋代是职业，分四类，其中一个叫说话人，其中一类是讲史。说到这，我说一下马老师这个《长安十二时辰》。最近这几年看小说，看电视剧，只有《长安十二时辰》这个让我着迷。看了剧以后去了解马老师，了解《长安十二时辰》的文本。后来网上搜了一下，马老师说我写的是历史可能性小说。我本身是搞史学理论的，为什么我们的这个工作坊主题叫"历史再现的可能性"呢？马老师在采访的时候说他搞历史可能性小说，但什么是可能性没有讲。从史学理论角度来讲，我觉得这是一个很好的命题。为什么这样讲？历史研究本来的功能是再现历史，从史料辨析中发现历史，对历史进行理解。但是我们发现历史再现有很大的问题和困难。为什么有很大的问题和困难？因为历史真实是在多维空间下同时发生。比如我们此刻在四楼搞工作坊，三楼在搞考古学术会议在搞学术活动，这其实是多维空间下，多维时空下进行的。但是历史再现的目的是把多维空间变成一维。比如我们向大家再现历史，在同一时间下，只能先再现四楼在搞工作坊，镜头一转或笔锋一转，说同时三楼也在搞考古会议。这其实是一个技术性的处理，在历史再现的时候首先要面对的技术性问题。我们只能同时展现一个空间下发生的历史。

杨念群：有没有可能搞成《盗梦空间》？

姜萌：《盗梦空间》也是先讲一个再讲一个。

马伯庸：有一个方式，美国有一个话剧叫《无人安眠》（sleep no more），包了一个酒店，每个演员都在里面同时演，观众同时在里面看。

姜萌：但影像化就没办法。

马伯庸：对，影像化就没办法。

姜萌：我从马老师说的这个可能性就开始思考历史再现这个问题。首先考虑的是时空的问题，多维时空变成一维时空，是历史再现必然会遇到的困难。《长安十二时辰》时空问题处理的就特别棒。历史再现里还有几个问题，比如说历史书写的问题。我们去再现历史一定要依据过去的历史记载，你会发现中国传统的历史书写，《史记》也好、《汉书》也好，是"纪传体"。"纪传体"的特点是以人系事，很多事不写。这件事的发生对描写这个人的性格、特征是有帮助的我才写，对刻画传主没有帮助的事，即使是更详细的皇帝本纪很多事也是不写的，比如日常的吃喝拉撒、小情绪的事都不写。我们看实录也好，看起居注也好，大都是写跟国家有关系的事。过去修史有传记包，比如杨老师要给杨度先生写传，要搞清楚杨度先生所有的资料，根据传记包进行重组再去写传记。比如司马迁写飞将军李广的悲剧，讲为什么有这些悲剧，会插一些倒序，比如亭长的故事。再现历史受制于几个问题，第一个是被遮蔽或者遗弃的历史信息如何复原？即使《汉书》《史记》有记载的大人物，大量的信息已经被去除掉了。第二个是历史书写本身有一些带有个人理解，比如司马迁写伍子胥等很多悲惨的人，都带着感同身受的感觉。对他讨厌的人，比如卫青，也都带着情感。我们再现历史的时候，如何处理这些问题？第三个从可能性、合理性转到了假设性。有些时候，我们在历史再现的时候，有没有可能去触及假设的问题。假设秦始皇真的被杀了，后面的历史发展是否就变了？那肯定完全都变了。这其实是历史再现面临的几个技术的问题。

还有一点，历史再现价值观的问题。从20世纪20年代中国开始讨论历史剧到现在，一直存在这个问题。比如顾仲彝他们批评郭沫若，你是借伟大女性的嘴说你的话，历史上的嘴都被你占据了，用他来宣称革命。历史剧存在很大的问题就是价值观的问题，如何再现？我们写历史剧一定有历史人物，而历史人物评价恰恰是一百多年历史研究的难点，每次人物评价都会起争论。在很多事实被淹没的情况下，我们怎么可能依据现存的文物、现存的记载去做合理性的推测，去再现历史的可能性？其实《长安十二时辰》里面最打动我的两个人。崔器这个人特别好，可能历史上没有这个人。但是我觉得崔器再现复原了唐代中下级军官的生活。第二个就是元载。元载写得也很好、演得也很好。中国历史记载只写大人物，小人物基本不写。历史再现的时候，大人物身边的小人物怎么去做合理的人设？怎样根据历史情景把它展现？因为历史的发展是有血有肉的。比如今天我们的工作坊，如果是历史记载，应该写一个报告，但实际上我们在这儿讨论得非常放松，非常有意思，这种血肉和细节的东西，我们在历史再现的时候其实是最困难的。换句话说，马老师谈到的细节问题。这个细节不仅是在器物上的称谓上的细节，更重要的是历史再现那个真实世界的情绪细节，那些人物言行举止的细节。过去我们很少注意这些问题，历史再现话题其实可以做非常多进一步探讨。而且探讨的过程中确实要依赖史学研究的各领域，比如生活史、日常文化史、民俗、信仰等。中国古代族群信仰、民间信仰非常多，但截至目前没有看到一部剧可以写得很好。

《权力的游戏》我看了四季。如果把玄幻的东西去掉，其实是讲欧洲中世纪史，做得很细，一年只拍一季，一季只有十集。该剧付出很大，回报也很大。这牵涉到历史作为文化产品的关键问题。当然这是下一个话题。该剧拍得非常精细、非常好，可能剧集没那么大，但文化的回报、社会的回报和商业回报一直很高。这恰恰是我们国内拍历史剧的问题，求长求多，但不够细，这也是值得讨论的。

今天马老师和各位谈到历史再现的可能性。这个可能性恰恰是非虚构写作最精彩的地方，只有通过可能性合理推理，感性呈现以后，大众才可以理解，才可以感受到背后真实的历史可能性是什么。这可能是对马老师、李老师、张老师你们作品最好的评价。

这恰恰是过去几十年中文历史学界忽略的。西方当代史学微观史学和叙述史学的复兴，对我们很有启发。比如《马丁·盖尔归来》，讲各种推论，各种再现当时很小的人物生活情景以及可能的爱恨情愁，包括史景迁写的东西，这些特别值得我们思考。不仅是从理论上思考，其实是从实践上也值得围绕这个话题进行讨论。不仅仅是从事史学教育。这几年管教学，我得告诉学生学这些东西有什么意义。其实我们是想告诉学生，你学了这些东西有可能会把它变成一个公共文化产品。我前一段写了一篇文章，讨论历史学界有没有责任和义务向人民大众提供公共文化产品。马老师、李老师和宏杰兄您们的作品就是很有价值。公共文化产品对大众的历史认识、历史观念的形成影响特别大。

李开元：听你这样说，我觉得我越来越堕落了（笑）。那年在中信书店与马伯庸对谈，我说"我是在笼子里飞的鸟"，不与马亲王为伍，因为他们写小说把笼子拆了。马伯庸当即申明说，我没有拆。我们从此有了认同。我对历史学界有一个最大疑问，如果研究历史的人不写历史，历史由谁来写？

杨念群：关键写得好玩好看。

李开元：要写得准确。不管从江湖来的还是从庙堂里出来的，有一个很基本的东西，就是我们仔细研究过这些问题。张宏杰，我这次一半是为了会你而来。我有一个朋友白谦慎（浙江大学文博考古与美术学院的院长、书法家，原波士顿大学的终身教授），特别欣赏你。我是通过他的文章认识你的作品的。马伯庸写的这些东西是做过历史研究的，你也是做过研究的。想来也奇怪，你做历史研究，你不写历史，别人写完你说这错那错，不该你写。那就要反问了，你写一个出来看看？

路国权： 差不多二十年前，北大考古系召开过一次考古传播学的研讨会，当时邀请了各个省市考古所的所长来，讨论考古学和社会大众的关系，怎么向社会开放和介绍考古研究的成果。我的老师开始做公众考古学的时候，面向公众、媒体开放考古工地，央视很多记者去采访、报道。当时有些老先生颇有微词，觉得考古学者做这种事情就不是纯粹的考古学家了。十几年过去后，现在考古学界已经达成共识，每个考古工地都要面向公众有序开放，中国考古学会还专门成立了公共考古专门委员会。我们考古学家不做这件事，谁来做这件事？在考古学界像马老师、张老师这样普及和畅销的书还真没有特别成功的。我系统地阅读马老师的书是从 2017 年开始的。当时我在山东大学给考古专业的大二的本科生讲夏商周考古，我问学生其他课程的作业是否特别多，课业是不是特别重？学生们说每门课都要写小论文，时间特别紧张。我说我的这门课不布置论文了，每个人读一本书，自己选择，可以读考古报告，也可以读小说，什么都可以，读完找我谈一个小时介绍这本书。我当时认为大二的学生本身也写不出什么像样的论文，还不如按照自己的兴趣认真读一本书。我每周接待两位同学，当时一个女同学找我，她兴高采烈地读完了《古董局中局》，跟我讲了一个半小时，兴高采烈、眉飞色舞，十分兴奋。之后我就找来这本书自己也读了一遍，尔后顺藤摸瓜又找了作者其他的书来读。今年上半年我看了热播的电视剧《长安十二时辰》，7 月份去西安的时候，感觉全城都在看这个电视剧。我当时在考古工地，一天最多的时候看了六集。

马伯庸： 工作量不够饱满呐（笑）。

路国权： 后来我又读了《草原动物园》，一直特别想什么时候把这本书也编成电视剧。我喜欢这本书，它吸引我的一是书的名字，另一个是我特别想去赤峰，我想先通过书了解那里的风情地理。比如陇西，我也想去，暂时没法去之前我就想先通过看书了解一些知识，我就看了《风起陇西》。地方志我也翻看了，但看完之后我还是想调剂一下，看些轻松的，我也是个人（笑）。《权力的游戏》我也推荐给研究生看，一是很轻松，二是看了之后，就了解什么是封建制度，就好理解商周时期的社会。这都是可以启发我们研究的史料。杨老师说知识生产，每门学科每位学者都是知识生产体系中的一小段，我们做专业的还是要尽量向上、下游拓展，贯通一下。马老师写每本书也要查阅大量的论文，像徽州文书等等。他还要做实地调查，跟我们考古的田野调查一样。我们还是尽量向上做一个延伸，做一些打通的工作。当然从考古专业来讲，我们还是要先把考古报告写好，种出麦子，磨成面粉，至于你们怎么用我们不清楚。像马老师、李老师这样能力突出、慧眼独具的，可以直接到我们考古的领域里来收庄稼了。

杨念群：我想你们考古学自己也得收割一下（笑）。

路国权：我们确实应该收割一下。

滕乐：我接着路老师的话说，这两年大众媒体对公共史学、公共考古都很关注。研究公共史学传播有一个很有意思的转型，早期都在讲故事，马亲王《长安十二时辰》是具身化的转型，过去是完全的故事，现在具体到某个器物，某个城市，某个生活空间，像姜老师的说法，往后发展会往心灵史的方向转型，情怀型，会层层递进往前走，但关键最后的落点在哪儿。写历史虚构小人物，是虚构出来还是史料、考古发现找人物？我对秦汉史比较感兴趣，汉简里提到有意思的人物，甘露简上记载了一个叫丽戎的人，汉宣帝一直到甘露二年还要找她出来，你也不知道找她干什么。但把这些人拎出来可以写出一堆东西。所以小人物是虚构还是还原到历史语境中？这中间还是有一个张力的问题。

马伯庸：你说这个汉简，我想起一个事来。我前一阵去广州，专门去了南越王博物馆，里面有一个东西特别好玩，挖出一堆竹简，有很多园林记录，其中一份是壶枣遗树编号100，枣229颗，另外一份也是壶枣遗树，编号96，枣九百多颗。壶枣我查了一下，壶枣当时只有河北真定能种，谁种？只可能是南越国第一任国主赵佗。他是河北人，活了一百多岁，到他七十岁以后他身边的老部下、老战友全死完了，他是政治家，但也是老人。我们都知道老人最容易寂寞，最容易唠家常，已经没有人聊，是否寄托对家乡的思念，找人从河北运了一批枣树过来，种在这儿想怀念一下。忽然这么想，觉得这个人的形象有点丰富，不是单纯的政治家。如果这个成立的话，他是一个晚年非常寂寞，一直想家的普通老人，坐在王宫里，看着眼前一棵是枣树，一棵也是枣树。

姜萌： 这个想象力可以，也比较合理。

马伯庸： 我今年在华师大跟他们聊过一次，我当时胆子也不小，在那儿讲这个。底下坐了一些简牍学大拿。大部分老师都很客气，只有一位学生说你这个参数不对，枣树可能是防止盗窃，种在墙边，而且种了一百多棵。我说您是历史研究，我这只是开一个脑洞。但是从这里也是对历史的想象，我们试图去挖掘赵佗个人的内心生活。

杨念群： 刚才姜萌已经做了很好的总结。我觉得咱们这个工作坊挺好，基本是个清谈会，大家放开了聊，下一步我建议这个工作坊要变得更加专题化。比如说今天聊的很多内容都可以单独再开一个专题讨论会深入探索下去。比如说非虚构写作和学院派的写作有什么区别。下次请李开元老师专门讲一下，他在北大已经讲过。就从写作的风格差异入手开始讲起，从非虚构写作的规范、性质、笔法等方面来深入讨论。还有关于虚构的问题，历史在什么层次上允许虚构，虚构的尺度是什么？虚构的标准是什么，下次再讨论关于历史事实与虚构想象之间的关系。再请马伯庸来谈，当你写作某部作品时你持有的虚构尺度和分寸到底在什么地方，能不能归纳出一些规则？比如大家都在说历史存在着某种可能性，这个可能性也许已经实现了，也许还没有机会实现就夭折了，那么如果我们先悬置夭折的结果，去探讨万一没有按照真实的历史中断，可能会发展出什么样的可能性？架空历史写作的边界在哪里？历史的现实表现与理想呈现之间可能构成什么关系？比如我们可不可以就谈许许多多历史架空的可能性。这些问题其实都很好玩，历史未来的可能性可能就在我们理想的状态中，重构出了另一种想象的历史。历史不一定通过事实考证才对现实有意义，你可能在想象历史的过程中，让历史重新生成出一种意义。如果在这个层次我们有所推进。那我觉得善莫大焉。

专题研究

图像史视野中的"通州八里桥之战"[*]

刘鸿亮[**]

摘要：发生在 1860 年 9 月 21 日清军与英法联军在北京通州八里桥的战斗，五个小时的战斗中，3.4 万清军以骑兵为主，步兵和炮兵为辅，表现英勇，但因素质、装备、战法严重落后而惨败。此役配炮百门以上，最终战死 3 千，死伤上万，余部溃散；而仅是先头部队的 6 千侵略军以步兵为主，骑兵和炮兵为辅，配炮 76 门，最终仅伤 46 人，死 5 人。此战力反差如此之大，成为一个历史之谜和国人心中永远的痛。今借助中西原始史料，厘清了战争起因、战争始末、中西参战的兵种、人数、装备、战术和结果等问题。清军陆战御敌无力的问题从属于它所处的封建环境，可从思想、制度和物质层面三方面得到一些解释。

关键词：英法联军侵华之役　八里桥之战　英国阿摩士壮后装线膛炮　方阵战术　线形战术　纵队战术

---

[*] 基金项目：国家哲学社会科学基金项目"鸦片战争前后中西战船技术及与国家海防安全之间的关系研究"（15BZS071）。

本文部分文字在《历史教学》2019 年第 10 期以《英法联军侵华之役"通州八里桥之战"探析》（8 千字）为题发表。在此文基础上，作者重新修订，配上图表，以帮助读者理解。编辑部认为此文与《历史教学》已刊发之文相较，有新的价值，故予以刊发。

[**] 刘鸿亮（1970—　）男，河南省登封人，科技史博士，河南科技大学教授，鸦片战争博物馆和厦门胡里山炮台特约研究员，研究方向为近代中西军事技术史。E-mail：1378221156@qq.com。

发生在 1839—1842 年间（清朝道光十九至二十二年）[①] 及 1856—1860 年间（清朝咸丰六至十年）的两次鸦片战争，是处于资本主义上升阶段的英国以及后来的法兰西帝国与处于封建主义没落阶段的清帝国之间的战争，也是西方的"军事—工业体制"与中国古老的"军事—农业体制"的冲突和较量。

鸦片战争因清廷禁烟而起，但"其充其量只是中西冲突后的一个拐点，在此之前双方的国家制度、政治体制与价值理念冲突才是真正的症结所在"[②]。所谓英法联军侵华之役，堪称世界大战，介入的国家有：中、英、法、美、俄、印度，兵源来自四大洲：欧、亚、美、非，涉及各国的内政、外交、军事、经济、外贸、金融、科技、讯息；还有复杂的人际关系、国际的明争暗斗、列强的全球战略，中国的茶丝、印度的鸦片、英国的工业、美国的棉业，都与此息息相关。

发生在 1860 年 9 月 21 日的通州八里桥之战，是鸦片战争以来中西军队首次进行的较大规模的野战（图 1）。"也是近代中国军队对外作战中死伤较大的一次。法国统帅蒙托邦（Montauban，1796—1878）由此而被法皇拿破仑三世封为'八里桥公爵（Comte de palikao）'。"[③] 清方由主帅僧格林沁、大学士瑞麟和副统帅光禄寺卿胜保等负责。《清史稿》对此记载简略：

> 咸丰十年六月，英、法、俄、美四国兵（舰）百余艘复来犯，知大沽防御严固，别于北塘登岸，我军失利。敌以马步万人分扑新河、军粮城，进陷塘沽，僧格林沁力扼大沽两岸。文宗手谕曰："天下根本在京师，当迅守津郡，万不可寄身命于炮台。若不念大局，只了一身之计，有负朕心。"盖知其忠愤，虑以身殉也。寻于右岸迎战失利，炮台被陷，提督乐善死之。僧格林沁

[①] ［英］安德里安·G. 马歇尔：《复仇女神号：铁甲战舰与亚洲近代史的开端》，彭金玲译，广西师范大学出版社 2020 年版，第 87 页。
[②] 柳岳武：《略论中国近代史之开端》，《中州学刊》2017 年第 7 期。
[③] 李浩：《试论八里桥战役清军惨败的原因及其影响》，《天中学刊》2016 年第 3 期。

退守通州,夺三眼花翎,褫领侍卫内大臣及都统。迭命大臣议和,不就。敌兵日进,迎击,获英人巴夏礼送京师。战于通州八里桥,败绩。瑞麟又败于安定门外,联军遂入京。文宗先幸热河,圆明园被毁。①

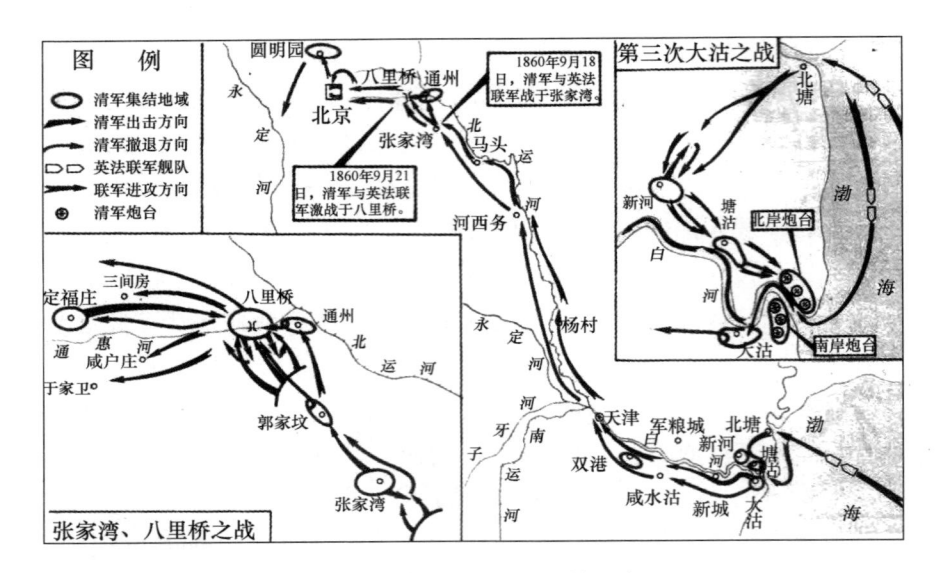

图1 英法联军入侵京津之战示意图

资料来源:军事科学院《中国近代战争史》编写组编:《中国近代战争史》第一册,军事科学出版社1984年版,第545页。

此战,中西军队均准备充分、拼尽全力,硬碰硬地进行了长达五小时的陆战,然而,双方战力悬殊,死伤人数差距极大。譬如,清军左翼统帅胜保自述:"我步队官兵与之鏖战……不得成此一战,岂非天哉!言至此,不觉痛哭失声。"② 而一侵略军称:"在敌众我寡的情况下……应该看到上帝确实在保佑我们,从战争一开始时,似乎就在

---

① (清)赵尔巽撰:《清史稿·列传·僧格林沁》卷404,中华书局1976年版,第2029页。
② 中国史学会编:《第二次鸦片战争》五,上海人民出版社1978年版,第106—107页。

亲自引导我们。"①

以往学者对之研究,从社会制度、生产方式等社会因素方面研究较多②,但缺乏从图像史方面的深入探讨。今试通过中西当事者的记载厘清中西参战部队的兵种、人数,武器、战术,战争惨况、各自死伤的人数以及清军惨败的诸多原因等。探析此问题的中文古今史料不胜枚举,诸如政府档案、地方史志及外文资料等。有关此役的外文资料,如"圆明园劫难记忆译丛"由上海中西书局与圆明园管理处共同策划,2011年和2013年共转译了27部侵华英法联军的参战日记(法军18部,英军9部),著述时间集中在1860—1932年间。再者,笔者亦重视战船和枪炮等。绘画和摄影在历史研究中发挥着无可替代的功能。目前国内的论著在这方面的欠缺自不待言,因此拙文试图从图像史的视野中探析之。

一 战前海防战略、布防特征

清朝的海防无论是部队规模、防御能力都超过了明代;但在"重防其出"思想指引下,其功能具有明显的保守性、被动性,职责仅停留在"防守海口、防范走私、缉拿海盗"方面,并没有考虑或意识到与外国入侵者的交战,所以到了鸦片战争前后,沿海各地海防设施大多废弛。③

晚清的海防战略可概括为:"以陆地为中心、重陆轻海,防内而不是防外;防御性的,并且高度地方性的;对入侵的西洋人是以守为战、以逸待劳,诱敌深入、聚而歼之。"主要针对海寇而非西洋殖民者;仅在于威吓敌人。其方针是"重防其出",防敌于大陆,制敌于海岛,这是清廷认定海上的反清武装与海盗出自国内,沿海地区的商

---

① [法]布瓦西厄:《陆军少尉的战争记忆》,陈建伟译,中西书局2011年版,第220页。
② 蒋孟引:《第二次鸦片战争》,上海人民出版社1965年版;夏笠:《第二次鸦片战争史》,上海书店出版社2007年版。
③ 张建雄:《鸦片战争时期清朝海防炮台的技术研究》,《岭南文史》2010年第4期。

人和渔民都是潜在的动乱分子,必须限制"内盗"出海,断其接济,防患于未然。但水师战力常是靖内患有余,御外侮不足。清廷在军事管理上实行"兵农分立、以文制武、大小相制"的体制,在军制上维护封建割据状态,崇尚满洲部队,防备汉军绿营乃至绿营水师。由此使得从业官兵素质低下,不利于军队战斗力的提升、军械的创新及其性能的发挥。"此体制使得没有一个中央政府机构承担起对绿营水师的监督,国防与海防管理成了互不联系的各个地方军事单位的责任。这一切使得军队难以协调,也使得在种种沿海与海上军事力量之间缺乏全面的规划。"① 因此,在鸦片战争前后,沿海水陆绿营兵不能担当国防、海防和江防的重任,显然是由清朝的海防战略、建军目的、职能定位、任务规定、布防特点、武器装备、管理体制以及官兵腐败等状况决定的。

京师是清朝皇帝之居处、封建国家的政权中心,当以重兵守卫,故清廷置八旗兵12.74万驻守(还包括绿营1万余人),其中香山健锐营、内外火器营号称"禁旅",是八旗兵中的精华。除此之外,环京师设置了三道八旗兵驻防防线。最内一线,顺义、昌平、三河、良乡、宝坻、固安、采育、东安八处,每处各驻一旗;第二道防线,霸县、玉田、滦州、雄县四地,每地各驻两旗;与京师距离更远的保定、沧州、太原、德州、山海关,各设重兵,互为表里,构成京师驻防体系的最外一圈。三道防线中,越是内线,驻兵越少;越是靠近京师,八旗武备越弱。清廷也意识到联军有可能进军京津地区,为安全计,遂将京旗禁旅、北方各地驻防旗兵,以及绿营兵、蒙古兵,调赴天津海口到山海关一线,构成海岸纵深防线。这种彼此牵制、兵将不习的状况,造成指挥混乱,埋下了失败的隐患。但在此役发生的同时,厦门、福州、宁波、舟山、上海、大连等地,清军居然与侵略军猫鼠同眠,没有把他们当作最凶恶的敌人。清廷尽管内外交困,但还是把精锐部队放在镇压太平天国、捻军以及各地的叛乱上,即实行

---

① [美]安东尼·罗伯特:《国家、社区与广东省镇压海盗的行动,1809—1810》,梁敏玲译,《清史译丛》第10辑,齐鲁书社2011年版,第151页。

"先安内同时攘外"的应对策略。譬如,"1860 年 8 月起,英法联军猖獗于大沽、天津,直犯北京,在此地区的清军总兵力合计近 20 万,真正能机动作战的不过 5 万余人;而在太平天国战场上,除了 1860 年 4 月被打垮的江南大营 6 万兵勇外,能机动作战的约 10 万之巨"①。即清军抗衡联军的主战场仅为广东珠江和京津。而珠江战事又是在清廷中枢毫不知情的状态下进行的,在当时士民的眼中,似可看做广东清军与英法联军之间的战争。就实际情况而言,广东方面也确无它省和中央的军力及财力支持,真正反映战争水平的战事仅在京津,而最具重要意义的作战区域又是在大沽口。②

图 2　清朝最高统帅咸丰帝肖像（附有北京西门和南京桥的图）；
及京津统帅僧格林沁的模样

资料来源：沈弘编译：《遗失在西方的中国史：〈伦敦新闻画报〉记录的晚清 1842—1873》,时代华文书局 2014 年版,第 425、474 页。

二　清军军种构成、参战人数的比较

近代以来,海战虽然增多,但总体看,仍以骑兵主宰的陆战为

---

①　茅海建：《近代的尺度：两次鸦片战争军事与外交》,生活·读书·新知三联书店 2011 年版,第 92 页。
②　茅海建：《近代的尺度：两次鸦片战争军事与外交》,第 318 页。

主。清前期军队分八旗和绿营两部分。"首崇满洲"是清朝一以贯之的治国理念。其对八旗、绿营水陆兵力的部署绝非随意为之,将八旗置于国家军事体制中的核心地位,以满蒙兵来控制汉军,以汉军来控制绿营,以绿营来控扼绿营水师,以有定的八旗兵来控扼不定的绿营兵,最终实现了用极少数的八旗兵控制绿营并掌控全国的军事目的。①"凡直省形胜要地,以次分遣八旗兵驻守;其绿营官兵复随都邑之大小远近,列汛分营立之。"②"八旗驻防首重东北、直隶,次重东南沿海、西北。在这些地区保持着强大的机动部队,成为分防系统中的四个支撑点。即便是在驻防兵员较少的省份,八旗兵也遵循着集中驻防的原则,或驻省城,或驻战略要地。"③(图3)

图3 1857年西洋人在广州见到的八旗官兵;1860年8月14日的塘沽炮台之战中的八旗官兵;1860年大沽炮台里的八旗兵

资料来源:沈弘编译:《遗失在西方的中国史:〈伦敦新闻画报〉记录的晚清1842—1873》,第158、137页;Ian Heath, Michael Perry, *The Taiping Rebellion 1851 – 66*, Oxford: Osprey Publishing, 2010, p.20;秦风西洋版画馆编:《西洋铜版画与近代中国》,福建教育出版社2008年版,第57页。

---

① 谢茂发:《清前期江苏江海防体系考略》,《军事历史》2015年第5期。
② (清)张廷玉等:《清朝文献通考》卷182《兵四》,商务印书馆1937年版,第456页。
③ 陈锋:《清代军费研究》,武汉大学出版社2013年版,第24页。

伴随着八旗兵入关后的腐化，代之而起的是清廷对水陆绿营兵的倚重。但清廷出于歧视和防范汉族的成见，一直崇尚八旗兵而贬斥绿营兵，尽管绿营兵一直在国家机器中发挥着核心作用。"绿营制度承明代镇戍制度，在顺治初年建立，到乾隆时代始臻完备，及乾、嘉以后，便渐渐地衰退起来，其原因一是本身发生了腐化。如奉迎、取巧、油滑、偷惰、克扣、冒饷、窝娼、庇盗、开赌场、吸鸦片等。一是作为统驭的上层机构发生了瘫痪，督抚经常不理军政。"① 就军种结构而言，清军有陆军和水军之别，以陆军为主；陆军中有步兵、骑兵和炮兵。其中，八旗以骑兵为主，兼有步兵；绿营以步兵为主，兼有骑兵。但清军实质上没有明确的兵种划分，骑兵一向是部队的主干，步兵处于从属地位，炮兵混编在步兵营中，炮手因需调用，无法发挥集中攻击的优势，而水师（后来称谓的海军）是在入关前后逐步形成的兵种中，中国炮兵成独立建制，始见于在镇压太平天国运动形成的淮军。迄至英法联军侵华之役，京师除由八旗护卫外，保卫国家的武力，主要是由国防军的主力——水陆绿营官兵来担负，但在京津战场，最终和侵华联军对阵的还是号称当时最精锐的八旗兵尤其是骑兵。这种兵种设置逆步兵主宰战场的世界历史潮流而动。

如英军司令格兰特（Grant，1808—1875）对清军素质评论到：

  整场战役，联军的战术和装备远胜于疏于备战、仓促上阵的清军，清廷惟有借助外交拖延手段苟延残喘。和英法联军对阵的是号称当时中国最精锐的部队：八旗兵，主要由满蒙子弟构成，其中包括皇家卫队。这支部队由骑兵、步兵和炮兵组成。他们虽拥有大炮，但似乎更偏爱弓箭、马刀和长矛，有的披挂锁子甲上阵，有的举着盾牌。在27万清一色的八旗子弟兵中，有大约15万为驻地士兵。另外，还有60万民兵（其中6万为当地民兵团勇），这些所谓"绿营"多数是农民，几乎未受过正规训练。而

---

① 罗尔纲：《绿营兵志》，商务印书馆2011年版，第70、74页。

当时的清军统帅是蒙族将军僧格林沁。①

图 4　1850 年绿营兵装束、1857 年西洋人在广州见到的绿营官兵；法军攻打八里桥，穿黑色镶边的黄马褂的清朝胜保京营部在此据守

资料来源：沈弘编译：《遗失在西方的中国史：〈伦敦新闻画报〉记录的晚清 1842—1873》，第 158、137 页；[美]罗伯特·布鲁斯等：《图解世界战争战法，帝国时代（1776—1914）：装备、作战技能和战术》，周桂银译，宁夏人民出版社 2012 年版，第 133 页。

图 5　1860 年 8 月 21 日的中西大沽口右岸的石头缝炮台之战

资料来源：赵省伟主编：《西洋镜：法国画报记录的晚清 1846—1885》，张霞等译，广东人民出版社 2018 年版，第 231 页。

---

① [法]萨莫佑等：《枫丹白露城堡：欧仁妮皇后的中国博物馆》，王眉译，中西书局 2011 年版，第 5 页。

当时清军沿海绿营达 30 万人，绿营水师达 5 万左右，共计 35 万左右，实质仅可用 20 余万。而此役参战的清军人数虽占绝对优势，但在各次战斗中，并未保持如此优势。与侵略军的大小战斗共 11 次，除第一次广州之战、张家湾、八里桥之战清军兵力数倍于侵略军外，其他战斗双方兵力相差不远。至于新河、塘沽、石头缝炮台诸战，反而是侵略军占了优势。

清廷陆续向津沽一带增派了 1.3 万官兵，至 1860 年 7 月底前线驻军总数达 2.9 万，但实际投入战斗的只有驻扎在大沽和营城一带的 1.3 万余人。就兵力而言，侵略军不但在武器装备上优于清军，且在人数上也超过了清军。[①] 清军在通州一带的部署是：僧格林沁的督师行营设在通州与张家湾之间的郭家坟，由他统率的马步兵 1.7 万人，（其中骑兵约 1 万，多为从蒙古征调的牧民）驻扎在张家湾至八里桥一带，扼守赴通州及京师广渠门的大道，其中驻张家湾的兵力仅有步队千人；副都统格绷额督带马队 3000 人驻于张家湾的东面和南面；署直隶总督成保率 4000 绿营兵防守通州；原驻防通州的礼部尚书瑞麟所统京营万人（含京营、绿营，也配有少量骑兵，还有民团）及副都统伊勒东阿督带的马步队 4000 人防守八里桥，作为僧军的后援；僧格林沁还派副都统克兴阿统带察哈尔马队 1000 人，防守张家湾西南的马驹桥；又令总管那马善统带察哈尔马队 1000 人，防守马驹桥东南的采育，以防敌军从马头直接西进，绕道趋京。总计通州地区的防军达 3 万余人。另外，副都统胜保率京营 5000 人（主要是鸟铳队和炮队）驻齐化门（今朝阳门）以东的定福庄，声援僧、瑞两军，保卫京师。18 日中午联军向张家湾阵地发起攻击，僧格林沁率军抵抗，给敌以重大杀伤。但最终清军战败，僧格林沁率所部退守八里桥，驻防通州的绿营兵也慌忙随僧军撤走。联军占领张家湾，并乘胜追击，一举占领郭家坟和通州城。21 日凌晨四时，联军从郭家坟一带向八里桥推进，骑兵在前面探路。[②]

[①] 欧阳跃峰：《1860 年：巨痛与自强》，东方出版中心 2015 年版，第 227 页。
[②] 军事科学院《中国近代战争史》编写组编：《中国近代战争史》第一册，第 200 页。

清军兵力虽多，从兵力构成来看，以临时拼凑的战斗力较弱的绿营步兵为主，辅以临时征调的蒙古骑兵万余，可谓一群乌合之众。战前，连统帅僧格林沁都极为沮丧，他在致怡亲王载垣的信中说："本日探得夷人前队在张家湾、通州之间，夷酋仍在河西，计其一二日内，探明道路，必来扑犯，沁现在聚集官兵，以备迎击。惟马步各队经此（张家湾之战）挫败之后，恐难复振，能否扼截，实无把握。惟望大人于京师妥为布置，以保无虞。"副统帅胜保也对属下的京营素质有评论称："尚未见仗，而情形已慌。此时弟所带之队皆属步卒，且多新兵，定福庄为八里桥后路要区，未敢轻移。且恐兵心一乱，反难镇驭。适值察哈尔兵到，而老弱充数，十据六七，难望得力，只好将其分为二队，以一半赴八里桥，一半扎定福庄前路，不过壮声势耳。"如有援兵抵达，"稍可救急，但须归我调遣方得力。然恐缓不济急。奈何！奈何！"[①] 主帅胆怯，上行下效，此对战局的失利无疑起着推波助澜的作用。

15世纪中叶以后的4个世纪里，欧洲战争的变化导致大规模常备陆军的兴起。骑兵在战场上的垄断地位逐渐被打破，以火枪兵为主的步兵成为战场上的主角，炮兵成为重要的打击力量。其根本原因是国家管理机构的完善以及枪炮武器系统的形成。由于枪炮射程的急剧增加，骑兵等突击力量在战场上的作用大减而日渐衰落。"一个经过良好训练的英军火枪营，可在每分钟内朝150码的正面倾泻1000—1500发子弹"[②]，英法两国于1703年完全取消长矛，确立了火器在战场上的主导地位，至18世纪下半叶，西洋各军种已职业化，炮兵逐渐被组成独立的团而不是分散配置在步兵或骑兵中，火炮在一个炮兵连中可达7%的高比例，野战炮兵的三个部分——步兵、骑兵和骑炮兵互相补充，骑兵主要用于侦察；西洋海军发展常优于陆军，其装备和战力为各兵种中最好。至英法联军侵华之役，侵略军战船共144艘，其

[①] 中国史学会编：《第二次鸦片战争》五，第84—93页。

[②] 兴河：《天朝师夷录：中国近代对世界军事技术的引进1840—1860》，解放军出版社2014年版，第387页。1码=0.9144米。

中蒸汽船 119 艘，占 82.6%（含铁壳船共 15 艘，占 10.4%），此外还有 215 艘木质商船辅助之。① 其战船多是轮桨驱动的木质或铁壳炮艇，舰炮仍然被布置在两舷。铁壳船虽不大，但动力足（航速可达到 15 节，平均也有 10 节），载炮虽少，但炮身巨大，炮壁也薄，多是重炮或巨炮（最大炮重 5689 千克，最大炮弹达 49.94 千克）。侵略军的步兵和炮兵占主导，骑兵和工兵很少。但是，步兵对清军造成的损伤很小，而骑兵和炮兵起到了主导作用。骑兵的快速攻击能力，牵制了清军，转移了他们的注意力，从而使侵略军能有效打击清军炮兵，也使侵略军步兵有时间发动进攻，避免大量伤亡。

1859 年夏，法国的一支侵华远征军准备向中国进发时，拿破仑三世正想投入法国的大部分军力，在意大利打一场大战，因而可以随意支配的部队有限。陆军少将蒙托邦只得率领不超过一个师的兵力开往亚洲，其远征军由两个步兵旅和一支规模不大的骑兵分队构成。② 抵达山东芝罘时法

图 6　1860 年 8 月以来英法联军进攻清朝京津路线图

资料来源：[法] 萨莫佑等：《枫丹白露城堡：欧仁妮皇后的中国博物馆》，第 3 页。

---

① [法] 帕吕：《远征中国纪行》，谢洁莹译，中西书局 2011 年版，第 9—26 页；[法] 布隆戴尔：《1860 年征战中国记》，赵珊珊译，中西书局 2011 年版，第 17—23 页。
② [美] 罗伯特·布鲁斯等：《图解世界战争战法，帝国时代（1776—1914）：装备、作战技能和战术》，第 132 页。

军有 8799 人。到达大沽口海口的英法联军共 2.1412 万人，陆海用火炮共 1095 门（图 6—图 8）。① 英国出动船只共 87 艘，载 633 炮。占

图 7　1860 年侵华英法联军船队停泊在大沽口并与清廷官方进行会谈
图中可见木质帆船和蒸汽机驱动的木质或铁壳炮艇并存
资料来源：赵省伟主编：《西洋镜：法国画报记录的晚清 1846—1885》，第 220 页。

图 8　左为侵华的英国第 39 团士兵，中为 99 团军官，右为炮兵团射手；
侵华的广东苦力、英印锡克教徒的骑兵和英国皇家步兵；侵华的法国陆军
资料来源：Michael Barthorp, *The British Army on Campaign*（3）：*1856 - 1881*. Oxford：Osprey Publishing Ltd. 1988，p. 27；Ian Heath, Michael Perry, *The Taiping Rebellion 1851 - 66*. Oxford：osprey Publishing, 2010，p. 32；赵省伟主编：《西洋镜：法国画报记录的晚清 1846—1885》，第 214 页。

---

①　[法] 帕吕：《远征中国纪行》，第 8—26 页。

压倒性优势的帆桨驱动的木质和铁壳战船共 61 艘，载 1—51 炮不等，马力 40—400 匹不等，载 33—1081 人不等。以载 51 门炮的木质旗舰"切萨皮克"（Chesapeake）号为最大，排水量 3334 吨、造价 10.092 万英镑。最上层炮甲板长 64.62 米，龙骨长 55.22 米，水线宽 15.29 米，船深 5.1 米。吃水 3.6—6.96 米不等；核载 515 人，400 马力，9.658 节航速[1]。侵略军如此庞大的兵力兵器组合，在西方殖民史上实属罕见。

侵华法军对此评论道："英法两国通过这场战争获得的利益大致相当，当初我们派往清朝的军队力量对比悬殊。法军从本国出发时只有 68 艘船，士兵人数 7950，而英国从欧洲本土和印度分别带来 1 万多英军和 1 万多印度锡克兵，此外还有一支舰队，船只数量达到了 230 多艘。英军还有一支庞大的骑兵队伍，而法军却只有一支小护卫队。英军的炮兵团浩浩荡荡，拉大炮的是印度和澳洲产的骏马，而法军一路险途下来，坐骑只有中国小矮马和几匹日本瘦马。英军有 6000 多广东苦力替他们干粗活，而法军却只有 1000 苦力。英法两军一同进军，然而造物弄人，总是法军先遭遇清兵，并将清兵击退。"[2]

三 清朝官兵御侮时的利器：
枪炮和战船等武器比较

此役，中西双方所拥有的火炮是最为得用的武器，火枪和战船也发挥了重要作用。从 15 世纪以来，中国火炮、炮台与战船技术发展呈现出火炮技术相对发达、战船和炮台技术相对滞后的状况。至 19 世纪中叶，处于传统农业经济发展阶段的清朝军事技术的总体水平仅处于欧洲 17 世纪"木质风帆时代"的初期水平，军事装备处于冷热兵器混用时代，这是清军不敌英法联军的时代背景。清军火器占了军

---

[1] Rif Winfield, *British Warships in the Age of Sail 1817 – 1863*, *Design*, *Construction*, *Careers and Fates*, Barnsley：Seaforth Publishing，2014，p. 113.
[2] ［法］乔治·德·克鲁勒：《进军北京》，陈丽娟等译，中西书局 2013 年版，第 110 页。

器中的十分之六七，其中火炮又占火器中的 1/10。而此时期西洋前装线膛枪将步兵的火力范围从二三百米扩大到千米，射速从过去的 2—3 发/分钟提高到 3—4 发/分钟，"前装滑膛加农炮突然间变得过时了，意味着就像拿破仑战争中那样使用霰弹的炮兵不能恣意地袭击步兵阵营，而且还意味着野战炮不再是战斗武器中的主导"①。但是，黑火药燃烧烟雾大，妨碍步枪威力的发挥，战场上的火力仍主要依赖火炮。

在乾隆二十一年（1756）"钦定工部则例造火器式"中，将 85 种火炮、17 种鸟枪列为制式武器，颁行全国。当然，并非所有的部队都能配置枪炮。在实际作战时，清军枪炮配置往往不能统一，不利于士兵的掌握与发射。在 19 世纪 60 年代洋务运动开始引进西方枪械制造技术之前，枪械技术总体上从未超越明末之水平。清朝种类繁杂的枪械与当时的西洋枪炮相比，除制造工艺不敌外，枪身太长，点火装置落后，射速低和射程近，杀伤性能低。"据当代兵器史学家的计算，清代兵丁鸟枪（即 17 世纪的滑膛枪）的杀伤力理论指数为 19，而 19 世纪中期采用圆锥形子弹的来复枪已变为 102，即清军鸟枪的杀伤威力仅是侵略军击发枪的 1/5。侵略军击发枪再加上带有枪刺，因此完全淘汰了冷兵器。清军的兵丁鸟枪不带枪刺（枪身太长，很难加装枪刺），致使鸟枪兵在战场上不能脱离刀矛弓箭手的保护。而冷热兵器的并用，鸟枪装备比例的低下又进一步影响了清军轻武器的整体威力。"② 唯一值得骄傲的枪械技术重大创新成果为清初戴梓所创的连珠铳，可惜未受到应有的重视。清朝皇家生产了大批御用枪，"有近 60 个品种。造型精美，不亚于同时期的欧洲火枪，且很多是燧发枪，还有来复枪。性能优良，枪身外镶嵌各种精致图案和贵重饰物，作用不过是狩猎或收藏。全国各地的绿营兵还在沿用明代粗陋的火绳枪，各地八旗兵的鸟枪比绿营的好一些，京师八旗的枪械应该更好，

---

① L. Boyd, *The Field Artillery: History and Source Book*, Westport. Conn, Greenwood Press, 1994, p. 29.
② 皮明勇：《中国近代军事改革》，解放军出版社 2008 年版，第 212 页。

不过和皇家御用枪相比真是小巫见大巫了。乾隆年间平定准部、反击廓尔喀入侵,道光年间平定张格尔叛乱,敌方都装备了俄国或英国制造的燧发枪,但主要持冷兵器的清军还是取得了胜利。"① 火绳枪的特点是:口径由大到小,枪管由短到长,重量由重到轻,由直枪把到曲枪把,瞄准具从无到有,总体上处于前装、滑膛和火绳点火的阶段(图9)。如在1860年8月底,僧格林沁在大沽失败后退至通州,查巡瑞麟军营后称:"通州驻扎八旗骁骑营官兵1200名,八旗汉军官兵800名,均系弓箭刀矛,火枪甚少,抵此劲敌,难期适用。此项兵丁,拟待山海关马步官兵到齐,一并撤回守城,以节经费。"②

图9　1860年代法国画师绘制的清朝八旗兵所持兵丁火绳鸟枪以及弓箭的图样;晚清军队施放前装滑膛兵丁鸟枪的情景

资料来源:秦风编:《老北京西洋铜版画典藏》,广西师范大学出版社2008年版,第102页;马式曾等编:《枪史构筑》,航空工业出版社2019年版,第11页。

清军火器配置率与西洋相比并不低,缺陷在于枪炮过于落伍,性能有限,故需冷兵器辅助之。具体而言,此时期的清军所用轻武器主要是兵丁鸟枪,也有少量的抬枪。各驻防八旗鸟枪兵占其额设兵丁1/3弱(如山海关)至全用鸟枪。"前装滑膛火绳铁制的兵丁鸟枪,用火绳发火,有瞄准装置,带推弹杆,用圆形铅弹,枪长六尺一寸/

---

① 毛宪民:《清代火枪述略》,《满族研究》2005年第4期。
② (清)贾祯等:《咸丰朝筹办夷务始末》卷24,中华书局1979年版,第2200页。

2.03 米，重 3 千克。铁叉长 1 尺，铅丸重 1 钱/3.5 克，每次使用 6—10 颗，装填火药 3 钱（10.5 克），射程 160 米/100 步至 240 米/150 步之间，射速 2 发/分钟。鸟枪不能致远，关键不在枪而在低劣的火药。

　　清军枪炮装填弹药也已发展到量化阶段，八里桥之战中，牺牲的"清兵已经完全被炮火烧焦。之所以会出现如此情况与清兵点燃火枪里火药的导火索有关。清军步兵的手臂上都缠着此（索），腰上也绑着装满火药的弹盒。一旦他们有人摔下马，意外引燃导火索的话，火苗顺势就会将火药点燃。大火首先会烧毁他们的衣服，紧接着就会烧焦他们的躯体。"① "火药盒中的木管当然是装火药的，而木管中的火药，也必然是按一定分量事先装好的。除此以外很难做其他解释。清军抬枪身长可达五尺六寸，长的一丈，射程 290—480 米不等。"②（图 10）

图 10　约 1830 年代中国火绳枪，枪管长 1.6 米；
1860 年清军的国内对手太平军持抬炮作战图

资料来源：[英] 克里斯·麦克纳博主编：《枪：视觉历史》，唐仲明译，山东美术出版社 2012 年版，第 151 页；Ian Heath, Michael Perry, *The Taiping Rebellion 1851–66*, Oxford, Osprey Publishing, 2010, p. 22.

　　侵略军也有这样的记载："它是一种巨大、蠢笨的火绳枪，口内径可达 3.8 厘米，能发射 110—450 克重量的弹丸。但它太长太沉了，枪手必须要把它架在一堵墙上，甚至是放在另一个人的肩膀上。"③ "有的抬枪很笨重——由三脚架支撑，需要两个人搬运和操作。扣动

---

① [法] 乔治·德·克鲁勒：《进军北京》，第 44 页。
② 吕小鲜：《鸦片战争时期中英两军的武器和作战效能》，《历史档案》1988 年第 3 期。
③ [美] 迈克尔·E. 哈修斯等：《图解世界战争战法，东方战争（1200—1860 年）：装备，作战技能和战术》，张魁译，宁夏人民出版社 2010 年版，第 209 页。

扳机的人总是会因为反冲力而摔倒,但是射程很远,约200码,而且能发射好几个巨大的弹丸。"①

清军抬炮重量可达三十几斤至五十斤,口径多在2厘米以上,可以将之视为大口径火枪。系17世纪以来中国受世界火器轻型化发展潮流的影响、唯一的独创物,属前装滑膛、散装黑药、火绳点火式。于1829年开始装备满洲八旗,其结构原理与同类的步、马枪相同,只是尺寸、重量、装药量、威力、后坐力等比步、马枪大。与红夷炮(又称红衣炮)和子母炮等相比,优势在于体轻和灵活,一般在百斤以下,用人力就可运输和快速投入战斗。在鸦片战争前后的国内外战争中,抬炮一直是清军使用的主力火器。

从13世纪末中国开始把火炮用于战争后,一直没有按用途作明显的区分,通常是将轻炮配置在船上。今人常将发射管口内径小于2厘米的,称之为枪,而将口内径大于2厘米的,归之为炮。炮又分为炮式和箭式两种。

侵华法人对八里桥战役中清军的枪炮装备记载:"清军大炮和16世纪欧洲的大炮区别不大,或许只是体积上稍大一点,除了木炮,主要用生铁、青铜铸造,那是穆斯林和传教士教会中国(人)的,我们曾经俘获过超大的青铜炮,长达3.51米,重达7220千克。运动战中的大炮装在炮架上,射击时产生的后坐力就对着这些炮架。有时候,他们会把大炮藏在普通的车子上,比如在八里桥战役中,就出现过这种情况,有许多复合层大炮。且有后膛装的'无敌大将军',每门炮有一批炮弹。在后腹装之,可以连续发射。火箭在中国当今仍被广泛使用。"②(图11—图12)此史料反映出:清军火器有前装式红夷炮、后装滑膛佛郎机大炮、鸟枪、抬枪、火罐、火箭、喷筒和部分洋枪洋炮,此外,还使用一定数量的冷兵器。主导型前装滑膛红夷炮趋向重型乃至巨型方向发展。

---

① [英]麦吉:《我们如何进入北京:1860年在中国战役的记述》,叶红卫、江先发译,中西书局2011年版,第30页。
② [法]埃斯凯拉克·洛图尔:《中国和中国人》,应远马译,中西书局2013年版,第71页。

图 11　法国画家绘制的中西八里桥战役的铜版画，
可见清军 10 多门红衣巨炮

资料来源：秦风西洋版画馆编：《西洋铜版画与近代中国》，第 73 页。

图 12　八里桥之战后遗弃在战场上的中国野战炮；1861 年北京附近的
清军前哨骑兵，应是从八里桥之战溃退下来的一部分

资料来源：沈弘编译：《遗失在西方的中国史：〈伦敦新闻画报〉记录的晚清 1842—1873》，第 437、454 页。

清军火炮与中英鸦片战争时期相比，稍有进步但无质的变化，同时也对国外先进火炮式样钟爱有加。与即将进入后装线膛炮技术的英法侵略军相比，差距在拉大。清廷曾积极新铸红夷炮和购买西洋前装滑膛炮用于御敌。不过，此战役因与国内的太平天国运动交织在一起，故从广东和京营抽调部分精良铜铁炮和洋炮到两湖战场上，这使得对抗侵略军的火炮数量和质量都严重不足。当然，战区清人也在吸收国外制炮的先进经验，火炮有趋向轻式和洋式发展的倾向，尽管不占主流地位。清朝代表性的火炮为刻有"番书字迹"的"台湾炮"以及"武成永固大将军炮"等。

自明代以来，中国火炮小者多用铜，大者多用铸铁，少量的也有用熟铁锻造而成。至19世纪中叶，中西铁炮一般仍由生铁铸造，铁分为生铁（也叫铸铁，pig iron）和熟铁（wrought iron）两种。熟铁含碳量小于0.05%，最早用木炭还原铁矿石制得，比较柔软，易于锻造和提高精度，所制火炮不易炸裂，但产量很低，成本很高。生铁又含四个品种，即白口铸铁（White cast iron）、灰口铸铁（Grey cast iron）、麻口铸铁（Mottle cast iron）和韧性铸铁（Decarburized cast iron）。铸铁的含碳量在2.11%—6.69%，含硫、磷较多，冶炼成本虽低，但质地脆硬，只能冶铸，加工难度很大，所制火炮容易碎裂。其优点是耐磨，适于铸造器物（图13）。

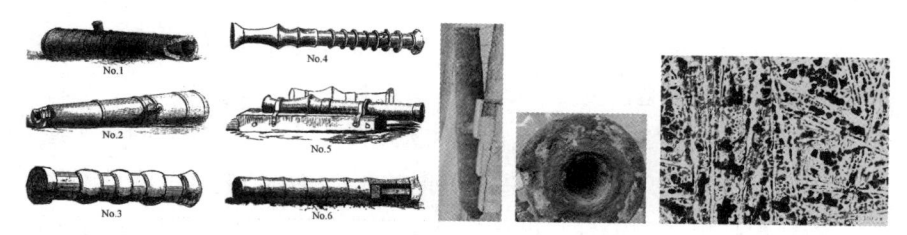

图13　1860年英法联军在大沽口炮台见到的清军1—6号的铁炮。

资料来源：沈弘编译：《遗失在西方的中国史：〈伦敦新闻画报〉记录的晚清1842—1873》，第470、471页。

以白口铁为主的铁炮材质不好，长期处在封建手工生产方式主宰下的火器界主要用泥模法铸造火炮。此时冶铁依然以木炭为主，虽然也存在焦炭冶炼。炼铁炉仍为传统的瓶形土高炉，尽管山西等地也发展起了操作工艺相对简单的坩埚生铁冶炼技术，其技术水平大体停滞在宋代的层次。鼓风设备仍为传统的活塞式木风箱，采用畜力或水力驱动，风压不高，风量不足，造成炉温较低，炼出的铁水产量低。铁炮主体以白口铸铁为主，铁炮火门的制作是用熟铁缠丝放进火门管，尔后用钻杆钻就。清朝铁芯铁体金属炮的外膛为铸铁，内膛主要为熟铁、低碳钢或少量铸铁。此型具有良好的机械和力学性能。

清朝主导型红夷炮的炮身多是由前至后渐粗，亦即炮的中心线与炮身并不平行，故在平射瞄准时发射会产生高越现象。但是，清军火炮大多无星斗和照门，也很少使用炮规，不同弹种和弹径情况下的装药量，全靠士兵自己经验来完成，结果就只能大致确定射击方向。利用质量较好的松木和樟木制造炮架。用铁加固，有双轮、三轮和四轮之分，轮子常大得不成比例。野战炮为便于越野，通常使用2只大车轮，而要塞炮和舰炮由于移动距离短，常使用4只小车轮。在八里桥战斗中，桥上配有10门大口径火炮，以及大量隐蔽在周围房屋里或是分散在河对岸草中的散兵。当法军的两个纵队到达时，纵队的先头部队受到了炮击，但是炮弹射得太高了。[1] 清军火炮不能灵活地调整射程，无法对运动中的侵略军形成致命打击。如在石头缝炮台之战中："清军不得不为了迎战侵略军而把大部分火炮火力转向，他们要把这些大炮调转方向可没少费劲……大炮一旦瞄准侵略军某群士兵所处的位置，每次开炮就不会改变方向，这些抛射物往往会错过目标，只要这群士兵从第一发炮弹飞过来之前就移动位置。结果是我们的一个营、一个连、一个排，只要蛇形前进，就能够相当轻松地避开危险。"[2]

晚清船炮以广炮最好，最佳轻型生铁炮以浙江镇海龚振麟创制的铁模铸炮为代表。发射的多是斤两偏小的球形实心铅铁弹，此与泥模铸炮法以及铁炮材质多为白口铁的缘故有关，其在攻击侵略军战船时

---

[1] ［法］瓦兰·保罗：《远征中国》，孙一先、安康译，中西书局2011年版，第129页。

[2] ［法］埃利松：《翻译官手记》，应远马译，中西书局2011年版，第135页。

常有"碰回"之说。在 19 世纪中叶，清代炮丸生产分中央和地方制造两种；中西炮弹尽管都以球形实心铅铁弹为主，但清朝用封建生产方式制成，普遍存在着加工粗糙、费工费时、质量粗劣的问题。如生铁铸成的炮弹分类少，技术关键之处改良缓慢（图 14）。

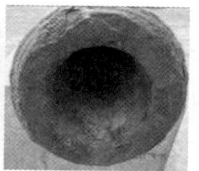

图 14　天津大沽口炮台遗址博物馆展览的 19 世纪中叶清朝红衣炮

当时中西两军对抗时，在平地多用火炮，在山路间用火箭。中西火箭在战场上的作用主要对攻击骑兵和易燃物质效果显著，至于其他场合，主要起恐吓作用，总体上看，其仅是对枪炮威力的补充，填补了制式的燧发枪与野战炮射程之间的空白。此役，清军使用了明清以来长期沿用的纸质基体火龙箭、九龙箭或一窝蜂等集束火箭，用手工方式制成，利用桶装、竹装等的载体，靠弓弩或简单的工具发射出去，属传统火箭范畴，射程在千米以内，主要起骚扰、干扰和引燃等作用（图 15）。其技术与性能与英国康格里夫火箭相比，确实存在一个"隔代差"，二者几无可比性，与中西火炮武器尚堪对比的情况迥然不同。

由于清人火箭作用十分有限，以至西人每每提及此事，总是持冷嘲热讽的态度，也使得清人羞于谈及此事，渐渐淡忘了先人作战时是否运用了火箭。至洋务运动时期，中国开始引进西洋康格里夫火箭和黑尔火箭技术，但这种武器实际上已经过时了。

就战船而言，"晚清战船和炮台的督造与维护、巡洋会哨、防海缉盗"是水师的中心任务。中华船以仿"水鸟"为船型，首尖后硕、最宽处位于船中偏后段，用帆布和竹篾编织而成的硬帆，利用八面来风，扬帆时费力，但落帆却易。从 15 世纪中期以来，起点较高的战船技术却发展缓慢；东南沿海各省都建有船厂等，但从未独立成为一

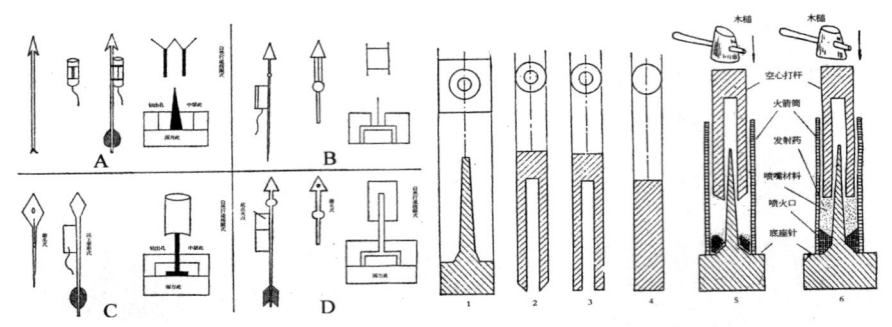

图 15　中国古书所载制造火箭筒的模具及火箭装配示意图

左图：A.《武备志》（1621）；B.《三才图会》（1603）；C.《纪效新书》（1556）；D.《洴澼百金方》（18 世纪）。

右图：向火药筒中筑药形成中空药膛所需工具及操作示意图。

资料来源：潘吉星：《中国火药史》，上海远东出版社 2016 年版，第 476、483 页。

个产业，多以提供服务为主，几乎不存在整船出售的史实。其船型、配件等技术特征虽有变化，但无发展。民船总是走在时代的前列，战船多由民船中的外洋商船或渔船改造而成。这与同期西洋战船技术的日趋精进迥然不同。官营的造船技术最发达的省份是福建，其优势一直保持到清朝。除少数广船使用热带铁力木之外，一般使用松木和杉木，故船身强度较弱。由于禁海令和建造工艺落后，至 17 世纪中期清朝水师在与台湾郑成功明军争斗时，双方的主力战船都是鸟船和赶缯船，其双桅或三桅双层甲板木质帆船技术，居然代表了 19 世纪中叶以前中国师船的最高水平。"大型鸟船可达 15 丈/48 米，水线宽 2.6 丈/8.3 米，载人 70 以上。配置的一二门铜发熕有重至四五千斤的（相当于西方 18、24 磅弹炮）。"[①]

"明代战船载人有达 400，鸦片战争时期的清代战船载人平均却是 100。"[②] 至 19 世纪中叶，船炮水平仅处于欧洲 17 世纪初期"木质

[①] 王宏斌：《清代前期海防：思想与制度》，社会科学文献出版社 2002 年版，第 122 页。

[②] John L. Rawlinson, *China's Struggle for Naval Development, 1839 – 1895*, Cambridge, Mass., Harvard University Press, 1967, p. 4.

风帆时代"的初期水平。每个绿营水师营仅拥有4—5艘战船而已，多是福船和广船等民用船的改装版，典型特征是尖底、阔面、有水密隔舱，没有真正的以军用目的而设计的战船，抗沉和造价比西洋帆船优秀，但是由于航速、炮位和防御的弱势，不适合用来作为热兵器时代的战船。沿海自古以来形成的四大船型：沙船、福船、鸟船、广船，在明清师船上相继衍生出数十种名目，但就其基本构造而言，差别并不大。均未采用转舵装置，继续使用那种依靠7—8人在甲板上用力转舵的笨拙方法。航速可达7节，与西方贸易帆船的速度相当。其实力在嘉道两朝达到鼎盛，但由于其海防战略和御敌对象被锁定在实力甚弱但船技相当的海盗身上，战船修造重于速度，忽视船只大小以及武器的改良。

  沿海师船以福建同安船型数量最多，约占全部海船的1/2。在1817年的"集"字号大同安梭船，载重量仅150吨左右（即排水量300多吨），造价5000两白银。船长8.2丈/26.2米，水线宽为2.6丈/8.3米，主桅高9.4丈/30米。载50人和140—2400斤炮共25门。发挥作用的有效射程一般只有400多米。炮位安于舱面，官兵无所遮蔽。炮架重滞、仅能直击的特点具有普遍性。多数师船除机动性稍好外，其稳定性、坚固性、防腐性、操纵性及航速都远逊于英军战船（图16）。随着英军明轮船在江海的肆虐，清军师船机动性的优势也随之丧失。由于师船战力甚差，基本不具备出海作战的能力，只好采取舍水就陆、沿海筑土城、建炮台、造巨炮的战术对抗侵略军的"线式战术"。

  至鸦片战争前后，沿海的一些官绅以私人身份购买了零星的西方明轮船以用于自卫。然而，由于中西社会基础、制度和思想存在诸多差异，此举效果有限。随后的浙江与上海的船商以私人身份购置了少许西洋明轮木壳船以用于护航捕盗，官方随后也仿效之；但是，以广东师船为代表的清军师船技术与以往相比虽有进步，但仍不见大船巨炮，仍是清中叶已有的红单船、拖风船、米艇等式样，且年久失修不堪驾驭者为多。

图16　19世纪中叶清朝绿营水师的主力战船。左图：1858年侵华法军绘制的在大沽口停泊的清朝2艘福船型战船；右图：1858年5月20日英法侵略军舰炮轰击大沽口白河中的清朝舰船

资料来源：秦风编：《西洋版画与北京城》，四川美术出版社2008年版，第133页。Rif Winfield, *British Warships in the Age of Sail 1817 – 1863, Design, Construction, Careers and Fates*, Barnsley：Seaforth Publishing, 2014, p. 1.

四　侵华的英法联军的操控利器：枪炮和战船等武器比较

自15—19世纪中期的风帆时代，欧洲火炮、炮台（初期称为城堡）与战船技术三者之间的发展一直是矛和盾的拉锯战，最终战船技术占了上风。军事技术在19世纪30年代以后发展速度加快，几乎所有的技术革新都在1840—1864这短短的25年间宣告完成。世界第三次军事技术革命正在发生，即从"木质风帆时代"向"蒸汽铁甲舰时代"的过渡期。在欧洲，从14—19世纪，火器一直稳步发展：从火绳枪到簧轮枪、燧发枪、击发枪（从散装弹药发展到弹夹）。英军到中英鸦片战争结束时也只有2万人，但全是机动作战部队。他们配备了当时世界上较为先进的1800年研制成功的伯克式（Baker）前装线膛燧发枪，"以及少量的1837年使用的布伦士威克（Brunswick）

式前装线膛击发枪（铜帽单发击发）"①。

  法国军官米尼（Minie）上尉于1849年发明了金属弹药筒，它联结弹丸、火药和火帽于一体。米尼子弹后来改为锥头柱体的次口径弹，除了这一细微差别以外，装填弹药和射击程序跟老式燧发枪是一样的。该枪射程比旧式燧发枪提高了3倍，即从二三百米提高到近千米，命中率和射速提高了3.5倍，其杀伤力是同时期清军火绳枪的5—10倍，射击更加简便可靠，且不受天气影响。米尼枪使用了雷管火帽及中空锥头柱体子弹两项新技术。英国于1851年购买了此专利，1852年制成了恩菲尔德（Enfield）式前装击发式来复枪。法国于1857年定米尼式击发枪为标准。在英法联军侵华之役，法军步兵装备的是米尼1851式前装线膛击发枪，从1854年起，英军装备了1853年型前装线膛撞击式恩菲尔德步枪，此枪最大射程约1100米。如在1860年8月12日的新河之战，法国兵在1500米之外进行了准确的射击（图17，表1）。②

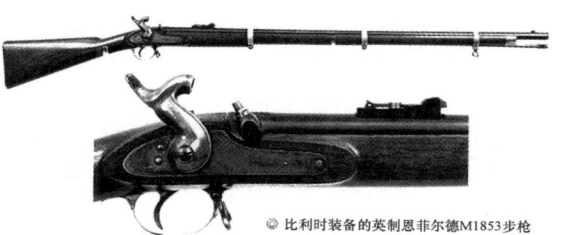

图17 英国撞击式火帽结构及步枪剖面图

资料来源：［英］克里斯·麦克纳博主编：《枪：视觉历史》，第156页。马式曾等编：《枪史构筑》，第41页。

---

① 张研、牛贯杰：《清史十五讲》，北京大学出版社2004年版，第329页。
② 中国史学会编：《第二次鸦片战争》六，第272页。

表1　　　　　　两次鸦片战争时期中西双方火枪参数对比

中西火枪类别	枪身长度（米）	口内径（厘米）	枪重（千克）	射程（米）	射速	点火方式	弹丸重量
清军前装滑膛鸟枪	2.03	约1.5	3	约160—240	1—2发/分钟	火绳	球形弹丸重3.5克（1钱）
清军前装滑膛抬枪	1.79—3.2	1.59—4.13	8—15	290—480	1发/分钟	火绳	球形弹丸重17.5克
英国"棕贝丝（Brown Bess）"燧发枪	枪长1.4—1.49（两种），管长1.1—1.2	1.9	4.8	射程45—100			球形弹丸
英军贝克前装线膛单发枪	枪长1.1—1.175，管长0.75—0.762	1.53—1.59	4—4.5	150—200	2—3发/分钟	燧发式	球形弹丸重35克
英军布伦士威克前装线膛击发枪	身长1.397—1.42，管长0.825	1.66—1.79	4.1—4.5	300—330	2—3发/分钟	击发式	球形弹丸重36—53克
英国前装线膛恩菲尔德枪	身长1.397，筒长0.991，膛线3根	1.47	4	1100	3—4发/分钟	击发式	锥头柱体弹丸重34克
法国米尼前装线膛击发枪	1.4，膛线4根	1.8	4.8	914		击发式	锥头柱体弹丸

资料来源：笔者据［英］克里斯·麦克纳博主编：《枪：视觉历史》，第145页；皮明勇：《关注与超越——中国近代军事变革论》，河北人民出版社1999年版，第224页整理。

时至19世纪中叶，西洋诸国军事装备仍处于以黑火药作发射药的初步发展的前装滑膛火器时代，但尚未进入后装线膛枪炮时代。但其在铸铁质量、火药配料、镗孔精度、机动性提高等方面的许多精心改进也是不容忽视的。法国在1465—1477年间发展起来的大炮设计一直持续至19世纪60年代。在随后的两个世纪中，火炮都是朝着改善机动性的方向发展，以适应陆上野战的需要。在14—19世纪中叶，西洋火炮一般是由青铜、铸铁或熟铁制造的，且压倒优势的火炮都为铜炮。进入18世纪，铁炮逐渐替代了青铜炮，成为各国战船的标准装备。18世纪末期以来，以英国为代表的欧洲诸国使用13—15米高的炼铁高炉或反射炉，生产灰口铁或可锻铸铁来替代性脆的白口铁铸造大炮。因为主宰欧洲16世纪中期—18世纪末期泥模法铸炮的不良，故从18世纪50年代以后，欧洲诸国采用了砂型铸模与实心钻膛技术；18世纪的最后10年内，钻杆驱动力改为蒸汽机。射速是火炮性能中很重要的一环，因为当时火炮都是前装滑膛炮并使用刚性炮架的承载装置，射程不远、射击精度很差，在陆海战中，敌对双方往往在100—200米的距离内以水平射角发射，这时射速比射程和射击精度要重要得多。在英法联军侵华之役，西洋火炮与三个世纪前使用的大炮在主要方面并无区别，但在材质、制式、装弹、瞄准、炮架、点火技术方面做了许多精心改进，使射速加快。譬如，英军舰炮火门的燧发机打火装置、炮体瞄准的装置改进很大，炮手容易操作。火炮射速为6—10发/3分钟，速度是清军的10倍。英军重炮中的60%也主要使用生铁球形实心铁弹，至于40%的其他爆炸与燃烧类炮弹，主要在近距离内使用，以增强其破坏力，此是其"炮利"的秘密之所在。

在16世纪前，欧洲火炮名称也非常繁杂。法国人瓦利叶（Val-liere，1667—1759）在1732年建立的火炮系统被公认是历史上的第一个火炮系统。到了1830年，英法两国都用了单一口径的武器装备，发射同样口径的炮弹。在1860年大沽口石头缝炮台之战中，英陆军司令格兰特称：联军共有3500名，英军的重炮包括4门8英寸（20.3厘米）口径的大炮，2门20.3厘米口径的榴弹炮，2门发射32磅炮弹的大炮，3门20.3厘米口径的臼炮；英军轻型火炮为2个阿（摩士壮）炮兵连，2个发射9磅弹的炮连，1个发射康格里夫火箭的火箭连。法军另有2个野炮炮组参战。①

---

① ［英］格兰特、诺利斯：《格兰特私人日记选》，陈洁华译，中西书局2011年版，第35页。

由此看出，侵华英军在陆海战中使用的火炮主要仍为流行370多年的前膛装加农炮（Cannon）、17世纪末期以来创制的榴弹炮（Howitzer）、陆海兼用的臼炮（Motar）、1752年发明的海上用卡龙炮（Carronade）、1805年采用的康格里夫（Congreve）火箭炮等。法军使用的火炮大致和英军相同，但以使用了拿破仑12磅弹前装线膛铜炮为其特色，不过，此炮实质上是对英国弃而不用的轻型12磅弹炮的仿造而已（图18—图20）。

侵略军很注意使用新式武器，以之作为陆战中的撒手锏，这大大出乎清军意料之外，使得陆战结局不可逆转。譬如，1855年英人阿摩士壮（Armstrong）制造出了实战用的后装线膛炮，阿摩士壮炮（以下简称阿炮）主要发射椎头柱体型的铸铁空心弹，重量为2.72—49.9千克。间或使用球形实心弹、榴霰弹和霰弹等。此炮弹使炮口径缩小，与老式的6磅弹滑膛炮相比，弹重增加了55%，射程增加了26%。铸铁弹外为铅皮，内有小孔，可装炸药，弹嘴用自来火药引（图21、22）。

图18　1860年代法国拿破仑前装线膛青铜炮

资料来源：[美]哈伯斯塔特：《火炮》，李小明等译，中国人民大学出版社2004年版，第29页；[法]阿尔芒·吕西：《军旅回忆：1860年征战中国之私密家信集》，王眉译，中西书局2013年版，第78页。

图像史视野中的"通州八里桥之战" 73

图 19 张家湾之战中英军开炮时的情景图

资料来源:秦风编:《西洋版画与北京城》,第 127 页。

图 20 天津大沽口炮台遗址博物馆展览的英法联军侵华之役英军榴弹炮

1860 年英法联军纠集了 100 艘战船和 2 万人,重新占据了大沽口炮台。英军使用了刚制造的后装线膛阿炮,首次在华用于实战。[①] 可

---

① John L. Rawlinson, *China's Struggle for Naval Development, 1839 – 1895*, Boston Cambridge, Harvard University Press, 1967, pp. 4, 11.

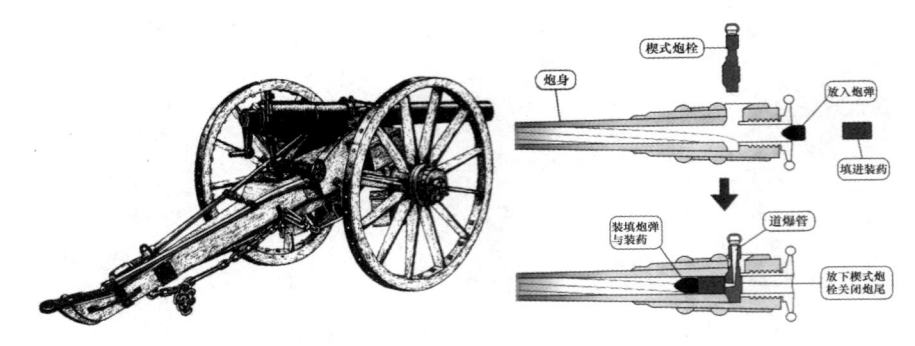

图 21　1859 年英国造的 12 磅弹螺旋式炮栓阿炮

资料来源：［美］戴尔·格兰姆专业小组：《世界武器图典：公元前 5000 年—公元 21 世纪》，刘军、董强译，安徽人民出版社 2008 年版，第 179 页；［日］水野大树：《图解火炮》，黄昱翔译，枫书坊文化出版社 2015 年版，第 29 页。

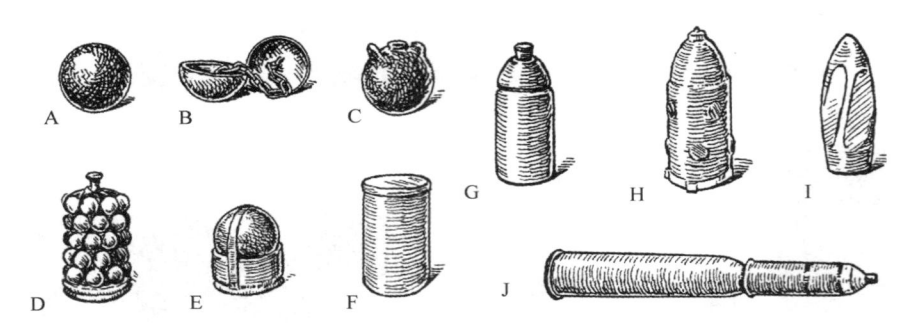

图 22　英国炮弹发展史：A. 球形实心铁弹；B. 链弹；C. 爆炸弹；D. 葡萄弹；E. 组装一体的球形实心弹；F. 筒霰弹；G. 阿摩士壮锥头筒体爆炸弹；H. 外敷铅带的锥头筒体爆炸弹．I. 维斯沃（Whitworth，1803—1887）炮用六角形旋转爆炸弹；J. 大口径线膛后装巨炮使用的炮弹（弹药组装一体）

资料来源：Howard L. Blackmore, *British Military Firearms*, 1650–1850, London：Herbert Jenkins, 1961, p. 166.

以说，线膛炮的使用在炮兵中发生的变革对于陆海战术的影响，比装甲舰发生的影响要重大得多。但是，"1860 年英军在对华战争中尽管使用了阿炮，使用者提出了有利的报告，但反对革新的偏见极大"①。在随后的美国南北战争中，敌对双方都以阿炮为主。阿炮制造水准过高，价格昂贵且不为炮手所熟知，产量很低。即便以当时英国工业水准之高，也未能实现量产。到1862年后，因为在战斗中多重膛线、铅涂弹和后装设计的阿炮屡出问题。英国政府在1864年宣布停止制造阿炮，"1865年英国一个军械委员会建议回到前装炮，但这次的前装炮要装膛线"②。

线膛枪炮的发明是以熟铁和钢的材质大量出现为前提的。英人军事工程师贝塞麦于1856年建造了酸性炉衬的转式炼钢炉（Bessmer's steel process），能冶炼成硫磷含量较低的优质钢材。贝氏钢宜制造枪炮、铁甲舰和钢轨，首先在英国建造了钢壳商船，随后用以制造钢炮。在此后，德国人西门子（Siemens）在伦敦成立分公司，也设计出一种不同的但具有同样效果的炼钢法。1865年法国冶金家马丁（Martin）发明了平炉炼钢法，西门子后来与马丁联合起来，此炼钢法得到广泛采用，到19世纪末，此法比贝氏炼钢法还要普遍。由于阿炮制法独特，使其性能和技术优于以往的滑膛炮；在20年内，原来的砂型铸炮与实心钻膛技术完全过时，尽管仍有许多国家继续使用传统的生铁铸炮材料，这种做法一直持续到1890年。

侵略军几乎在每场海陆战中都使用了英人康格里夫在1804年前后发明的带有长尾杆的金属筒装火箭，这种火箭主要靠机械装置制成，通过炮式管利用三脚架发射出去，炮弹有15种不同类型，主要为爆炸弹和燃烧弹两种，重量在11.4—27.2千克不等，射程为0.8—3.2千米，此属近代火箭范畴。精度虽差，但在战场上确实发挥了一定作用，给清军乃至沿海战区的清人造成了心理上极大震撼，也强化了西洋"炮利"的观念（图23）。如在张家湾之战中，清军共计达3万人，其中蒙古马队共近万人。1860年八月初四，僧格林沁的奏折写道："该夷于午刻，马步各队逼前扑犯。经我兵枪炮齐施，毙贼无

---

① ［英］伯里：《新编剑桥世界近代史：欧洲势力的顶峰1830—1870》，中国社会科学院世界历史研究所译，中国社会科学出版社1999年版，第417页。
② ［美］哈伯斯塔特：《火炮》，第30页。

数。正分拨马队抄击，该夷火箭数百只齐发，马匹惊骇回奔，冲动步队，以致不能成列，纷纷退后。僧格林沁督带官兵退守八里桥，以扼赴京道路。"①

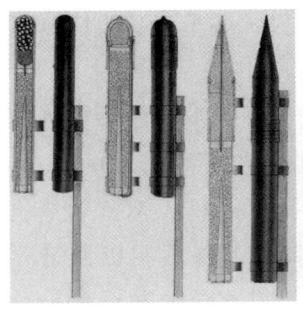

图23 左：6—300磅（2.7—136千克）弹英国康格里夫箭头；
右：1845年英军康格里夫火箭在斜坡战场上的发射情形

资料来源：Chris Henry, Brain Delf, *Napoleonic Naval Armaments 1792 – 1815*, Oxford：osprey Publishing, 2004, p. 30; Ian V. Hogg, *The Encyclopedia of Weaponry*, Guinness Pub. Ltd, 1992, p. 107.

五 双方在战场的排兵布阵

两次鸦片战争的规模与持续时间都比较有限，很少发生中西双方多兵种协同的大型陆海会战，侵略军的优势更多表现在战术上。八里桥之战暴露出："中西武器装备和战术上的差距，且衡量出中西高级指挥官在军事指挥上的高下。"②

西洋从远古迄至16世纪初期，而中国从远古迄至17世纪中期，陆战对敌主要采用"方阵战术"；西洋从16世纪迄至18世纪末期、而中国在14世纪出现、但迄至17世纪中期才采用的"线行战术"（图24）作战；从1795年起散兵线和密集纵队相结合的"纵队战术"形成，法国名将拿破仑成功地完善了这一套新战术。到1813年以后，

---

① 中国史学会编：《第二次鸦片战争》五，第84页。
② 茅海建：《近代的尺度：两次鸦片战争军事与外交》，第363页。

此战术被西洋各国军队普遍采用,"线行战术"从此彻底被废除了。①不同于这个时期的欧洲大多数国家的三列线性阵形的军队部署,英军通常使用两列线性阵形。这种阵形可以使更多的火枪进行有效的齐射。英军作战一般排成两列横队,队列中的士兵不能做单兵机动,站立、装弹,立姿或跪姿齐射。横队周围有由散兵组成的强有力的屏障,与敌保持接触,骚扰、杀伤敌军并分散敌方火力,以使己方队列不致过分暴露在敌人火力之下。散兵主要由轻装步兵和来复枪兵担任,通常训练有素和具有高度纪律性。在战斗中,他们和横队主力紧密配合。

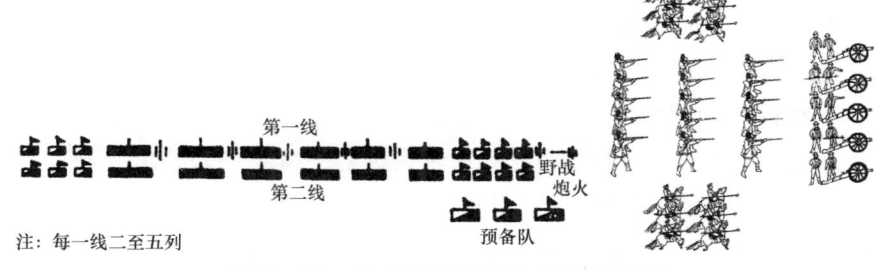

图 24　17—18 世纪西洋陆用"线式战术"

资料来源:卢林:《战术史纲要》,解放军出版社 1987 年版,第 168 页;金玉国:《世界战术史》,解放军出版社 2012 年版,第 247 页。

1860 年京津战役的总体态势。8 月 21 日大沽炮台失陷后,僧格林沁统率蒙古马队七千、步兵万余,从天津撤防退至通州八里桥一带,准备与英法联军进行野战。8 月 24 日英法联军占领天津城。8 月 31 日咸丰帝急派大学士桂良为钦差大臣到达天津,会同直隶总督恒福向侵略者谈判乞和。9 月 7 日当谈判破裂后,侵略军决计进犯北京。

清军在通州一带的部署。9 月 18 日英法先头部队自天津北犯,是

---

① 刘鸿亮、张建雄:《英法联军侵华之役"通州八里桥之战"探析》,《历史教学》2019 年第 10 期。

日中午，自河西逼近张家湾附近，并向张家湾的清军驻地发炮攻击。从张家湾溃败下来的清军，占据了事先早已精心安排的八里桥营地。营地位于法军营地正前方8千米处，通往北京的大路从营地穿过。这些新的部署都表明清军有一个强有力的领导核心，作战策略非常灵活。指挥清军的僧格林沁将军，去年曾负责防守白河炮台。自张家湾一带撤退的僧军与从通州撤退的绿营兵抵达后，总兵力达3.4万人，其中马队近万人。僧向朝廷立誓："奴才等现在督带官兵退八里桥以扼赴京道路。奴才等赶紧再振军心，倘该夷由通（州）上犯，奴才等惟有与之以死相拼。"① 胜保与瑞麟是满人，统帅八旗兵，故僧格林沁很难统御二人，这样清军实际上是几只互不统属的部队。此时的清军放弃了城防、运河等有利条件，成为背靠官道和运河，分左、中、右三翼的狭长布防态势。3.4万人被分布到一个长10多里的防线上，呈中翼极为薄弱，右翼却极为强大的奇怪阵型。②

清军在八里桥的原定目标。僧部清军退守八里桥后，清军阵线被逼到了运河边上，而法军跟北京通过最近一条道路的联系也受到了威胁，"为对付侵略军的攻击，僧格林沁和瑞麟商定，令马队首先出击，尔后以由定福庄移至八里桥6千人的胜保部迎击南路法军，瑞麟部迎击东路法军，僧部迎击西路英军。所有步队均隐蔽在灌木丛和战壕里，待机杀敌。马队则向联军的左右翼的宽大正面实施冲锋"③。当时胜保自述："奴才等于本日辰刻，在八里桥迤南策应前敌，适值逆夷由郭家坟一带，分三股扑向西北。经僧格林沁亲督马队与贼接仗。奴才瑞麟、奴才胜保，恐马队为时已久，或有疏忽，奴才瑞麟督队迎其东股，奴才胜保督队迎其南股。该逆蜂拥而来，势甚凶猛。其西路一股，皆为马队，官兵压击，始而获胜，继而退撤。"④

侵略军的攻击部署。英法联军向八里桥前推进，但他们对清军的部署并不知情。所有的行李都被安置在离张家湾镇不远的一个村庄

---

① 中国史学会编：《第二次鸦片战争》五，第84页。
② 李浩：《试论八里桥战役清军惨败的原因及其影响》，《天中学刊》2016年第3期。
③ 军事科学院《中国近代战争史》编写组编：《中国近代战争史》第一册，第201页。
④ 中国史学会编：《第二次鸦片战争》五，第106页。

处，委托两个步兵连看管。法军蒙托邦将军与英军格兰特总司令约定，位于法军左方的英军骑兵跨过2千米外运河上的一座木桥，堵住通往北京方向的大路。法军负责把溃败的清骑兵赶往这条大路。这时英军从侧面包抄，法军在后面堵截。由于木桥十分狭窄，破烂不堪，连一个骑兵都无法通行，逼迫清军放弃战斗。[①]

上午7时，"侵略军分东、西、南三路对八里桥清军阵地发起攻击。战线拉得很长，以避免被蒙古骑兵所包围，并依托运河保护其侧翼。此次作战以法军为主，由法国人蒙托邦担任总指挥。南路担负着主攻八里桥的重任，是科林诺（Collinau）指挥的法军第2旅。东路为雅曼（Jamin）指挥的法军第1旅，西路为格兰特指挥的英军"[②]。

中西步骑的初次交锋。在步兵武器和战术的完善方面，欧洲近代进步要超过同时期的中国。迄至英法联军侵华之役，清八旗兵和国防主力军的绿营兵皆惯于使用火绳长枪、形成方阵或半圆阵型战术御敌，但在远射程的联军枪炮面前，却失去了其绝大部分战术价值。步骑混合的八旗军陆战之时，其使用的兵器如下："红衣、威远、劈山、虎蹲、无敌大将军、子母、佛郎机攻坚守隘，陆战之器也。鸟枪、火箭，水陆皆宜。凡陆战火器之后，马步分进，止则为营，行则为阵，两军相遇，可以持久，大众立得住脚，奇正无难迭出。"[③] 八旗步兵常用"九进十连环、鸟枪三叠阵"式御敌，也使用一种被称为"百人哨"的阵式，起于道光年间，是由明末清初的阵法演变而来。加上骑兵的快速突击，此被清廷视为军事机密，规定只准传授满蒙八旗，对八旗汉军和绿营兵则严格保密。但其水平仅相当于欧洲16世纪的冷热兵器结合型"西班牙方阵"（图25）。清军鸟枪只能短暂齐射，

[①] ［法］蒙托邦：《蒙托邦征战中国回忆录》，王大智等译，中西书局2011年版，第277、299页。
[②] 军事科学院《中国近代战争史》编写组编：《中国近代战争史》第一册，第201页。
[③] 《筹备英夷议二十条》，见中国史学会编《鸦片战争》三，神州国光社1954年版，第284页。

然后就短兵相接、白刃格斗，根本不能轮番连续射击。① 如此，同全部装备射程远于抬枪、鸟枪的新式击发式枪炮的西洋侵略军进行作战，除特殊情况外，很难取胜。

图25　晚清军队陆战用"连环枪式"作战队形

资料来源：卢林：《战术史纲要》，第161页；金玉国：《世界战术史》，第204页。

如在1860年8月12日的新河之战，"联军让士兵排成一排，这样步兵就能用恩菲尔德式步枪向清军射击。清军表现得泰然自若，就在侵略军排兵布阵时，他们竟然奋勇直冲，后来侵略军才得知，因为他们前排士兵当时跪下了，清军误认为我们正在'磕头'求降呢。不过随之而来的炮火齐鸣很快让他们意识到了自己的错误"②。

"清军阵营强大，左翼位于运河两岸，由八里桥村的部队提供支援，中军驻守另一个村庄，较远的右翼则驻扎在第三个村庄。通往北京的大路，穿过高低起伏和树木成林的地形，蜿蜒跨过运河和石桥。僧格林沁已将溃败的部队重新组织，并从北京调来几千名援兵以显示其抗击的决心。亲王的阵地得到百余门炮的支持。这些大炮设置在阵地正面，部署在运河两岸的几个村庄里，以保卫八里桥。僧队包括一个师的八旗兵，但多数是绿营兵及其骑兵。京营作为预备队部署在八里桥旁，其两翼配备了强大的骑兵，它们都部署成纵深阵型。正面长达5千米，但缺乏巨大的纵深。不过，阵地上有着

---

① 钟少异：《古兵雕虫·钟少异自选集》，中华书局2015年版，第58页。
② ［英］麦吉：《我们如何进入北京：1860年在中国战役的记述》，第66页。

一簇又一簇的树林，从而影响了两军的视线。"① "清骑兵摆出半径大约 5000 米的巨大的半圆阵型。在半圆最外侧的两翼，均有大群的士兵加强防御，他们以骑兵队为单位整齐地排列成紧密的纵队。这支队伍的中央，还有另外两大群骑兵，他们与两边队伍的队形相同，间隔合理。"②

清军骑兵队列间隙中穿插有步兵队列，被掩护得严严实实。此外，侵略军还发现一旁的树丛中隐藏着几门大炮。令人吃惊的是，清军队伍不是根据口令变换队形，而是依照旌旗晃动的方向而动。旌旗忽上忽下，忽左忽右，犹如航海信号旗在发送信号。③ 这里，清军占有绝对数量优势并具备拼杀精神，照冷热兵器并配合的方式组织了最佳的步骑阵型（线式），但与侵略军的"纵队战术"（图 26）相比形成了巨大的"代差"。

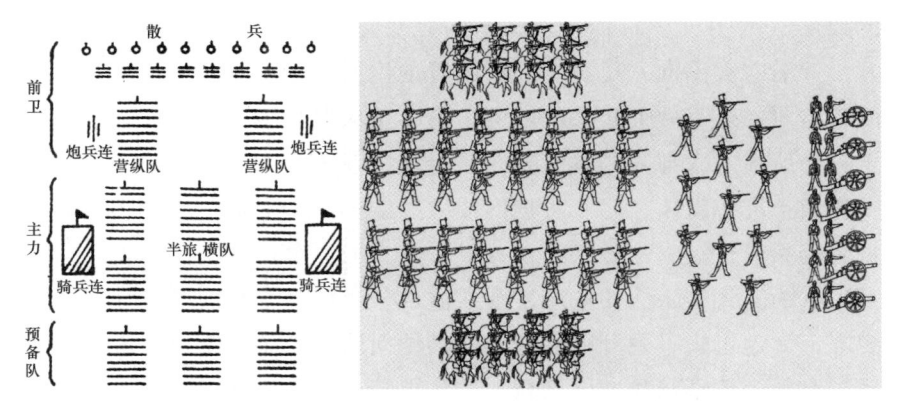

图 26　18 世纪末至 19 世纪中叶欧洲散兵与纵队相结合的队形图，即"纵队战术"

资料来源：卢林：《战术史纲要》，第 171 页；金玉国：《世界战术史》，第 249 页。

---

① ［美］罗伯特·布鲁斯等：《图解世界战争战法，帝国时代（1776—1914）：装备、作战技能和战术》，第 135 页。
② ［法］帕吕：《远征中国纪行》，第 127 页。
③ ［法］马蒂埃：《从巴黎到八里桥》，陈丽娟等译，中西书局 2013 年版，第 60 页。

"从早上七点,鞑靼骑兵(欧洲人常把中国蒙古人和满洲人称为鞑靼)立即开始行动,并且很坚决地一直冲到法军射手50码的地方,只有在哪里才遭到密集火力的狙击。鞑靼骑兵试图从右侧进行迂回,同时大炮也从正面向法军轰击,炮弹都从法军很高的地方飞过去。"① 法军利用树林,以掩饰他那支规模小的部队。先头近卫部队以散兵线阵型向前推进,并沿着大路向八里桥展开。刚进军了1.5英里的路程,便发现了清军两支骑兵,总数约有1.2万人,分别向法军的两个纵队发起冲锋。但居中的法军炮兵向密集排列的清军骑兵开炮轰击,而精锐步兵则躲在大路两旁的沟渠里。随后步兵和右翼的骑兵经过短促但又激烈的战斗,打败清军步兵。② "法军安置在对面的12门炮开始向清军骑兵队和炮兵队开火,百发百中,炮炮致命。"③ "即法军用散兵线作战,重视炮兵的远射准备,以保证步兵的冲击奏效,骑兵主要用于侦察,也在清方翼侧和后方进行突然袭击,以扩张步兵所取得的战果。"④ 另一史料称:"法国的先头近卫部队始终保持散兵线排开,并沿着大路向八里桥展开,跟着他们后面的是炮兵部队。在法军的最右侧,还有两列步兵团的两个连,也成散兵线阵线排开,他们位于自己所在团大部队的右前方,后者集结在12膛线炮连附近。右翼,一切尚未准备就绪,轻步兵依旧成散兵线排列,引信兵则用枪炮弹掩护着骑兵前进。"⑤(图27)

英军骑兵在队伍的左边,刚穿过一个森林,英军的前锋还来不及变阵,大炮也来不及开火,蒙古骑兵便向法军冲了过来。一阵排枪之后,有几个清军骑兵跌下马鞍。而法军骑兵正好抓住这个机会,发动了一次极为有效的冲锋。"当时清军进行了迂回,企图把英法军队分割,并把之团团围住。骑兵中队蜂拥前来,把队伍拉得很开,大声呼

---

① 中国史学会编:《第二次鸦片战争》六,第289—292页。
② [美]罗伯特·布鲁斯等:《图解世界战争战法,帝国时代(1776—1914):装备、作战技能和战术》,第137页。
③ [法]蒙托邦:《蒙托邦征战中国回忆录》,第273页。
④ 军事科学院《中国近代战争史》编写组编:《中国近代战争史》第一册,第209页。
⑤ [法]瓦兰·保罗:《远征中国》,第126页。

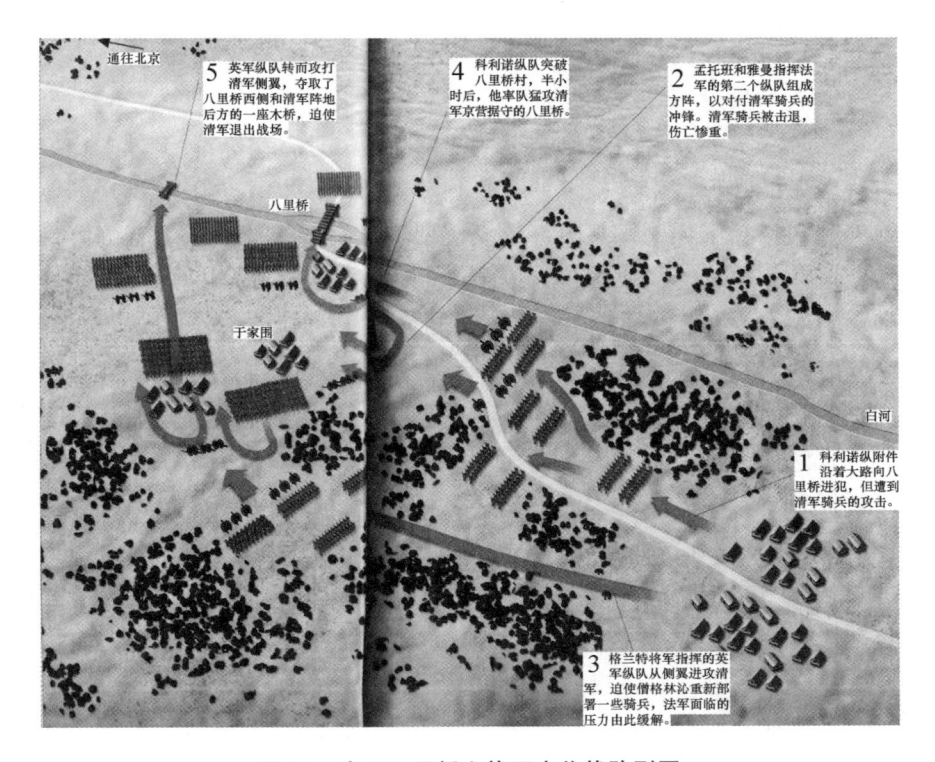

图像史视野中的"通州八里桥之战" 83

图 27　中西八里桥之战双方作战阵型图

资料来源：［美］罗伯特·布鲁斯等：《图解世界战争战法，帝国时代（1776—1914）：装备、作战技能和战术》，第 138 页。

叫着并快步前进。法军大炮尚未运到，由于道路很坏，它们中途被阻。于是一面等待大炮，一面把两连狙击兵排成圆圈，而领头手执宝剑，因为他已预见到行将进行肉搏的时刻，并下令开火。每颗子弹打出，总有某个骑兵落马，一匹战马腾空而起，然后再负伤跌倒在地；然而这一片密集如云的骑兵队伍却仍然声色不动地向前跑来。第一排队伍在距法军不过 50 米之遥，它停了下来，密集的箭镞向法军狙击兵射来。但法军狙击兵也声色不动，寸步不移，用他们的马枪准确还击。于是鞑靼人又重新迈步前进。正在此时，法国 2 门四号炮从受阻的道路上赶到。由于情势危急，所以很快就架好了炮位，向 30 步之内打了 2 发霰弹。蒙古骑兵停了下来。接着，又有 2 发炮弹打出，清骑兵和马匹被炸到半空,大炮夹杂着狙击兵劈劈啪啪的枪声,蒙古骑兵开始大举撤退。"①

当时清军上下对西洋枪炮远射程的状况一无所知。囿于过去枪炮射程较短的常识且素质较低的清步兵和骑兵的现状,也因为步兵的枪炮射程太近起不到作用,只好依靠使用冷热兵器的骑兵组成方阵阵型冲锋。往往想近距离攻击,无论怎样迂回包抄,都必须面对敌军布置的火力网,这个火力网至少延伸914米,且越接近敌阵火力越强,即突袭行动的时机已经过去。战前的9月19日,清廷曾告谕僧格林沁等:"拿获奸细,据供:逆夷用兵,马队在前,步卒在后,临阵则马队分张两翼,步卒分三层前进。前层踞地,中层微俯,后层屹立,前层现行开枪,中层继之,后层又继之。清军若迎头轰击,马匹一经受伤,必然惊溃。惟有斜抄横击,轰毙必多。"② 这里,侵略军使用的是"纵队战术"并非清人理解的"线行战术",马队在后而不是在前。清廷还一再强调必须派出马步劲旅,绕至敌后,于夜间轮番出击,使其自相惊扰,进退两难。但是,僧格林沁等未予重视:"该夷所恃火器猛烈,总须以奇兵抄袭,挫其前锋,能以鸟枪刀矛等短兵相接,则可操胜算矣。将此由六百里加紧各密谕知之。"③ 清军为何在陆上热衷马队冲击与方阵布营的战术,为何对西洋军队陆战的"线式或纵队战术"视而不见,其原因一则与官兵素质太低有关。二则与清人对西人陆战能力的蔑视有关。"国人一直坚守着传统的夷夏观念,不肯放下天朝大国的架子与西洋人打交道。浸透于骨髓之中的'天朝上国'观念,在潜意识中对西方国家一直持蔑视态度,这种自觉或不自觉的轻敌意识,使清军丧失避免失败的最后一丝可能。"④

明清以来中国人所著的著作以及民间传说中,一直流传有"西洋军队不善陆战"的说法。迄至英法联军之役,许多官员仍用类似的观

---

① [法]乔治·德·克鲁勒:《进军北京》,第40页。
② (清)贾祯等:《咸丰朝筹办夷务始末》卷62,第2327页。
③ 中国史学会编:《第二次鸦片战争》五,第90页。
④ 欧阳跃峰:《1860年:巨痛与自强》,第177页。

念看待夷人。① 如僧格林沁认为联军："所恃究在船坚炮利，若使舍身登陆，弃其所长，用其所短，或当较为易制。"② 因此一直置清廷的警告于不顾。他是骑兵出身，所擅长者为马队奔袭。在对抗太平天国北伐军的作战中，他用"步围骑追"的战术得逞。因此，他想以骑兵战胜英法军的步兵。③ 第二次中西大沽口之战，侵略军登陆部队在泥潭中的狼狈相，更强化了他的这种错误观念，他的挖壕筑垒、配以小型枪炮的炮台，再辅以马队出击的陆战打法，仿佛成了他对付侵略军的一个撒手锏。其最为典型的言论为："南岸之大沽、草头沽，北岸之于家堡、唐儿沽等村业经挑壕筑垒。并于炮台营垒周围，竖立木签竹签，栏挡树栅，此外壕沟数道，极为稳固。设或该夷登岸，无论由何面攻扑，未至头道壕沟边，我兵枪炮可及，该夷断难飞越，总之不必禁其登岸，可以使之深入，不可使之切近营垒。营内官兵，防守里壕，马队分扎两岸，以备出壕抄击。"④

清军步兵"主要依靠骑兵射箭，用少量古旧的抬枪和火绳枪来对抗英国的恩菲尔德步枪，他们拉长战线的中世纪战术——包围敌军，然后冲进去杀死敌人，但却使敌军更易渗透"⑤。"清骑兵站在那么远的地方，勇敢地向侵略军开枪，可是落后的兵丁鸟枪没有一点作用。"⑥ 而侵略军陆军却可在京津平原使用其"纵队战术"和发挥枪炮威力，所以屡屡重挫清军。"故使用纵队战术的侵略军步兵没有深陷于清军骑兵的包围中，也就是说清骑兵的军刀完全不能触及侵略军步兵。反过来，侵略军步兵却用致命的炮火袭击清朝骑兵，而自己却

---

① 中国史学会编：《第二次鸦片战争》五，第120页。
② （清）贾祯等：《咸丰朝筹办夷务始末》卷24，第870页。
③ 姚红军：《第二次鸦片战争清军与英法联军伤亡人数、原因及影响》，硕士学位论文，东北师范大学，2008年，第16页。
④ （清）贾祯等：《咸丰朝筹办夷务始末》卷48，第1819页。
⑤ ［美］特拉维斯·黑尼斯三世、弗兰克·萨奈罗：《鸦片战争：一个帝国的沉迷和另一个帝国的堕落》，周辉荣译，生活·读书·新知三联书店2005年版，第297页。
⑥ ［英］斯温霍：《1860年华北战役纪要》，邹文华译，中西书局2011年版，第53页。

不受到任何损失。"① "统帅僧格林沁为了让自己带领的骑兵队重整旗鼓，异常勇猛的他们一次次冲向侵华英军，想展开近距离的攻击，但都无功而返，失望的清军骑兵队已经不愿再展开攻击了。"②

清军与法军在八里桥的最后拼杀（图28）。当南路法军第2旅的两个前锋连队冲到八里桥边时，守卫石桥的清军勇敢地冲出战壕与敌军展开了白刃战。"桥头的战斗最为激烈，侵略军把猛烈的炮火倾泻在八里桥和通惠河北岸的清军大炮阵地上，打得桥栏上的大理石块四散飞舞。守桥清兵拼死还击，寸步不退，前面的人倒下了，后面的战士立即填补了他们的位置，硬是顶住敌人占压倒优势的火力达一个小时之久，最后更与冲到桥上的敌军两个连展开肉搏战，直到八里桥被迫弃守。"③

图 28　八里桥上清军京营与法军的争斗，法军使用"散兵和纵队战术"
资料来源：赵省伟主编：《西洋镜：法国画报记录的晚清1846—1885》，第237页。

副统帅胜保中弹受伤退下，遂率军退至定福庄。清人记载："胜公中鸟枪伤颏，血满胸前，犹带伤挥军血战。旗员旗兵，伤亡者多，无一退却者。复被炸炮击碎胜公所乘马首，炮子由鞍桥穿过，炸伤胜

---

① ［法］瓦兰·保罗：《远征中国》，第132页。
② ［法］瓦兰·保罗：《远征中国》，第125页。
③ 夏笠：《第二次鸦片战争史》，第425页。

公两胯,马倒人翻,又压伤左臂,昏迷不省,众兵抢护,送回都中养伤。"① 法军追至,胜保又率部逃往北京。胜保自述:"各弁兵见奴才胜保受伤,人无斗志,纷纷退撤。其时鏖战已久,铅丸火药,俱已用完,又兼贼由河南逐向西趋,奴才瑞麟不得不撤队回守八里桥,以观贼之动静。讵逆夷遂扑向八里桥,奴才瑞麟即将存营枪炮,奋力轰击,贼逆全股西趋,彼时各路官兵纷纷逃散。"②

清军统帅僧格林沁指挥的失误。上午9时英军兵分两路,一部分继续与僧部对抗,一部分向于家围进攻,企图抄袭僧军后路。僧格林沁分兵无术,面临腹背受敌的险境。当战斗打响后,僧才知晓,主攻八里桥的是南路敌军,而不是西路敌军。为了弥补战前的决策失误,僧在胜保部与南路法军战斗的同时,指挥马队穿插于敌人的南路与西路之间,企图分割敌人,尔后以步队配合胜保部包抄敌人。由于胜保所部溃败,僧的作战意图未能实现,遂与西路英军展开激战。后"酣战之际,自乘骡车,撤队而逃。以致我军摇动,贼势复涨,一鼓而回"③。今人研究:"清军骑兵先是进攻东路法军,后发现联军结合部之后又对其南路法军科利诺部队进攻,本想分割英法军队,可当西路英军打算支援那里的南路法军科利诺部队时,清军又掉头向他们展开进攻;在东路法军雅曼将军奉命率领向右冲杀清军时,清军又一次掉头攻击他的部队;最后胜保的中路清军在遭受重大伤亡后撤退,清军又进攻西路英军去了。清军骑兵进攻忽左忽右,致使处处碰壁。"④

六 八里桥之战的结果与影响

此战,从早上7—12时,"清军以少有之勇敢迎头痛击联军……英法炮兵压倒了他们的箭、矛,迟钝的刀和很不像样的炮。尽管他们

---

① 中国史学会编:《第二次鸦片战争》二,第10页。
② 中国史学会编:《第二次鸦片战争》五,第106—107页。
③ 中国史学会编:《第二次鸦片战争》二,第10页。
④ 李浩:《试论八里桥战役清军惨败的原因及其影响》,《天中学刊》2016年第3期。

呼喊前进，勇猛和反复地冲杀，还是一开始就遭到惨败！"①

"中英两军之间的距离从未超过1000码，八旗骑兵形成了一个稳定而具有威胁性的战线。英军3门阿炮向清军最密集之处进行了间隔性的点射。这种射击每次只开一炮，并且时间间隔很长，绝好地展示了阿炮的良好性能，没有一炮落空，且每一炮都落在了清军最密集的地方，立刻就把他们打得七零八落。"② "每炮发射出可裂开45块的锥形炮弹，便会夺去45条生命。随后，英国2个锡克骑兵团展开可怕的杀戮。"③

最终剩下1/3的清军马队冲到距离联军200米内时，"向敌军的宽广阵地全线冲杀。战士们挥舞长矛，手持弓箭，喊声震天，前仆后继，企图打乱和分割敌人的战斗队形，其中一部分直冲至距敌仅50码处，有的甚至穿插到敌参谋部附近。但在敌军密集而准确的炮火轰击下，马队被迫左冲右突，队形混乱，伤亡惨重，势不可支。"④ 联军开始排枪不间断地射击，清军也开始射箭，射程在274米以内，鸟枪、抬枪或许可及457米，但完全没有准确性。马队遭到据壕作战的法军步兵密集火力的阻击和敌炮榴霰弹的轰击而大量伤亡，"法军先是发射了几枚降低了高度的引信炮弹，这些炮弹贴着地面飞射，在清军战马脚下爆炸，清军骑兵阵型大乱，并惊骇回奔。当清步兵跑来救援骑兵时，法军排炮开始猛烈开炮，炮弹在这些密集的士兵和战马中间炸出了许多窟窿。清军骑兵始有撤退的迹象，尽管队形还是不停地在恢复，不过已经是在朝桥上撤退了。"⑤ 最终清军骑兵几乎伤亡殆尽，没有一人冲破联军阵地。随后，联军发动反攻，随着雨点般的炮弹落入清军阵地，清军步兵伤亡惨重。

"清军官兵列阵于八里桥上，这时侵略军就可看到在整整一小时

---

① 中国史学会编：《第二次鸦片战争》六，第293页。
② 沈弘编译：《遗失在西方的中国史：〈伦敦新闻画报〉记录的晚清1842—1873》，第442页。
③ [法]乔治·德·克鲁勒：《进军北京》，第40页。
④ 夏笠：《第二次鸦片战争史》，第425页。
⑤ [法]埃利松：《翻译官日记》，第192页。

内，清军顶住了使他们惨遭伤亡的压倒火力。这些勇敢的、然而还不够灵活的战士，与其把战场易手，让给敌人，还是宁愿一步不退，勇敢坚持，全体就地阵亡。"① "英军纵队最终向清军右翼发起攻击，将绿营兵赶出村庄，由英国和印度组成的骑兵部队则从侧翼围攻清军防线，占领了清军骑兵据守的阵地。到中午时，战役已进行了五个小时，英军跨过木桥到达运河对岸很远的地方，法军的精锐步兵则在八里桥桥头建起一个阵地。"②

至于中西军队的伤亡情况，"晚清时期，由于战场上的情况很难逐一核实，但统兵将帅瞒报战况，特别是夸大歼敌数字已成为普遍现象。由此产生误导作用，使主事者不能准确判断战场形势，从而做出正确的决策。"③ 侵略军的统计相对客观，但多数也是虚张声势。因此，统计需扩大群体，以求全面。五个小时的八里桥之战，3.4万清军步骑中，以步兵为主，配炮百门以上，最终战死3千，死伤上万，余部溃散。"僧部马步官兵溃散极多；直隶步队溃散十之七八；京旗各营官兵屡次受挫，心胆已寒；瑞麟、胜保所带之兵，现存不多。英法联军乘胜占据八里桥、于家卫、咸户庄、三间房等处。"④ 而仅是先头部队、乘大沽口炮台已经战胜余威的英法联军有6千，也以步兵为主，骑兵和炮兵为辅，配76炮，最终死伤仅51人，含5人死（英军2人，法军3人）。张家湾和八里桥两战役使侵略军的军火储备锐减到危险的程度，如每炮仅剩20颗炮弹，为补充之，遂在通州停留至10月5日。

此战结局，使得清廷上下创巨痛深，相顾愕然。由于向来视为支柱的满蒙八旗在此役中不堪一击，使得曾国藩的湘军和李鸿章的淮军受到倚重，逐渐代替满蒙八旗成为清军主力。当中西和议之成，人人为自强之言，清廷遂以"自强和求富"为口号，实施了"借材异域、

---

① 中国史学会编：《第二次鸦片战争》六，第293页。
② ［美］罗伯特·布鲁斯等：《图解世界战争战法，帝国时代（1776—1914）：装备、作战技能和战术》，第136页。
③ 欧阳跃峰：《1860年：巨痛与自强》，第250页。
④ 中国史学会编：《第二次鸦片战争》五，第138页。

引进技术"为方针的洋务运动，初衷就是要改变不平等与不平衡的中西关系，以求自保。在国内出现了诸多前所未有的新事物和新情况，诸如从 1858 年起鸦片以"洋药"之名长期合法地输入中国、外国政府强行租借中国重要工商业城市中的某一地区的租界、近代中国的海关利权长期落入洋人的掌控之中、外国控制了中国的银行金融业等。其中，创办军事工业和编练新式军队（尤其海军）成为其工作的核心所在。"此即部分国人拉开了中国向西方学习、对外开放的近代化帷幕，传统社会向近代的转型首先在器物层面展开，逐步扩大到制度和精神层面。此一开始就带有明显的被动性、屈辱性，且终清之世都属于浅层次的。但其作为一个必经的初始阶段，对后来的影响是不可低估的，这也是它的重要意义之所在。"[①]

（原载于《历史教学》2019 年第 10 期，本书收录时有修订）

Analysis of the "Battle of Tongzhou Baliqiao" from the Perspective of Visual Historical Material

Liu Hongliang

Abstract：On September 21, 1860, the Qing Army fight against the British and French allied forces broke at the Baliqiao in Tongzhou, Beijing. During the five-hour battle, 34,000 Qing troops, mainly infantry and supplemented by cavalry and artillery, although fought heroically, were severely defeated due to the inferior quality of their equipment and military tactics. Although carried more than a hundred guns, the battle caused 3,000 dead and tens of thousands wounded, and the rest of the troops scattered. Com-

---

① 欧阳跃峰：《1860 年：巨痛与自强》，第 413 页。

pared with 6,000 invaders in the vanguard, mainly infantry, cavalry and artillery, with 76 guns, only 51 people were killed or injured. The inequality between the two sides was so dramatic that it this battle became a historical mystery as well as a psychological trauma left in the Chinese collective memory. By utilizing the original Chinese and Western historical literature, this research sorted out the causes of the war, the course of the war, the types of troops, the number of soldiers, the equipment, the tactics and the results of the war.

Keywords: the British and French forces invaded China; The battle of Eight mile bridge, Tongzhou; Cannon; Musketry Volley Fire; The column formation; Loose line tactics

晚清的影像与中国人形象认知

徐 峰[*]

摘要：影像是人们再现外部世界和内在精神生活不可或缺的工具与形式。晚清时期，西人用镜头聚焦中国社会，拍摄了大量形象生动的影像，直观地记录了那个时代中国社会的变化轨迹，同时也反映出西人对中国的观感与认识。这些影像资料为认识、研究和反思晚清社会的发展变迁提供了一个重要的参照与视角。因为早期照相技术与操作的限制，西人镜头下的晚清多是灰暗、阴郁的色调，导致西人对中国人形象的偏狭认知，并反作用于中国人对自身的省思。

关键词：影像　晚清　形象认知

自 1839 年相机被发明后，人类可用摄影更好地观察世界和留存记忆。相对于抽象的文字描述，镜头下的影像能更生动、形象地再现日常生活，更直观地反映人们对外部世界的认识，还能展现人们丰富的精神情感，被誉为人类看世界的"第三只眼"。照相技术在 1844 年被西人带到中国，自此他们用照片记录中国社会发生的巨大变化，留下一大批有关中国社会的摄影资料。也正是从此时开始，有关中国社会许多重大历史事件的记载，除了传统的文献档案资料与绘画作品外，都被身在中国的西人用相机定格在永恒的瞬间。这一个个历史瞬间，形象地展示着中国近世社会的发展变迁轨迹，以及西人心中中国

---

[*] 徐峰（1980—　），男，湖北江陵人，贵州财经大学马克思主义学院副教授，博士，主要从事妇女史及区域社会史研究。

形象的变化过程。西人拍摄的那些反映中国国情民生、山川风物的影像资料对近代中国形象的形塑无疑有重要意义,不仅直接沉淀为西方视野中的中国形象,还深刻影响着中国人对自身的省思与审视。近代中国的一些刻板印象与固化观念都与外国人对中国的认知与评价息息相关。[1]清末民初,在激扬的民族主义氛围中"麻木中国人"的观念不胫而走,正是在这一背景下鲁迅先生愤而走上弃医从文的道路。实则,"麻木中国人"是晚清时期一部分在华外国人基于自身文化优越感而对中国形成的一种偏狭认知,它在西方世界通过影像传播和扩散出去,对建构中国人对外形象产生了很多负面影响,特别是那些从未接触或了解中国真实情况的外国人,他们对中国人的印象拘泥于这些影像资料,从而对中华民族形成肮脏、迟钝、麻木的固化认知。这种认知在清末民族主义话语中被中国一些社会精英接纳,成为他们解剖民族劣根性,直面惨淡人生,正视淋漓鲜血的依凭。本文从晚清在华外国人拍摄的中国题材影像入手,分析西方视野里的中国人形象被建构和解构的历史过程,并从文明史观对之进行粗浅分析,以期为更好认识与分析晚清时期形成的中国人之刻板印象提供一个解读视角。

一 镜头下的中国人

在近代以前的很长时间,囿于科技水平的制约,交通的桎梏,中西间交往犹如隔雾看花,彼此隐隐约约。鸦片战争前的好几个世纪,西方对中国的了解,仅止于寥寥几个真正来过中国的商人、探险家、传教士所写或所忆——即使符合实际,但免不了有夸张渲染成分。他们的讲述或追忆让西方"对中国的崇拜达到了异乎寻常的高度"[2],在好几个世纪一直激荡着西人对中国的憧憬。这一时期中国社会与文

---

[1] 例如,近代中国贴在国人身上的"东亚病夫"标签与"华人与狗不得入内"的民族主义叙事就与外国人对中国的认知与评价密不可分,一定程度上可以说正是外国人偏狭认知导致了以上两种叙事的出现。

[2] [英]约·罗伯茨编:《十九世纪西方人眼中的中国》,蒋重跃、刘林海译,时事出版社1999年版,第1页。

化对西方具有极大的向心力，但因为对真实的中国了解有限，西方只能通过臆想出一个斑斓美好的国度来满足他们对中国的景仰。

**图 1　路易十五时代法国著名宫廷画家布歇根据瓷器
想象画出的中国人生活图景《中国花园》**

资料来源：何政广主编：《布歇：洛可可绘画大师》，河北教育出版社 2000 年版，第 98 页。

其实，鸦片战争前已经有不少西人了解到真实的中国。例如 1793 年英使马戛尔尼访华，这是中英两国官方首次正式接触，但因为清朝统治者的虚骄与自负，使团无功折返。但使团成员戳破了康乾盛世的假象，真实的中国在他们眼中是"雄伟的废墟"[①]。他们已发现中国

---

① ［法］阿兰·佩雷菲特：《停滞的帝国：两个世界的撞击》，王国卿等译，生活·读书·新知三联书店 1993 年版，第 563 页。

"庞大的上层建筑根基空虚",出现"枝干繁盛的树木将迅速凋谢的征兆"①,貌似强大实则充满野蛮、落后、贫困与堕落。这一时期中国已经褪去了美丽的光环,到处呈现衰落的景象。使团成员所讲述的中国是真实的,但好几个世纪以来对中国的马可·波罗式幻想一直是西方社会根深蒂固的中国形象,稍微与这个形象不一致的讲述在实际中并不能撼动经过时间发酵形成的天堂般中国形象的根基。整体而言,鸦片战争前,中西间虽有过接触,但毕竟程度有限,虽然实际到过中国的西人也有不少,但这是好几个世纪累计起来的人数其实并不多,他们对中国的讲述稀释在西方社会,则其影响并不大。

鸦片战争时期,在军队掩护下前往中国的西方商人、传教士、旅行家人数开始增加,特别是战后西方外交家、探险家和特派记者蜂拥而至,他们将西方刚出现不久的照相设备带到了中国,以便为自身在中国的军事、商业或个人冒险经历留念,这使得用更真实生动的方法再现中国成为可能。一直以来,西人的中国认知多停留于为数不多的图画与文学作品之中,交织着曲解与误读,这个时候他们不仅可以目睹这个神秘东方国度的真实状貌,还可以借助相机给中国做一份真实的影像记录,通过报刊书籍等广泛传播,更新西方社会的中国认知。第二次鸦片战争时期英法军队随行人员中就有新闻记者与商业摄影师,他们是最早一批用照相技术向西方社会展现近代中国重大历史事件的人。战后那些在中国居留并深谙中国文化的西人,以外人独有的视角和眼光打量、考察着这个神秘的国度,并以生动形象的语言或图像记录着他们的观感与惊奇。这个时候中西间的了解再不是以前那种停留在虚幻之上的想象或者夸大其词的道听途说,而是基于现实的真实接触,基于图像的佐证。

晚清时期,外国摄影者以军人、外交官、探险家、旅行家、商人、社会学家、作家、记者等不同身份来华,他们来华的目的各不相同,拍摄内容及涵盖范围也不同,不仅包括中国的重大事件、历史人

---

① [英]乔治·马戛尔尼、约翰·巴罗:《马戛尔尼使团使华观感》,何高济、何毓宁译,商务印书馆2017年版,第29页。

图 2　威廉·桑德斯拍摄的中国家庭（约 1870）

资料来源：[英] 泰瑞·贝内特：《中国摄影史：西方摄影师 1861—1879》，徐婷婷译，中国摄影出版社 2013 年版，第 95 页。

物、市井百态、自然风光等方面，也涉及社会经济和战争场景。这些摄影者对中国充满了强烈的好奇心，并从不同角度、不同层次真实形象地记录和反映着当时中国的生产方式、生活方式、教育文化、宗教信仰等领域的情形，直观地展示着晚清社会的形形色色，西人心中最真实的中国印象。① 他们的摄影活动在反映晚清社会的发展，记录历史以及帮助后人了解当时社会状况等方面都起到了积极的作用。外国人在中国拍摄的影像，无意中留存了一部关于近代中国较完整且真实的图像档案史料。这些影像资料不乏西方世界对中国辉煌灿烂的传统文化的景仰，对中国独具特色的古代建筑的赞赏，对中国恬淡淳朴的民风世俗的仰慕，以及对中国雄伟壮丽的山川风景的惊叹，但是西人

---

① 具体可参见卞修跃主编《西方的中国影像（1793—1949）》，黄山书社 2016 年版。

镜头下记录更多的是西方世界对中华帝国国门的叩击以及这一古老帝国威严的崩坍，是踏海而来的西方世界的坚船利炮在神州大地上的耀武扬威，是中国朝廷的腐败、官场的昏暗、军队的怯懦与民众的愚昧。

因而，这一时期来过中国的西人，特别是那些用镜像展现中国形象的外国人，他们镜头下的中国形象都有些相似：阴郁昏暗的天空，大腹便便的统治者，木无表情的普通老百姓，到处是一派凋敝衰败之势。最初在中国摄影的外国人几乎都是随军记者与外交官，即使他们想以更客观真实的视角记录中国，他们关于中国的诸多摄影报道，或多或少在政治上带有殖民主义政治色彩。况且，早期的摄影器材不仅笨重，拍摄也较为烦琐耗时，还对天气、光线有较苛刻的要求，空气湿度高，光线差或者曝光时间短等都会影响拍摄质量，即使在理想的光照条件下，镜头也无法充分摄取景象。每拍摄一张照片都需要长时间等待理想的天气和光线条件，特别是拍摄人物照时，放置相机、调试、聚焦等一系列准备活动极其耗时，人在一个姿态下待久了身体与表情难免僵化生硬，所以拍出来的人物很少有丰富的情感，大多表情僵化。

而且，因为相机是西洋传过来的新鲜玩意，晚清时人对之缺乏了解，因为陌生而恐惧排斥，进而加大了摄影的难度，有时为了捕捉最佳镜头，摄像者还可能置身险境。1872 年，著名的商业摄影师汤姆森在长江上旅行拍照时，在一个偏远的村里被一大群村民尾随，并被投掷石块和稀泥。在广州的潮州府，汤姆森摄影时遭到了当地老百姓的围攻，丢了镜头盖，不得不仓皇爬上小船逃走。[①] 1898 年，英国旅行家伊莎贝拉想拍摄两个童丐，但引起了中国老百姓的恐慌，认为她"在照相机里藏了一个黑色魔鬼"，是要"吃小孩子的"，同时她也要用"小孩的脑髓来驻容延年"，后来因为老百姓的强烈敌意不得不作罢。[②]

[①] ［英］约翰·汤姆森：《镜头前的旧中国：约翰·汤姆森游记》，杨博仁、陈宪平译，中国摄影出版社 2001 年版，第 98、335 页。

[②] ［英］伊莎贝拉·伯德：《1898 年：一个英国女人眼中的中国》，卓廉士、黄刚译，湖北人民出版社 2007 年版，第 98、335 页。

图 3　英国著名战地摄影师比托镜头下的第二次鸦片战争

资料来源：[英]泰瑞·贝内特：《中国摄影史 1842—1860》，徐婷婷译，中国摄影出版社 2011 年版，第 82 页。

  西人镜头下的中国人形象"看上去都显得迟钝、无神，给人一种缺乏想象力的印象"①，它们刷新了西方社会对中国人的认知。这是对中国进行文字描述的最好注解，早期外国人描述中国的著述中虽然也有同情之理解的成分，但更多是高高在上的傲睨，例如 19 世纪末对中国有着深入了解的明恩溥在他那本描写中国人特征的名著中专门用一章篇幅提及中国人的"麻木不仁"②。而且，影像材料逼真生动，让真实的中国无所遁形，并一次次冲刷着西方心底那个美好的中国形象，使之渐渐褪色。正如萨义德所说，"东方几乎是被欧洲人凭空创

---

① [英]麦高温：《中国人生活的明与暗》，朱涛、倪静译，时事出版社 1998 年版，第 346 页。
② [美]明恩溥：《中国人的特性》，匡雁鹏译，光明日报出版社 1998 年版，第 80—86 页。

造出来的地方，自古以来就代表着罗曼司、异国情调、美丽的风景、难忘的回忆、非凡的经历。现在，它正在一天一天地消失；在某种意义上说，它已经消失，它的时代已经结束"①。当外国人开始拍摄有关中国影像的时候，他们梦想中的国度，失去了光泽，西方人对中国的态度发生了根本性的变化。②中国形象走到了另一个极端：封闭、停滞、野蛮、堕落的鸦片帝国，它成为西方想象的东方黑暗的中心，完成了从天堂到地狱的形象反转。影像让那个富丽堂皇、魅力四射、活力十足的中国日益远离了西方大众的视野。

二 中国人眼中的镜头

1822年，法国人尼埃普斯在改进印刷方法的基础上，用沥青感光材料制作出世界上第一张照片，但成像不清晰，而且需要8小时左右的曝光时间。1826年，他把感光版装入暗箱，获得一张记录工作室外街景的照片，虽然曝光时间大大缩短，但是成像仍旧不清晰。1837年，法国巴黎的舞台美术师达盖尔经过深入研究，掌握了一种成像技术更好的银盐化学感光摄影方法。1839年，他发明了世界上第一台实用的可携式木箱相机，曝光时间只需要10多分钟，拍摄一张相片需要半小时左右，并能拍摄出较为清晰的图像。③不久，法国政府购买了达盖尔的发明专利并将之公之于世。很快，该项摄影技术风靡了整个世界，从此人们可以用摄影撷取生活的点滴，用镜头观察和留存周遭的世界。摄影术诞生后的发展历程，无疑是西方世界日渐崛起的一个缩影，与之相对的是，近代中国经历苦难和倾颓的重重危机，坚船利炮轰开国门，通商口岸从沿海向内陆延伸，官员、传教

---

① ［美］爱德华·W. 萨义德：《东方学》，王宇根译，生活·读书·新知三联书店2007年版，第1页。

② ［英］雷蒙·道森：《中国变色龙：对于欧洲中国文明观的分析》，常绍民、明毅译，时事出版社1999年版，第81、86页。

③ 胡志川、马运增主编：《中国摄影史1840—1937》，中国摄影出版社1987年版，第14页。

士、商人、旅行者……各色人等纷至沓来。外国人在侵略的同时，也打通了摄影技术传入中国的渠道。自此，摄影以不可比拟的、全新的记录手法见证了中国最苦难、最动荡的历史时期。

第一次鸦片战争后，广州、福州、厦门、宁波、上海划为通商口岸。优惠的关税协议吸引了大批外国商人，各国传教士也接踵而来。在日益频繁的对外经济贸易活动中，19世纪40年代摄影技术也被外国人带到了中国。1846年，在广东游历的湖南籍进士周寿昌第一次见到摄影术，对之啧啧称奇："坐人平台上，面东，置一镜。术人从日光中取影，和药少许，涂四围，用镜嵌之，不令泄气。有顷，须眉衣服毕见，神情酷肖，善画者不如。镜不破，影可长留也。取影必辰巳时，必天晴有日。"①19世纪40年代，在惠州任通判的满人福格也提到在广东出现的摄影技术，"近日海国又有用镜照影，涂以药水，铺纸揭印，毛发必具，宛然其人，其法甚秘，其制甚奇"②。

第二次鸦片战争中，英军中出现了随军摄影师，他们用镜头记录战争的过程。因为当时摄影技术有限，直接近距离拍摄战争场面不现实，只能拍摄死亡枕藉、满目疮痍的战后场景。所以，在一般中国老百姓眼中，摄影术传入中国的，在时间上与西方的入侵大致同步。因此，相机和照片在中国人心目中很自然会和西方强权联系在一起，但此时还不至于引起时人的反感与敌视，只是因为陌生而引起情绪情感上的漠视或不适。③1860年，中英在北京皇城内的礼部大堂签订《北京条约》时，英方随军摄影师比托把当时最流行的达盖尔相机搬到礼部大堂门口，打算用摄像记录这一历史时刻。当时，中方参与签约的礼部主事刘毓楠对照相机没任何概念，他在《清咸丰十年洋兵入京之日记》中写道："至礼部大堂檐外设一架，上有方木盒，中有镜，覆以红毡，不知何物。"④作为中方签约负责人的恭亲王奕䜣，相比时

---

① （清）周寿昌撰，许逸民点校：《思益堂日札》，中华书局1987年版，第198页。
② （清）福格撰，汪北平点校：《听雨丛谈》，中华书局1984年版，第168页。
③ ［英］泰瑞·贝内特：《中国摄影史：中国摄影师1844—1879》，徐婷婷译，中国摄影出版社2014年版，第8页。
④ 中国史学会主编：《第二次鸦片战争》二，上海人民出版社1978年版，第141页。

人见识要略胜一筹，但当比托试图给恭亲王拍照时，恭亲王"惊恐起来，脸色顿时变得惨白……以为他对面的这门样式怪异的大炮会随时把他的头给轰掉——那架相机的模样确实有点像一门上了膛的迫击炮"①。

19 世纪 60 年代后，这种情况起了微妙的变化。在不平等条约的掩护下西方传教士纷至沓来，为侵略者摇旗呐喊。② 这在实际中导致激烈的民教冲突，由于地方官或明或暗的煽动，"以制造谣言为屡试不爽的反教手段"③。谣言很自然地与老百姓的愚昧与迷信黏结在一起。

图 4　1872 年的恭亲王奕䜣
资料来源：[英]泰瑞·贝内特：《中国摄影史 1842—1860》，第 82 页。

出于对这种近代技术的陌生，加上迷信思想作祟，大多数中国人都认为照相是摄魂的妖术，对摄影充满了恐惧，普遍认为这是洋人残害中国人的一种巫术，拍照会摄人魂魄，进而致人死命。民间开始流传着洋人给中国孩子灌迷魂汤，戕害他们，取他们的眼睛做药水以拍摄照片的谣言。1864 年 6 月 17 日，赫德在当天的日记中写到北京城内一般民众对照相的认识，"城内流传着奇谈怪论，大意是外国人买下小孩，把他们吃掉，并且用他们的眼睛混合成照相药水"④。这一时期，摄影术在西方国家获得了长足的发展，喜爱摄影的人越来越

---

① [英]菲利斯·比托：《西洋镜：一个英国战地摄影师镜头下的第二次鸦片战争》，赵省伟编译，台海出版社 2017 年版，序言，第 2 页。
② [美]阿瑟·贾德森·布朗：《中国革命 1911：一位传教士眼中的辛亥镜像》，季我努译，重庆出版社 2018 年版，第 126—128 页。
③ 苏萍：《谣言与近代教案》，上海远东出版社 2001 年版，第 2 页。
④ [美]理查德·J. 司马富等：《赫德与中国早期现代化：赫德日记 1863—1866》，陈绛译，中国海关出版社 2005 年版，第 176 页。

图 5 "古田教案"首犯受刑前的照片

资料来源：卞修跃主编：《西方的中国影像（1793—1949）：约翰·查利斯·奥斯瓦尔德卷》，黄山书社 2015 年版，第 154 页。

多，但在中国围绕拍照的谣言和恐惧感与日俱增，已然深入民间，连一些文人士大夫也持有偏见。19 世纪末，除了部分通商口岸外，中国的老百姓对照相仍旧不能接受，到处都有"洋鬼子唆使坏人偷小孩榨油"的讲述，这种讲述看似言之凿凿"女仆亲眼所见"，还有"天主教堂围那么高，整天紧闭着门，不会无缘无故的"，所以一般中国老百姓都相信，"外国人挖小孩眼睛榨油洗相片"①。中国人对照相本身并不太恐惧，但对洋人拐卖、杀害中国儿童，取人眼做拍照药剂的传闻却心惊胆战。整个 19 世纪，大多数中国人对摄影术都心存恐惧，认为相机"被念了咒"，拍照会让被拍摄者身体里的元气流失，"寿命将因此大为折损"或者"因为拍照而失去好运"，所以外人很难找

---

① ［英］阿绮波德·立德：《穿蓝色长袍的国度》，王成东、刘云浩译，时事出版社 1998 年版，第 212 页。

到自愿拍照的人，有时候为了给中国老百姓拍照，不得不付出高昂的"酬劳"①。

晚清时人对照相的态度与认知与近代社会国人的对外认知是一脉相连的。从鸦片战争开始，中国深受西方国家的侵略与凌辱，无论战争还是媾和，都深深地伤害了中国人的民族自豪感与自尊心。在不平等条约的保护下，西方人可在中国横行无忌，特别是一系列政治侵略最后几乎都落脚到经济，自然经济的瓦解、小生产者的阵痛让朴实的中国老百姓自然将他们现实生活的苦难归因于外国人的欺凌。中国社会底层蛰伏了一股强烈的排外情绪及报复欲，很自然地将外国人及外国物品视为仇雠。

从19世纪中叶起，西人开始以摄影记录中国，至20世纪已蔚然成风。西人的中国影像作品保留了晚清生活的方方面面，我们对晚清的记忆几乎完全依赖欧美人拍摄的照片，让我们对其生活的方方面面有了一个具象的体验。在欧美出版的有关中国的出版物中，直观生动的摄影集始终占据着重要分量。由于中国自身近代科学知识与观念的欠缺、封闭愚昧，所以对拍摄认知较为迷信，惧怕相机，因而对携相机摄影的外人极不友好。直到20世纪初，即便当时已经有不少中国人开始在香港、澳门和其他几个通商口岸经营照相馆，但民间关于相机的种种迷信依然流行，老百姓并不能接受照相。民国之前，少有中国人主动去照相，他们或者是"运气不好之徒"，或者是不怕"精神要被照去的"新党，"只是半身像大抵是避忌的，因为像腰斩"②。晚清时期，人们照相都正襟危坐，或者端直站立，面部表情呆滞拘谨，不苟言笑，若相片中有点阴影，通常认为是照坏了。民国初期，照相艺术才开始在通商口岸流行，三五个人有站立、有坐着照的，或坐在汽车模型里照的，甚至半身照也有人敢尝试了。

---

① ［英］约翰·汤姆逊：《中国与中国人影像：约翰·汤姆逊记录的晚清帝国》，徐家宁译，广西师范大学出版社2015年版，第10、68、233页。

② 《鲁迅全集》第1卷，人民文学出版社1973年版，第170页。

三 民族主义话语下的中国人形象认知

19世纪后半期摄影技术获得了长足的发展，表现在干版法摄影逐渐取代了湿版摄影，小型镜箱代替了部分笨重的相机，摄影变得更加便捷。在华外国人拍摄的有关中国题材的摄影作品更加丰富，这一时期西方的商业摄影师拍摄了大量中国风情照，以给部分外国报刊做插图，或者结集出版，销量火爆。因为取材的角度问题，还有摄像者或多或少的文化优越感作梗，他们拍摄的内容往往带有程度不同的歧视意味和阴暗色调，这迎合了西方大众猎奇的心理，还在世界范围内展现着一个愚昧、麻木、落后的中国形象。

19世纪末的中国风云激荡，亡国灭种的危机挥之不去，存亡绝续之际，爱国志士开始思索国家积贫积弱之因，努力寻求强国御侮之道。戊戌维新是一次政治实践，也是一次思想启蒙。戊戌变法失败后，中国的有识之士又开始了新的探索，并开始转换认识国情的视角，从国人自身的问题来思考中国屡遭失败的原因。1900年梁启超反思变法未竟之因，认为是国人思想中的"客体之位"观念，也就是国人的冷漠与旁观者心态。梁启超认为，"天下最可厌可憎可鄙之人，莫过于旁观者"[①]。外国人的认识更甚国人，他们认为中国人对国家民族大事漠不关心，中国这个国家没有前途，以"现在而测其将来，可决其必无隆兴之一日。而欲得五十年以上之继续，亦觉戛戛其难，其前途惟有衰灭二字而已……积岁腐瘫，一朝迸裂，欲其不危不可得矣"。外国人眼中的中国人形象对先进的中国人是一个深深的刺激。他们在优胜劣汰理论的启发下很自然地将国家的孱弱与国民的陋劣联系在一起，很自然地接受了外国人对中国人麻木冷漠的武断评析，很自然地把内忧外患、日暮穷途的晚清政局归因于国人思想的混沌，民族性的缺陷，认为中国要富强，首先要改造国民性。[②] 在西方

---

① 梁启超：《饮冰室文集》7，广智书局1902年版，第6—7页。
② 梁景和：《清末国民性批判》，《清史研究》1999年第3期。

进化论的影响下，出于重铸民族灵魂的热切渴望，一批民族主义者接受了西方兜售过来的中西文明优劣论，在现实的逼拶下，也慢慢接受了西人所讲述的麻木中国人之认知。

不过，需要注意的是这里的"国民性"还不是一般的国民大众的精神状态和心理素质，而是指社会的中上层人士，也就是传统社会士大夫阶层，这部分群体"社会良心麻木"，"凡吾侪所欲言者，今之士大夫皆能言之，其言之痛切详尽，或且为吾侪所莫能及也。然而，使我国家至于此极者，何一不在吾士大夫。吾无以名之，名之曰良心之麻木，谓是无良心耶"[①]。在五四运动以前，马克思主义虽已引介到中国，但并没有引起足够重视，只是当时百余种西方社会思潮之一。在马克思主义在中国获得真正立足之前，进化论是占据中国思想界主导地位的几种西方学说之一，它深刻地影响了中国人的政治思想和人生哲学。进化论在近代中国内忧外患的生存环境中成为不证自明的法则，最开始用进化论剖析国民性多指社会中上层人士的冷漠与麻木，而非一般民众。

新文化运动时期，一部分先进知识分子才开始从一般大众的角度探讨国民性问题，思考国家未来和民族命运走向，改造国民性问题，逐渐引起更多人的注意。不过，新文化运动时期，先进的知识分子对国民性的认识进入一个误区，那批新文化健将多主张用西方文化重塑中国国民性，进而提出全盘西化的偏激之词，所以他们对传统中国国民性口诛笔伐、不遗余力。这一时期对国民性的解剖最为深刻的当属鲁迅。鲁迅从国民性入手找到中国贫弱的原因，把改造国民性当作救国的良方，以文艺作为改造国民精神的主要武器。文艺能够提高人们的思想觉悟，能够把沉睡、麻木状态的人们唤醒，能够激发人们的爱国热情。这样，人们觉醒了，国家就有改变拯救的希望。

鲁迅的新文学创作在同时代是最成功的，他对国民劣根性的解剖，让很多人战栗。在鲁迅的小说中，多次写到愚昧麻木的国民在围观同胞血溅刑场中找到乐趣与快感，先驱者的血让鲁迅痛感革命者的

---

① 任父：《良心麻木之国民》，《大中华》1915 年第 10 期。

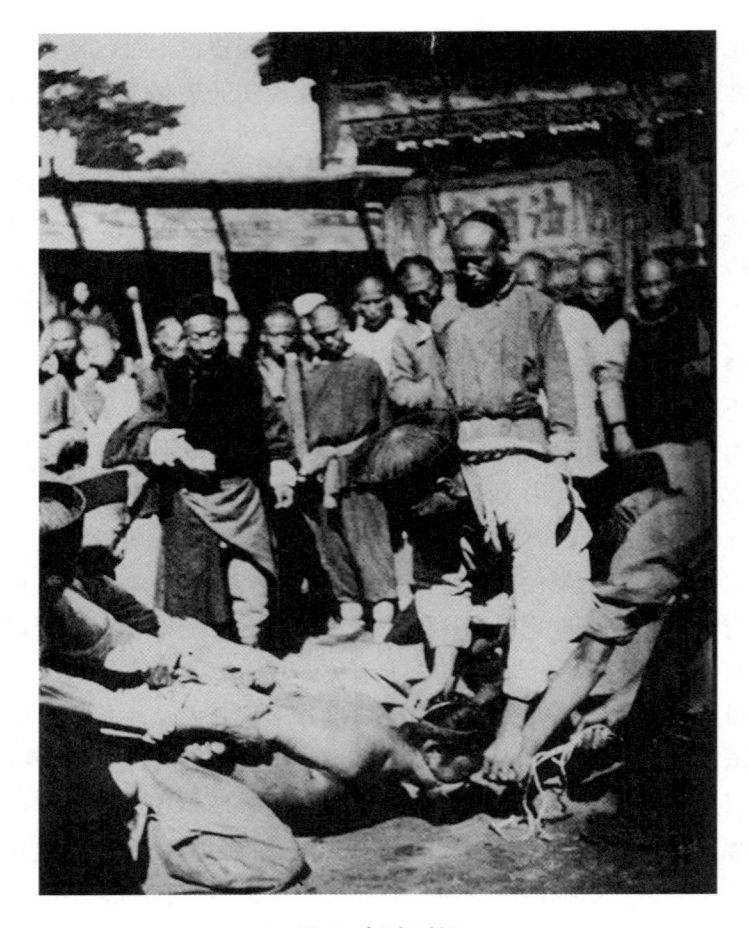

图 6　斩决刑场

资料来源：卞修跃主编：《西方的中国影像（1793—1949）：莫理循卷（一）》，黄山书社 2015 年版，第 229 页。

凛然赴死，又震惊于革命者的鲜血丝毫不能拯救那群麻木的看客，仅只是他们感官刺激的又一场视觉"盛宴"。鲁迅说："群众——尤其是中国的——永远是戏剧的看客。牺牲上场，如果显得慷慨，他们就看了悲壮剧；如果显得觳觫，他们就看了滑稽剧。北京的羊肉铺前常有几个人张着嘴看剥羊，仿佛颇愉快。人的牺牲能给予他们的益处，也不过如此，而况事后走不几步，他们并这一点愉快也就忘却了。"[①] 正是这些麻木的、不觉醒的国民，让鲁迅深感民族的耻辱，进而走上弃医从文的道路，用文字揭露并医治麻木冷漠的灵魂，尽自己的力量帮助国家走出思想的昏聩，客观上加深了晚清以来在救亡图存话语之下对国民麻木冷漠之劣根性的认知。

很多在华西人基于自身的文化优越感及达尔文优胜劣汰的进化论思想，武断地认为中国人卑下、陋劣。甲午战败，民族危亡日趋严重，大厦将倾局面已经形成，几千年来的封建专制以及与之相适应的纲常伦理濒临崩溃解体，中国将向何处去的问题，强烈地冲击着每一个爱国志士的热血衷肠。于是，一些先进的知识分子很自然接受了外国人对中国人麻木冷漠的固有认知，开始从国民性上冷静反思中国屡遭惨败的原因，探索救国的道路。改造国民性问题，就是适应这种爱国图强要求出现的一种社会呼声。国民性问题的研究是20世纪初伴随着寻求民族独立富强要求而产生的进步社会思潮，对针砭时弊、反思与重构国民性具有深刻而积极的意义，但另一方面，它在一定程度上让国人较无障碍地接受了西方的话语表述，对"麻木中国人"之认知起了推衍强化的效果。

四　中国人形象：一个文明史的解释框架

在18世纪的最后几十年里，中国这个曾经以天朝上国自居的庞大王朝，逐渐由盛而衰，而在地球另一端的西方国家则以英国的工业革命为代表开始了一系列划时代意义的变革，并出现了现代国家的雏形。工业的空前发展将贸易推向了全球化，西方国家迫切需要在世界范围拓展市场，地广人多的中国满足了西方国家对市场的种种热望与遐想，但是虚骄自傲的清廷统治者拒斥一切超限度的外来接触。不过，西方国家不会放弃中国这个潜在的市场，当正常的外交关系不能达成所愿，战争就成为政治与经济诉求的一种延续。鸦片战争，西方用坚船利炮叩开了中国的大门，这不仅是中西方综合国力的较量，也

[①]《鲁迅全集》第1卷，人民文学出版社1973年版，第150—151页。

是两种文明的碰撞:

> 这是人类历史上第一次,两个截然相反的世界的人们面对面地站在了一起,互相审视着对方。先进的、富有侵略进取性的西方人,机警灵敏,满怀渴望。他们在东方遭遇了象征保守的、代表高傲自尊、雍容自若的中国人。进取与保守相碰撞。已跨入蒸汽时代,钢铁时代、电气时代的西方虎视眈眈,直逼尚处孔子时代的东方中国。①

在这场文明的碰撞中,中西间的差距一目了然,西方世界的新兴民族"都是富于进取精神及创造力,能征服自然。又因为科学发达,成了他们的文明中心",中国作为数千年的文明古国,"文化的程度固高,但因为经过了久远的岁月,已渐入于停滞的状态中",在"世界各国已若同聚一庭"时代,中国"突然置身于西洋民族的环境中,则不免处处感到落伍,而穷于应付"②。由此导致西人审视中国的态度,钱穆先生对此有过精辟的分析:"自十八世纪中叶以下,西方科学之发明,机械之创制,突飞猛进,而工商百业,骎骎有一日千里之势。社会实力之富强,遂闯破人类亘古未有之界限。此两百年来西方物质生活,扶摇直上急剧刺激西方人之内心,使相应而起深刻之变化。科学的唯物论,与夫生物的进化论,遂弥漫流行于西方世界之心里。彼辈对于其自身传统文化之看法,既已大异于畴昔。彼辈常以其目前社会居于历史进化之顶点,而又以其小我自身为社会之中心以为各自有其无限自由之发舒。彼辈遂以白色人种为世界优秀独异之民族。于是挟其富强盛势以临我,其视我如半开化之蛮人,盖与非、美、澳诸州土著相去无几。"③ 这里体现出一股强烈的文明史观,鸦片战争时期的中国与西方不在一个文明层次,从西方的人文角度来

---

① [美] 何天爵:《真正的中国佬》,鞠方安译,光明日报出版社1998年版,第5页。
② 龙隐:《中国民族性的检讨》,《中国文化》1938年第1期。
③ 钱穆:《中西文化接触之回顾与前瞻》,《中国文化》1945年第1期。

看，中国落后封闭，中国人颟顸闭拒。鸦片战争以来，西方国家在向中国进行殖民扩张的同时，也在制造着有关中华民族的认知。在西方种族、文化优越论基础上生产出来的中国人认知，把中国人构建成一个落后、保守、野蛮的种族。其实，西方如何看待中国往往并不取决于中国本身的实际情况，虽然它对西方社会中国印象的产生非常重要，但是起决定作用的是西方国家基于自身现实政治与军事的考量，并受其学术文化和意识形态的影响。经历过工业革命洗礼的西方正处于迅猛上升的黄金时期，它们需要一个现实的参照以衬托他们因政治经济文明快速发展所带来的高度自信，很不巧，落伍的中国成为冉冉上升的西方文明最好的陪衬。

反观中国，中国人如何看西方？在整个19世纪中国人对西方人的观感，大致变化不大。鸦片战争后在中西间多次政治军事争端中，中国一败再败，这却并没有引起国人的警觉，因为在数千年的历史上中原王朝曾多次被匈奴、突厥、契丹、女真、蒙古等"异族"打败。在过程中，国人虽然认清了西人的船坚炮利，但普遍将西人与鸦片、侵略、战争联系在一起，对西人的态度充满了憎恶与厌弃，出于传统中央王朝天然的文化优越感俯视着那些远涉重洋而来的夷人，"他们对于西洋人的政治和社会方面仍是毫无所知。他们总觉得这些人是野蛮的，从没有感觉到他们在政治或道德方面有可以同我们天朝相比的东西"[①]。客观地说，鸦片战争后的中国并不是对外来茫然无知，没任何反应，国内的洋务运动就是对西方刺激一次积极主动的回应，只是正如外国人所观察到的，"他们在本质上既谨慎保守，又骄傲自大。在沉睡了许多世纪之后，他们被突然唤醒了。应当承认，他们不是在一种非常有利的环境中被唤醒的。想重新塑造4亿人的生活和思维方式，这需要时间"[②]，因而显得中国的反应较为迟钝与缓慢。不过，这种状况在甲午战争后起了显著的变化，有着五千年历史的文明大国被一个新兴的岛夷小邦打了个一败涂地，残酷的现实不得不引起知识分子再次从揣摩帖括、

[①] 徐旭生：《中西文化的相遇及其分期》，《中国青年》1942年第1期。
[②] ［美］何天爵：《真正的中国佬》，第14页。

弋取功名中抽拔出身，聚焦于对现实问题的深度审视，"这一下子我国的念书人可真急了。他们开始感觉到我国旧方法的没有用，怀疑到圣贤古训的万能威力"①。一批先进的中国人经过甲午以来的反思，认为中国之所以落后挨打，并不仅仅因为国力贫弱，更重要的是，在国力贫弱的背后还隐藏着许多文化的积弊。这种文化的积弊使国民精神潜力的发挥和民族性格的培养受到很大的限制，它远不及欧美文化更合乎文明进化的规律。"东方诸国，开化较早，而进化甚迟。西方诸国，开化较晚，而进化则速。故西方诸国如暴富儿，东方诸国如破落户。西方诸国如佳子弟，东方诸国如老学究。破落户祖宗虽贤而难免不肖之目，老学究功夫虽深而更无进境之日，则其为暴富儿所役使，为佳子弟所非笑也亦宜。"② 这里从文明的视角对东西方孰优孰劣进行了形象化的阐释，虽然对东西方文明的分析还较为粗浅，但这种分析方法普遍被 20 世纪初的国人所接受。在此基础上，一批先进的中国人得出西强中弱的认识："今日之世，以中国人与西方人较。其粗者，日用之器物，如宫室、舟车、衣服、饮食之类；其稍精者，学术之程度，如文字、图画、算术、政治之类；其最精者，形体之发达，如皮毛、骨骼、体力、脑力之类。是数者，无不西人良而中国窳，西人深而中国浅，西人强而中国弱也。"③ 这种认识已经颠覆了 19 世纪中国士大夫阶层中固有的中国文化高于西方的观念。

　　新文化运动中，这种观念得到进一步强化，新文化的健将普遍认为欧洲文化高于中国，部分人士提出全盘西化的口号。五四运动以后，文学革命喧腾一时，文学与国民性紧密相连，在西方民主与科学思想的比照下中国国民性中的阴暗面被文学无限放大，文学的笔调对国民性的描述带上了标签，国人被描述成麻木冷漠的形象。1926 年以后，国人才较为理智客观地看待中西间文明上的差异："新的革命理论的文化产生，唯物史观派，从社会经济之观察，以为中西文化不

---

① 徐旭生：《中西文化的相遇及其分期》，《中国青年》1942 年第 1 期。
② 佚名：《地球上不进化之国》，《大陆》1902 年第 2 期。
③ 佚名：《论中国人天演之深》，《东方杂志》1905 年第 1 期。

同，在历史发展阶段不同，其他并无特殊区别。"[1] 文明是历史与社会的产物，没有高低优劣之分，但在晚清民国特定的政治环境中文明被视为有优劣之别，并在其基础上生成东西方民族性有优劣之分的荒谬认识，对国人麻木形象的构建起到了推波助澜的效果。

五 余论

近代以前的好几个世纪，中国的封建统治逐渐走向内闭与保守，实行闭关锁国政策，自我隔断与外国科技文化交流，以致阻碍了本国经济的发展和社会的进步。鸦片战争后，中国重新恢复与世界的接触和联系，但这时期的中国裹足不前早已涤尽了汉唐气魄，西方也不再是昔日那个化外之地，而是比晚清政治、经济、军事各方面更先进的区域。这种形象的反转，让不少外国人对中国的现实充满了讶然与兴趣。他们不仅亲身来中国探寻异域的惊奇，还把真实的中国传递回母国，任何妙笔不如镜像来的真实，他们用镜头记录在中国的点滴，特别喜欢用镜头撷取一些中国独特的文明片段。因为社会发展程度不同，西方人视野里的中国多是异域的惊奇与落后的古国，所以他们用镜头记录的中国更多是中华文明中灰色的调锐，并不真实客观。同时，作为长久闭关锁国，落伍而不自知的中国，他们乍接触到西方人所带来的现代文明，种种不适引发心中的惧怕与恐慌，只能用晚清的封建统治与抱残守缺造成的迷信行为来遮掩他们心中的慌乱与不安。

按照西方社会的价值取向和道德理念来审视，中国社会保守落后，中国人麻木且野蛮，没有国家观念。西方的这种中国叙事，与晚清以来鼓荡前行，汲汲寻求救亡图存之道的社会旋律产生了某种应和。出于革命的需要，或者思想启蒙的现实考虑，加之受西方进化论的影响，中国人自身接受了西方兜售过来的东西文明优劣论，在现实的逼拶下，也慢慢接受了西方人所讲述的麻木中国人之认知。晚清以来至马克思主义在中国立下根基之前的这段时间，中国社会的发展并

---

[1] 余精一：《中西文化发展之异同》，《大路》1943年第3期。

图7　庚子之役，进攻河北获鹿城的法军和等活儿的当地民工

资料来源：卞修跃主编：《西方的中国影像（1793—1949）：派尔森卷（二）》，黄山书社2015年版，第157页。

没达到先进知识分子的预期，依然处于内忧外患的恶劣生存环境中，知识分子转向从国民性中寻找原因，逐渐接受西方的叙事也给国民性贴上冷漠麻木的标签。

在两种不对等的文明中，用任何一方观念审视另一方都是不客观，也是不公允的。西方说中国人麻木，那是因为他们站在一个更发达的社会视域中，中国人缺乏近代文明社会的知识储备与思想认识，特别是几乎没有近代政治与国家观念，所以他们觉得中国人麻木。中国人说自身麻木，并不是真的就是麻木，而是当时进行启蒙或革命思想宣传的需要，同时也是因为那时中国人缺乏近代科技文化知识，对现代文明缺乏认知与了解。一定程度上可以说，晚清麻木中国人形象是中西间基于某些现实的需要，当然也可能是出于某些文化偏见而构建的一个并不符合事理的话语表述。

Photos in the late Qing Dynasty and the image cognition of Chinese People

Xu Feng

Abstract: Photography is an indispensable tool and form in representing the external world and spiritual life. The Westerners have taken a large number of vivid images of China in the late Qing Dynasty, which directly and rigorously recorded the changing trajectory of Chinese society at that time, and also reflected the westerners' perception and understanding of China. These images provided an important reference and perspective for understanding, studying and representing social development and changes in the late Qing Dynasty. At the end of Qing Dynasty and the beginning of the Republic of China, the intellectuals of Chinese society under the nationalist discourse were eager to improve the image of the nation, so most of them accepted the impression of the westerners who believed that Chinese were insensitive and indifferent. It can be said that the numbness of the image of Chinese in the late Qing Dynasty was based on some pragmatic needs between China and the West. Of course, it was also a distorted discourse constructed out of some cultural prejudice. Its appearance had a profound impact on the improvement of Chinese national character in the era of Republic of China.

Keywords: photograph; Late Qing Dynasty; image cognition

照片中的晚清

——论晚清史书写中的照片使用问题

杨建秋*

摘要： 结合晚清照片的现存情况，对目前晚清照片在史学研究中的使用情况进行考察，可以发现晚清照片在史学研究中已经得到了广泛使用。被用于史学研究中的晚清照片数量众多，不论是用于构建人物形象，还是用于还原历史场景，现存的相关晚清照片基本都能被研究者发掘并加以利用。但是，晚清照片在使用中也存在诸多问题，诸如信息混乱、图文不符、内容单一、解读层次浅等。究其原因，一是学者们在面对具体问题时无照片可用，无处获取有关照片的可靠信息；二是学者们对晚清照片的研究角度较为单一，思路相对狭窄。规范照片信息标注、丰富获取渠道、寻求解读新角度等成为解决上述问题的有效方法。

关键词： 以图证史　晚清照片　历史书写　人物形象　历史场景

晚清是中国历史上的重大转折点。作为晚清历史的"见证者"，晚清照片凭借其现存数量多、涵盖面广，加之以生动直观的画面展现了晚清时期中国社会的真实面貌，成为晚清史研究中的重要史料来源。[①] 但是，晚清照片在使用中也出现了诸多不正确、不规范、不必

---

* 杨建秋，中国人民大学历史学院 2017 级硕士研究生。
① 本文所指"晚清照片"是 1840 年第一次鸦片战争之后至 1912 年中华民国正式成立之前，利用照相机对晚清社会实景的记录，绘画等其他图像不在讨论之列。

要、不恰当的情况，阻碍了晚清照片相关研究乃至图像史学的长远发展。因此，在图像史学蓬勃发展、晚清照片相关研究盛行的当下，系统梳理晚清照片在史学研究中的使用现状，并分析其中的利弊得失，提出解决问题的办法，是十分必要且紧迫的。

一 晚清史书写中的照片使用情况

晚清照片的使用为晚清史书写注入了新鲜血液，它不仅能够帮助史学研究者探索更加真实的晚清生活，也有助于加深读者对晚清图景的构建和理解。总体来说，晚清照片在目前的晚清史书写中主要承担两方面的作用，一是构建人物形象，二是还原历史场景。

（一）构建人物形象的载体

晚清照片以直观生动的画面展现了晚清时期各色人物的外貌、神态和生活状况，给观看者带来最为直接的视觉体验，有助于加深对晚清人物的理解。同时，晚清人物照片的选择在很大程度上左右着观看者的印象，从这一角度来看，晚清照片的使用实际上也反映出史学研究者塑造人物形象的过程。在具体使用中，研究者一般会配合文字叙述添加人物照片，以突出与文字部分相应的人物特征。文字与画面相辅相成，共同塑造着晚清人物的历史形象。

概括来说，用于构建晚清人物形象的照片可以分为清廷官员、王室成员、改良与革命人士、近代军事人物、平民百姓四类：

清廷官员

清廷官员是史学研究者使用晚清照片来塑造形象的最常见的群体。根据史学著作中官员照片使用情况来看，叶名琛、曾国藩、胡林翼、左宗棠、沈葆桢、李鸿章、曾国荃、翁同龢、刘坤一、张之洞等晚清著名官员的身影出现次数较多，其中尤以李鸿章为甚。李鸿章是有关晚清史学研究的必不可少的人物，同时，他留下了数量众多的人物肖像照，为后来的史学研究者提供了丰富的素材。

图1、2经常出现在有关李鸿章和晚清史的相关研究中。画面中，

李鸿章端坐于茶几旁,身着常服,佩戴朝珠,旁置茶杯、烟杆等加以点缀,或目视前方,或看向旁边,神色严肃认真,显露出高级官员的威仪。实际上,拍摄照片时的李鸿章也正处于权力的巅峰。图1由约翰·汤姆逊拍摄于1872年左右,图2由洛伦佐·F.菲斯勒拍摄于1874年[1]。这一时期,李鸿章担任直隶总督兼北洋通商大臣,并负责督办洋务,且已有镇压起义、签约和谈之功,烜赫一时。史学研究者使用这两张晚清照片,能够直观有效地展现李鸿章作为晚清重臣的形象特征。

图1　清末重臣李鸿章像

资料来源:李晨:《大国记忆:中国近现代百年兴衰全景》,中国华侨出版社2010年版,第9页。

图2　李鸿章在天津的家中拍摄的照片

资料来源:张社生:《绝版晚清:绝版李鸿章》,文汇出版社2009年版,第91页。

---

[1]　该照片曾于1876年9月在《远东》杂志上发表,原照现由泰瑞·贝内特收藏。张社生在《绝版晚清:绝版李鸿章》中提到该照片由英国摄影师约翰·汤姆森拍摄于1872年,信息有误。底片上有拍摄日期及签名,实际拍摄于1874年。

作为外交使臣的李鸿章也多次出现在相关史学研究中。图3为1896年6月李鸿章访问德国时与"铁血宰相"俾斯麦的合影,拍摄地点为俾斯麦的家乡福里德里斯鲁。此照片应该是会餐结束后,俾斯麦将李鸿章送出门口时由德国记者所拍下的画面。图4是1896年8月,李鸿章访问英国时与英国首相兼外交大臣索尔兹伯里(左)、英国外相柯曾(右)的合影。图5是李鸿章1896年8月访问美国时在纽约拍下的照片。除了上述三张常用照片外,在德国皇宫的合影、考察欧洲的马克沁机枪、乘载"圣路易斯"号访美、拜访格兰特将军的遗孀等照片也都被史学研究者用来表现李鸿章作为外交使臣的形象特征。1896年的李鸿章已年逾七十,自甲午战败后就解除了直隶总督兼北洋通商大臣的职务,但是通过这些照片和史学研究者的文字叙

图3 李鸿章与俾斯麦在德国的合影

资料来源:董丛林:《李鸿章的外交生涯》,团结出版社2008年版,前言。

图4 1896年,李鸿章访英期间与英国首相兼外交大臣索尔兹伯里(左)、英国外相柯曾(Lord Curzon)的合影

资料来源:董丛林:《李鸿章的外交生涯》,前言。

图5　李鸿章在纽约

资料来源：董丛林：《李鸿章的外交生涯》，前言。

图6　马关谈判时的李鸿章

资料来源：张社生：《绝版晚清：绝版李鸿章》，第155页。

图7　曾国藩

资料来源：冯国超主编：《慈禧传》，中国戏剧出版社2001年版，第94页。

图8　晚年左宗棠

资料来源：张梅煊：《晚清风云人物史话：李鸿章》，民族出版社2003年版，第45页。

图9　张之洞

资料来源：[澳]雪珥：《国运1909：清帝国的改革突围》，陕西师范大学出版社2010年版，第42页。

述，仍能表现出他对清政府和晚清社会的重大影响，李鸿章虽已卸任，却从未离开过清廷的权力中心。

除了位高权重、威风凛凛的形象外，落魄潦倒、年迈枯槁的李鸿章也出现在相关的史学研究中。图 6 拍摄于日本马关净土宗接引寺，拍摄时间为 1895 年 3 月 20—24 日。画面中李鸿章背靠日式屏风而坐，弯腰驼背，面容沮丧。这是甲午战败后，李鸿章代表清政府赴日媾和，签订丧权辱国的《马关条约》时留下的影像。

与照片中多样的李鸿章不同，虽然其他著名晚清官员在史学研究中的出场率不低，但是使用照片展现出的形象却相对单一。例如，与李鸿章同样被誉为"中兴四大名臣"的曾国藩、左宗棠、张之洞，在史学著作中多以图 7、8、9 的形象出现。

王室成员

作为最后的封建王朝统治者，王室成员在晚清史及相关研究中扮演重要角色。学者将有关照片应用于研究著作中，不仅塑造了王室成员的个体形象，更是反映出晚清时期封建皇权的整体面貌。在史学研究的具体使用中，王室成员的照片相对来说更加饱满立体。

慈禧太后是晚清史上最有争议性的女性人物，相关研究众多。慈禧非常喜欢拍照，在御用摄影师裕勋龄的帮助下，她留下了一批极为珍贵的影像。

图 10 是慈禧太后在史学著作中经常出现的形象。画面中，慈禧太后为满族女性贵族装扮，身后摆置桌椅板凳、屏风掌扇、瓜果花木等，屏风上还悬挂着"大清国当今圣母皇太后万岁万岁万万岁"字样长条横幅。这类照片由裕勋龄拍摄于 1903—1905 年间，此时，光绪皇

图 10　慈禧太后
资料来源：潘洪钢：《细说清人社会生活》，中国社会科学出版社 2008 年版，第 27 页。

帝已被幽禁于瀛台，经历过庚子西狩的慈禧也重新回到了清王朝的权力中心，她是清王朝的实际掌权人。史学研究者一般将此类照片用作展现慈禧太后独揽大权形象。

在论及慈禧太后的外交活动时，研究者们往往会使用图 11 进行说明，并冠以"夫人外交"之称。照片中，慈禧着华服端坐于照片中间，身着西洋服饰的各国夫人小姐立于两旁，在对外表示清政府开放形象的同时，也显示出慈禧这位大清帝国实际统治者的雍容与威严。图 12 则是慈禧太后扮观音的形象。慈禧扮观音的照片目前共存四张，此为其一。照片中，左边为德龄公主，右边为太监李莲英，三人做神仙装扮，前置荷花作为点缀，后有翠竹山川之画做背景，上悬"观音普陀大士"牌匾，营造出身处奇幻仙境之感。

图 11　慈禧太后与外国公使夫人
资料来源：王开玺：《慈禧垂帘：祺祥政变始末》，东方出版社 2014 年版，第 227 页。

图 12　慈禧扮观音
资料来源：阳父：《走向共和：历史纪实》，当代中国出版社 2003 年版，第 315 页。

除了慈禧太后外，恭亲王奕䜣的照片也常常出现在相关研究中。不过，虽然奕䜣的照片使用率较高，但因为有关奕䜣的现存照片较少，所以在史学研究著作中经由照片呈现出的奕䜣形象比较单一，一般会围绕图 13、14、15 展开论述。图 13 拍摄于 1860 年 11 月，彼时第二次鸦片战争已经结束，恭亲王奕䜣作为清政府代表与英、法签订条约，费利斯·比托作为随行摄影师负责拍照工作。不过这张照片并非拍摄于签约现场，而是拍摄于之后的额尔金勋爵与恭亲王的会晤中。画面中的恭亲王奕䜣身着朝服，身体微曲，眼睛看向斜下方，神态略显萎靡。图14拍摄于1870年左右，恭亲王奕䜣身着常服，背靠假山而坐。此时的他将近不惑，已在政坛起伏二十多年，变得更加成熟稳重。图15拍摄于1893年奕䜣60岁时，距他离世仅有5年的时间。上述三张照片分别代表了恭亲王奕䜣的青年时代、中年时代、老年时代，记录了奕䜣从初出茅庐到老成持重的转变。但是，学者在使用这些照片构建人物形象时，却忽视甚至削减了其中的差异，仅仅将其作为广泛意义上的"恭亲王奕䜣"呈现于文章中。

图13　恭亲王奕䜣
资料来源：赵大力：《恭亲王奕䜣：将慈禧送上垂帘宝座的人》，中国文联出版社2001年版，序言。

图14　恭亲王奕䜣
资料来源：朱耀辉：《大变革时代：晚清》，青海人民出版社2018年版，第86页。

图15　恭亲王奕䜣
资料来源：梁启超：《李鸿章传》，百花文艺出版社2008年版，第37页。

　　光绪帝也经常出现在晚清史的相关研究中。目前有关光绪帝的照片少，学者们苦于没有相应照片，则另辟蹊径，往往采用囚困光绪帝的瀛台（如图16）的照片，从侧面反映出光绪帝的潦倒落魄，此图拍摄时间与拍摄者不详，却在诸多的史学著作中成为晚清时期落魄帝王的象征。

　　学者们不仅使用王室成员的照片来展现历史人物的个人形象，也将其作为反映晚清时期封建皇权整体面貌的载体。例如，图17中的载

图16　囚禁光绪的瀛台

资料来源：[美]何德兰：《慈禧与光绪：中国宫廷中的生存游戏》，汪春译，江西人民出版社2014年版，第79页。

图17　载涛

资料来源：楚双志：《慈禧太后》，民族出版社2003年版，第127页。

图18　宣统帝

资料来源：邓之诚：《中华二千年史（四）》，中国社会科学出版社2011年版，第158页。

涛时年仅二十多岁，但是此时的他已经开始为庞大的清帝国掌管兵权；图18中，宣统帝端坐于太和殿的宝座上，天真懵懂的孩童与庄重威严的宝座形成鲜明对比。

除上述人物外，奕劻、载泽、载沣、端方、荣禄、善耆、花沙纳、桂良、隆裕太后、珍妃等亲贵后妃也是史学著作中较为常见历史人物。研究者在论及相关人物时，也会配上晚清照片来展现、塑造其形象，在此不一一赘述。

改良与革命人士

晚清的历史是革故鼎新的历史。伴随着改良派与保守派的拉锯、革命派与封建势力的斗争，中国从封建王朝走向了近代社会。在谋求自强与发展的过程中，改良与革命人士发挥了不可磨灭的作用，他们的身影也频频出现于相关的史学研究著作中。

图19　康有为
资料来源：朱耀辉：《大变革时代：晚清》，第160页。

图20　梁启超
资料来源：朱耀辉：《大变革时代：晚清》，第160页。

图21　谭嗣同
资料来源：吴善中：《流血的维新：戊戌变法》，江苏人民出版社1998年版，内容提要。

康有为、梁启超以及"戊戌六君子"是晚清维新派的代表，他们的照片在相关研究中出现次数较多，其中尤以康有为、梁启超、谭嗣同为甚。图19—图21是三人在晚清史书写中经常出现的形象。图19、20展现了康有为和梁启超的面部特征，二人双目炯炯有神。不过，目前留存的有关维新派人士的照片较少，导致出现在史学著作中的晚清照片重复使用率高，人物形象也相对较为单薄。

作为革命派的代表，孙中山是相关史学著作中的常见人物，图22、23是他的常见形象。图22拍摄于1896年的美国旧金山，这张照片后来被唐德黎交给由英国警探保护的正在流亡途中的孙中山；图23则是1912年就任中华民国临时大总统时的孙中山。照片中，孙中山为新式发型，留一字胡，着西服或中山装，身体微侧，不再像康有为、梁启超等维新派人士做满族男子打扮。

图22　孙中山（1866—1925）
资料来源：浙江省政协文史资料委员会：《辛亥革命浙江大事记：1894—1916》，中国社会科学出版社2011年版，第205页。

图23　孙中山
资料来源：李晨：《大国记忆：中国近现代百年兴衰全景》，第15页。

除去带有"民国之父"形象符号意味的照片外，显示孙中山交游往来的照片也常常出现于史学研究中。图24是1889年左右孙中山在香港西医书院求学时与同学拍下的照片。当时，孙中山与照片中的杨鹤龄、陈少白、尤列时常谈论推翻清廷、废除帝制的想法，四人又皆仰慕被清政府视为敌寇的洪秀全，故被称为"四大寇"。研究著作中使用此照片，大多是用于说明孙中山反清革命思想之缘起，为孙中山从"医人"到"医国"的形象转变做铺垫。图 25 是孙中山在 1898 年与日本友人拍摄的合影。孙中山在海外流亡期间留下了一些照片，诸如，1902 年在越南建立革命组织时与法国官员的合影、1905 年与留欧学生的合影、1906 年与新加坡同盟会成员的合影、1908 年与黄冈起义流亡新加坡同志的合影等。这些照片也常见于晚清史书写中，一是被用于展现孙中山海外流亡的生活状况，二是用于塑造以孙中山为代表的革命派人士与封建统治政权之间的艰苦斗争形象。

图 24　孙中山在香港西医书院求学时的留影，左二为孙中山

资料来源：陈兆丰主编：《孙中山》，上海教育出版社 2010 年版，第 23 页。

图 25　1898 年，孙中山与日本友人的合影，后排右三为孙中山

资料来源：陈兆丰主编：《孙中山》，第 57 页。

除上述人物之外，改良与革命人士队伍中的郑观应、康广仁、刘光第、林旭、杨深秀、杨锐、张謇、黄兴、蔡元培、秋瑾等人的形象也常见于史学著作中。不过，与之相关的照片大都拍摄时间不详，且在史学著作中形象单一，只展示人物的上半身或面部特征，人物形象多依靠文字叙述进行塑造。

近代军事人物

近代军事人物是晚清史书写中较为特殊的群体。他们中的大多数出身于北洋新建陆军，横跨晚清和民国两个朝代。部分学者已经关注到这一点，在史学著作中注意区分使用了不同时期的晚清照片以展现其不同的身份和形象。

图 26　小站练兵时的袁世凯
资料来源：张社生：《绝版晚清：绝版袁世凯》，文汇出版社 2010 年版，第 53 页。

图 27　直隶总督袁世凯
资料来源：张社生：《绝版晚清：绝版袁世凯》，第 69 页。

图 28　袁世凯在养寿园中垂钓
资料来源：郭剑林、纪能文：《瑰异总统袁世凯》，吉林文史出版社 1995 年版，前言。

图 29　欲登龙位的袁世凯
资料来源：郭剑林、纪能文：《瑰异总统袁世凯》，前言。

　　袁世凯是中国近代史上最具争议性的人物之一。他曾为清廷效力，也担任过中华民国大总统，后又复辟帝制，建元洪宪。在不同阶段，袁世凯留下了代表着不同身份立场的照片。图26拍摄于天津小站练兵时期，袁世凯身着北洋新军军装，此时他担任直隶按察使一职；图27是担任直隶总督时期的袁世凯，他身穿朝服，佩戴朝珠，是明显的清朝大臣装扮；图28则是被革职"养疴"的袁世凯，画面中的袁世凯披蓑戴笠，静坐于小渔船上，旁边置鱼篓、钓鱼竿等，大有退隐山林之意。这三张照片常被用于表现袁世凯作为清廷官员时期的形象。

图30　身着大元帅服的袁世凯
资料来源：潘竞贤：《写不完的纯粹：他们改变了晚清民国史》，浙江大学出版社2016年版，第15页。

图31　1905年9月，北洋新建陆军在河间举行会操，前排右三为袁世凯
资料来源：侯宜杰：《袁世凯》，河北教育出版社2002年版，第106页。

除了作为清廷官员的袁世凯，作为中华民国大总统的袁世凯更加常见。图29、30所展现的袁世凯，身穿大元帅服，这成为他担任民国大总统一职的象征，常出现于史学著作中，具体拍摄时间不详。

近代军事人物中的其他代表人物，如冯国璋、曹锟、段祺瑞等，其作为"清廷官员"的形象并不常见。图31展现的是1905年北洋新建陆军进行阅兵时留下的影像，其中可见身着北洋陆军军服的王世珍、冯国璋、曹锟、段祺瑞等人。

平民百姓

与清廷官员、皇亲国戚、改良与革命人士的照片使用情况相比，史学著作中平民百姓的照片使用具有两个突出特点：一是使用数量相对较少；二是平民百姓的形象不是以个人身份出现，多数情况下用于展现群体性形象，反映晚清时期平民百姓的整体生活状况。

其一是展现鸦片吸食者的面貌。第一次鸦片战争打开了清王朝的大门，鸦片涌入中国市场，出现了数量众多的鸦片吸食者。与吸食鸦片有关的晚清照片数量较多，在此仅选取图32、图33作为代表。此类照片中，或是众人聚集吸食鸦片，或是一二人共同吸食鸦片。人物一般躺卧在床榻上，手握烟杆，旁边放置吸食鸦片的工具，神态慵懒迷离，透露出糜烂颓废的气息。此类照片在晚清史书写中，一是用于展现晚清时期鸦片吸食者甚至晚清社会民众自甘堕落、不思进取的形象特征，二是用于表现鸦片对中国社会的危害之大。

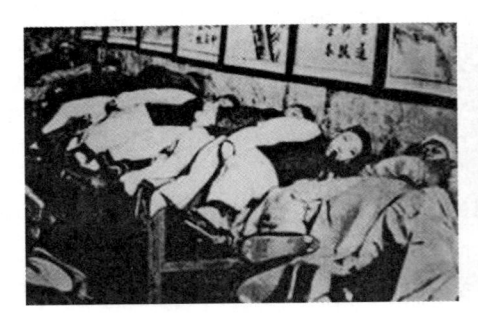

图32　鸦片烟馆
资料来源：李长莉等：《中国近代社会生活史》，中国社会科学出版社2015年版，第97页。

图33　清代官宦之家吸食鸦片情形
资料来源：王开玺：《晚清政治史》，东方出版社2016年版，第31页。

其二是晚清时期的刑犯囚徒。图34展示了处于"站笼"中的犯人和围观好奇的西方人，图35是戴木枷的囚犯。这些照片在展现晚清囚犯形象同时，也在一定程度上反映了晚清社会和封建政权的落后野蛮。在史学著作中，有关晚清囚犯的照片主要是用于展示清王朝的刑罚种类，并通过与西方司法的对比表明清政府进行司法改革的必要性、合理性等。

图34 西方人拍摄的晚清酷刑之一"站笼"

资料来源：[澳]雪珥：《国运1909：清帝国的改革突围》，第71页。

图35 晚清的囚犯（美国旅行家约翰·汤普森摄于1871年）

资料来源：王晓秦：《铁血残阳李鸿章》，朝华出版社2008年版，第20页。

图36 乞丐

资料来源：邵雍编：《中国近现代史文本与动态研究》，合肥工业大学出版社2011年版，第282页。

图37 成都乞丐教养所

资料来源：王笛：《街头文化：成都公共空间、下层民众与地方政治1870—1930》，李德英等译，商务印书馆2013年版，第218页。照片由传教士H. 依利罗特（Harrison S. Elliott）于1906—1907年摄于成都。

其三是乞丐群体的形象。乞丐是远离主流社会的次生群体，始终存在于古今中外的社会中。作为一种社会现象和文化现象，乞丐逐渐走入史学研究者的视野。使用晚清乞丐照片的史学著作，既包括一般性的晚清社会史研究，也有专门的乞丐史研究。图36画面中的乞丐衣衫褴褛，身材瘦削，头发蓬乱。此类照片不仅表现出乞丐群体作为社会底层懒散怯懦、愚劣颓坏的形象，也被用于显示封建社会统治阶级对劳动人民的压迫剥削，同时也对研究丐帮的内部组织有一定帮助。图37中的乞丐教养所用餐者衣着整洁，身体健康，显示出社会改良的效果。

其四是底层劳动人民的形象。有关他们的晚清照片较多。主要包括贩夫走卒、苦力劳工、艺伎、演员等。图38中，售卖糖人的商贩将转糖担子置于城隍庙旁人流量较大的地方，有路人驻足观看或购买商品，此类照片反映出晚清时期小摊贩进行买卖往来的社会形象。图39是一群劳工聚集在街边等待雇主的景象，他们衣着破弊，面露疲态，展现苦力的艰难生活。图40中，女艺人手握长箫，男艺人弹奏古琴，二人做表演态。

图38　清末城隍庙的转糖担
资料来源：李黎明：《近代上海摊贩群体研究（1843—1949）》，山东人民出版社2013年版，第55页。

图39　大街上的苦力
资料来源：[澳]雪珥：《国运1909：清帝国的改革突围》，第175页。

图40　晚清秦淮河畔的艺人
资料来源：陈振家编：《邓小平的智源》，中国社会科学出版社2003年版，第223页。

总体来说，有关平民百姓的晚清照片在史学研究中的出现次数相对较少，但照片内容较为丰富，各类人物形象比较立体饱满，照片的重复使用率低。不过，在史学著作中，平民百姓基本以群体面貌出现。

（二）还原历史场景的媒介

晚清照片不仅记录了人物的形象面貌，也记录了与社会发展有关的历史场景。虽然照片中场景的呈现往往伴随着刻意的摆拍，尤其是在 19 世纪 70 年代瞬时摄影技术出现之前，但相对于单纯的文字叙述和后人的联想想象来说，晚清照片已经是对历史场景较为客观真实的反映。记录着历史场景的晚清照片常常出现于晚清史书写中。使用晚清照片作为还原场景的媒介，不仅能够增强研究著作的说服性和真实性，也能够帮助学者了解相关历史场景的真实面貌，从而对晚清图景有更为全面客观的把握和理解。

晚清史书写中使用晚清照片来展现的历史场景，可以概括为中外战争、签约和谈、学习西方、其他事件四类，以下将分别进行梳理：

中外战争

晚清的历史充满硝烟，摄影师的镜头不仅记录了西方列强对中国发动的第二次鸦片战争、中日甲午战争、八国联军侵华等一系列侵略战争，也记录了源自中国社会内部的以"扶清灭洋"为口号的义和团运动和追求自由民主平等的辛亥革命。这些照片向后人展示了百余年前战争的真实场景，使人有身临其境之感。史学研究者将此类照片应用于晚清史书写中，不仅是为了还原战争场景，增强文章说服力，更重要的是展现了晚清时期中西方武装冲突的真实状况，使读者能够以更加客观的眼光看待这段历史。

史学著作中，学者们常用有关天津塘沽炮台失陷和被焚毁后的圆明园的照片来展示第二次鸦片战争的历史场景，如图 41、42。图 41 由费利斯·比托拍摄于 1860 年，比托作为随军摄影师，拍下了数量众多的天津塘沽失陷的照片，此照只是其中之一。画面中，城垣炮台均已被毁坏，四周散落着阵亡清兵的尸体。图 42 是被焚毁后的圆明园。学者们不仅将这些晚清照片用于还原第二次鸦片战争的惨烈战况，也用于反映清政府的落后无能和西方侵略者的残酷野蛮，使历史场景跃然纸上，增加读者的共情能力。另外，需要说明的是，在史学著作中有关第二次鸦片战争的晚清照片鲜少出现激战的画面，这是由于当时瞬时摄影技术尚未出现，因此只能对相对静止的战前或战后画面进行记录。

图 41　失陷后的大沽炮台内部（1860）

资料来源：中国史学会编：《第二次鸦片战争》一，上海人民出版社 1978 年版，序言。

图 42　被焚毁后的圆明园

资料来源：方诗铭编：《第二次鸦片战争史话》，新知识出版社 1956 年版，前言。

图 43　海战中的"西京丸"号

资料来源：关捷、刘志超编：《沉沦与抗争——甲午中日战争》，文物出版社 1991 年版，第 45 页。

图 44　激战中的"致远"舰

资料来源：关捷、刘志超：《沉沦与抗争——甲午中日战争》，第 47 页。

不同于第二次鸦片战争，甲午中日战争时期已经出现了瞬时摄影技术，战争的实时画面被记录下来，并且频频出现于史学著作中。图 43 是由日方拍摄的黄海海战场景，画面中日本的"西京丸"号被北洋舰队"定远"舰击中,正冒出滚滚浓烟;图44则是正在激战中的"致远"舰。此类晚清照片直接反映了甲午海战的真实作战状况,是最常出现在史学著作中的。除此之外,学者在还原甲午中日战争时,也会使用有关被俘虏的清军士兵、北洋舰队的武器装备和军官士兵等晚清照片,从侧面反映甲午海战的状况。

在中国近代历史上,义和团运动与八国联军侵华战争紧密相连。1900年春,八国联军借镇压义和团运动之由,开始了对大清帝国的掠夺和瓜分。不论是以"扶清灭洋"为口号的农民运动,还是带有西方殖民主义色彩的侵华战争,都借助相应的晚清照片还原了历史场景。

图45 义和团成员

资料来源:李晨:《大国记忆:中国近现代百年兴衰全景》,第6页。

图46 义和团炸毁的西什库教堂

资料来源:止庵:《史实与神话:庚子事变百年祭》,中国对外翻译出版公司2000年版,第77页。

首先,介绍义和团运动的照片主要包括两类,一是展现义和团成员的精神面貌,二是战斗场景的记录。例如,图45是清政府安抚义和团进驻北京时留下的照片,画面中的义和团成员穿统一服装;图46是义和团炸毁西什库教堂后的景象,此类照片还有很多,诸如焚毁宣武门教堂、挖掘铁道电杆、击毁廊坊的火车、炸毁各国公使馆等。总体来说，史学研究中使用的有关义和团运动的晚清照片，突出表现了来自农民阶层的义和团成员的风貌，以及农民运动造成的破坏。

其次是八国联军侵华战争的晚清照片使用情况。一般来说，史学著作中常以联军在北京城内烧杀抢掠、占领大小衙门的画面来还原当时情境。例如，图47是八国联军与外交使团在紫禁城中的画面，另有诸如联军炮火毁坏的北京街市、日军抢掠户部库银、德法军队拆卸观象台、联军在京抢劫百姓、联军在紫禁城内阅兵等相关照片。将此类照片应用于晚清史书写中，表现了八国联军侵华战争对晚清社会的危害之大，联军各国的傲慢猖狂和清政府的软弱无能。除此之外，部分史学著作提到了"庚子西狩"的有关画面，例如图48，照片记录了慈禧光绪回銮至马家堡火车站时众臣接驾的场面。

图47　八国联军和外交使团通过紫禁城

资料来源：孙其海：《铁血百年祭：八国联军侵华战争纪实》，黄河出版社2000年版，前言。

图48　慈禧光绪回銮抵达马家堡火车站

资料来源：止庵：《史实与神话：庚子事变百年祭》，第197页。

作为封建王朝的终结和民主共和国的开端，辛亥革命在中国近代史研究中不容忽视，相关照片也经常出现于史学著作中。图49—图51是史学著作中较为常见的反映辛亥革命历史场景的晚清照片，分别是黄冈起义、武昌起义、孙中山就任中华民国临时大总统等事件。通过这些照片可以看到,革命党人从组织纪律相对散乱,到统一军服、持代表起义胜利的铁血十八星旗,最后组成以孙中山为代表的中华民国临时政府,在政治和组织上实现了由青涩到相对成熟的转变。

图 49　黄冈起义

资料来源:李晨:《大国记忆:中国近现代百年兴衰全景》,第 27 页。

图 50　1911 年 10 月 11 日,革命党人在湖北武昌成立湖北军政府

资料来源:朱耀辉:《大变革时代:晚清》,第 296 页。

图 51　孙中山就任中华民国临时大总统

资料来源:朱耀辉:《大变革时代:晚清》,第 305 页。

学者们将这些照片应用于晚清史书写中，还原了辛亥革命的不同发展阶段，较好地展现了革命党人的艰苦奋斗。

签约和谈

不平等条约的签订对晚清社会的发展产生了深远影响，有关签约和谈的晚清照片也经常出现在相关的史学著作中。此类照片不仅还原了签订条约时的现场状况，实际上也成为晚清时期的中国一步步沦为半殖民地半封建社会的象征。不过，直接反映签约现场的晚清照片现存较少，在史学著作中的重复使用率比较高的主要是《马关条约》和《辛丑条约》现场照片。

图52为李鸿章出使日本签订《马关条约》时期拍摄的照片，画面中，李鸿章与伊藤博文分别坐于长桌两头，另有中日双方谈判成员位于两侧。史学著作中，常用此图展现《马关条约》的签约场景，阐述与甲午中日战争相关的历史事件，表明洋务运动"师夷长技以制夷"策略的失败。另外，此图也被用于说明《马关条约》对中国社会的危害之大，表现晚清时期封建政权的羸弱不堪。

图52　春帆楼上议和时的情景
资料来源：张梅煊：《晚清风云人物史话：李鸿章》，第98页。

图53是《辛丑条约》签订现场的照片，画面中，以奕劻、李鸿章为代表的清朝大臣们位于右侧，十一国公使位于左侧。此图是晚清史书写中最为常见的反映签约场景的晚清照片，学者们不仅用其展现《辛丑条约》签约现场的景况，也常常将其与八国联军侵华、近代史上的不平等条约、半殖民地半封建社会等名词事件相勾连，在某种程度上成为清政府腐朽无能、晚清社会水深火热的代名词，常常带有屈辱的意味。

图 53　图为签订《辛丑条约》之场景

资料来源：董丛林：《李鸿章的外交生涯》，前言。

学习西方

学习西方贯穿着晚清的历史，从开展洋务运动到进行戊戌变法和辛亥革命，晚清社会经历了从学习"器物"到学习"制度"的过程。晚清时人对西方的学习，既有亦步亦趋的照抄照搬，也有结合自身实际情况做出的调整，这些都被收录进晚清摄影师的镜头中，在目前的史学著作中得到广泛的使用。这些照片客观地展现了百余年前陈旧落后的中国在面对先进的西方文明时做出的真实反应，同时也展现了晚清时人在面对内忧外患之时所开展的艰苦卓绝的斗争。学者们将此类照片应用于史学著作中，拉近了读者与晚清社会的距离，有助于更好地理解晚清社会的真实面貌。

19 世纪 60—90 年代，晚清洋务派发起了一场以"自强""求富"为口号的挽救清朝统治的自救运动。洋务派引进西方先进技术，创办近代化军事工业和民用企业，编练北洋海军，创办新式学校，选送留学生出国深造，对中国社会的现代化发展产生了深远影响。

图 54 为江南制造总局的厂房内景，通过这张照片可以看到洋务运动时期开设的规模最大的近代军事企业的样貌；图 55 则是洋务派开办的大型民用企业开平矿务局，紧张忙碌的工人和烟囱里冒出的滚滚浓烟，显示出繁忙景象。图 54、55 常见于有关洋务运动的研究著

作中，除此之外，有关安庆内军械所、福州船政局、轮船招商局、天津机器局等洋务运动时期较为著名的企业的照片，也常用来展现该时期兴办近代军事民用企业的场景。

图54　江南制造总局厂房

资料来源：徐杰舜：《汉民族史记8 风俗卷》下，中国社会科学出版社2019年版，第137页。

图55　开平矿务局

资料来源：潘竞贤：《写不完的纯粹：他们改变了晚清民国史》，第66页。

图56为唐胥铁路通车时拍下的照片，身着朝服的清廷官员站立在象征西方文明的火车上，传统与现代形成强烈对比，展现了洋务运动时期清政府着力改革中国传统交通方式的景象。这张照片频频出现于晚清史研究中，学者们不仅用其反映晚清政府在交通邮传方面做出的改革，也将其作为洋务运动时期学习西方"器物"的力证之一。除修建铁路之外，通讯方式上的晚清电报房和海运方面的货船等晚清照片也常见于相关论述中，在此不再赘述。当然，洋务运动的开展实际上也伴随着洋务派与保守派的斗争。以慈禧为首的保守派曾以"资敌""扰民""夺民生计"以及破坏风水、震动龙脉为由，对修建铁路事宜多加阻挠，为此，李鸿章只能提出以骡子代替蒸汽机的折中之计，于是留下了如图57"骡子拉火车"的照片。

图58是"致远舰"高级军官的合影，居于中间、双手交叉站立者为该舰管带邓世昌，旁边的外籍男子是北洋水师总教习琅威理；图59是甲午战争之前的威海军港景象，可以看到海面上既有作战的军

舰，也有工作的渔船，岸边码头上人来人往，一片繁荣。这两张照片都是洋务运动时期编练北洋水师、引进新式西方武器的真实写照，反映了晚清政府在发展新式军队方面做出的努力。不过，此类照片在晚清史书写中，除了用于展现作为洋务运动产物的北洋水师自身的历史形象外，更多出现在论述甲午中日战争时北洋水师全军覆没时。

图 56　李鸿章视察唐胥铁路

资料来源：潘竞贤：《写不完的纯粹：他们改变了晚清民国史》，第 51 页。

图 57　骡拉的火车

资料来源：潘竞贤：《写不完的纯粹：他们改变了晚清民国史》，第 50 页。

图 58　北洋水师"致远"号官兵照片

资料来源：中国社会科学院历史研究所《简明中国历史读本》编写组：《简明中国历史读本》，中国社会科学出版社 2012 年版，第 319 页。

图 59　甲午战争时的威海卫军港

资料来源：《中国近代史丛书》编写组：《甲午中日战争》，上海人民出版社 1973 年版，第 45 页。

图60、61常见于与洋务运动时期创办新式学校、选派留学生出国的相关论述中。图66是京师同文馆的语言课堂场景,画面中,两名男子正在黑板上书写外文,来自美国的教习丁韪良和另一男学生则在旁呈低头看书状。在史学著作中,此照片不仅被用于还原京师同文馆的上课场景,也用于反映清政府在教育方面做出的改革。图61则是清末第一批赴美留学生在轮船招商总局前的合影,身着清朝统一服饰的稚嫩孩童身负救国重担,即将远赴重洋学习西方文化。此图既是相关论述中反映清末留学运动的经典照片,也成为清政府和清末知识分子寻求救国救民之法的象征之一。

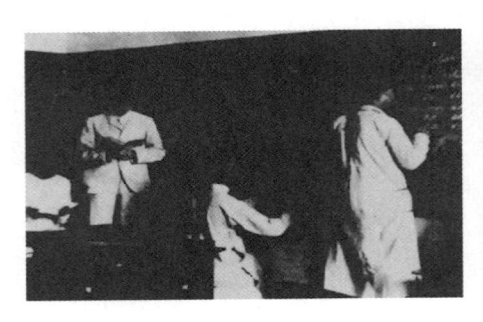

图60 同文馆的学生在上课
资料来源:邢超:《致命的倔强:从洋务运动到甲午战争》,中国青年出版社2013年版,第73页。

图61 清朝第一批赴美留学生合影
资料来源:潘竞贤:《写不完的纯粹:他们改变了晚清民国史》,第143页。

甲午战后,北洋水师覆灭,清政府急需一支能够保卫国家的武装力量,于是下旨令袁世凯在天津督练新军。目前,史学著作中关于袁世凯小站练兵的晚清照片较多,在此仅列举图62、63以作说明。图62为北洋新军接受检阅的场景,画面的右侧为新编陆军,着统一军服,执步枪刺刀,立正站齐,目光看向检阅官员,画面左边是正骑马检阅新军的官员,其中既有身穿清廷朝服的大臣,也有身穿新军军装的将领;图63则是北洋新军正在研究使用新式武器马克沁重机枪的场景。在晚清史书写中,此类照片不仅用于反映甲午战后清政府锐意进行军事改革、编练北洋新军的历史场景,也用于从侧面反映袁世凯所统领的具有现代化特征的北洋新军的强大武力,为论述袁世凯的个人事迹以及民国时期的北洋军阀做铺垫。

图 62　接受检阅的北洋新军

资料来源:潘竞贤:《写不完的纯粹:他们改变了晚清民国史》,第 19 页。

图 63　图为美国人所拍摄的清军演习照片

资料来源:[澳]雪珥:《国运 1909:清帝国的改革突围》,第 270 页。

甲午中日战争的失败给社会各阶层带来了强烈的震撼,晚清时人开始意识到只学习西方的"器物"不能救中国,学习的重点逐渐从"器物"转移到"制度"层面。除上文所述的维新变法运动、辛亥革命等,清末新政也是晚清时期学习西方制度的事件之一。"五大臣出洋"和"皇族内阁"的晚清照片最常出现于清末新政的相关论述中。图 64 是"五大臣"中的戴鸿慈和端方于 1906 年在美国芝加哥考察时的场景,画面中,戴鸿慈和端方被簇拥在中间,两边是陪同参观的美国官员和随行清廷官员,众人正看向前方展览处。相关著作中呈现此类场景的照片还有很多,例如剑桥大学副校长陪同载泽考察、五大臣及随员在罗马的合影、载泽出使英国伯明翰等。图 65 则展现了"皇族内阁"的成员面貌,是用于论述"皇族内阁"的经典照片。在相关研究中,学者们使用这些照片呈现出清末新政时期考察立宪和成立内阁的真实场景,同时,照片中满清官员与西方社会的抵牾也成为古老陈旧的封建政权早已无力重焕生机的象征,在文字论述中多有体现。

图 64　考察团一行在芝加哥

资料来源：潘崇：《清末五大臣出洋考察研究》，中国社会科学出版社 2014 年版，第 358 页。

图 65　皇族内阁成员

资料来源：潘竞贤：《写不完的纯粹：他们改变了晚清民国史》，第 39 页。

其他事件

除去上文所讲的与中外战争、签约和谈、学习西方有关的历史场景外，展现社会生活其他场景的晚清照片也常出现在晚清史书写中。一类是反映社会民众日常生活场景的照片，此类上文已有涉及，在此不再赘述；一类是社会生活中较为重要的事件，其中以反映慈禧出殡和东北鼠疫的晚清照片最为常见。史学研究中使用这些照片，还原了社会生活中其他事件的真实历史场景，这些历史场景不再局限于传统的政治、经济、文化等领域，而是与晚清时人的生老病死、喜怒哀乐息息相关，展现的是一个有血有肉的晚清。

慈禧太后于 1908 年 11 月去世，1909 年 10 月葬于河北遵化菩陀峪定东陵。作为封建王权曾经的实际统治者，她的葬礼轰动中外，极尽奢华。目前出现在史学著作中有关慈禧出殡的照片很多，在此仅选取图 66、67 为例进行说明。图 66 展现的是送葬途中的场景，从照片中可以看到，灵柩被精美的陀罗经被罩着，显示出灵柩主人的尊贵与威仪，数量众多的轿夫们正抬着灵柩向前移动，旁边道路上站着一排围观的外国人；图 67 是慈禧葬礼的随行人员，靠近镜头一侧的是穿着孝服的皇室子嗣，另一侧是送葬的文武官员，背景是临时搭建的看台。在晚清史书写中，此类照片不仅用于还原慈禧出殡的真实场景，展现皇家的奢华葬礼,也成为探秘光绪和慈禧之死的媒介,被解读为晚清时期皇权陨落的象征。

图 66 慈禧葬礼
资料来源:[英]约翰·奥特维·布兰德等:《慈禧统治下的中国》,房新侠、杨丹译,江苏凤凰文艺出版社 2018 年版,第 257 页。

图 67 1909 年慈禧出殡
资料来源:金满楼:《这才是晚清:帝国崩溃的三十二个细节》,中国三峡出版社 2009 年版,第 241 页。

1910 年 11 月 9 日,震惊中外的"大鼠疫"由中东铁路经满洲里传入哈尔滨,随后席卷整个东北。这场大鼠疫持续了 6 个多月,造成了 6 万多人死亡,是 20 世纪中外医学史上的重大事件。图 68 中是来自天津北洋陆军医学院的副监督伍连德,1910 年,他被任命为全权总医官,负责主持东三省的鼠疫防治工作。照片呈现的是他在实验室进行化验的场景,工作台上摆满了大大小小的实验器材,身穿白大褂的伍连德正在利用显微镜观察切片,墙角处站立着他的助手。图 69 为鼠疫期间焚烧死者尸体的场景,右侧是用小推车运送死者尸体的画面,左侧可见堆成小山的尸体和焚烧产生的滚滚浓烟,画面中的人物均佩戴由伍连德设计的口罩。关于东北鼠疫的现存照片较多,晚清史书写中对此类照片的使用主要包括三个层面:一是医疗史层面,将其作为还原 1910 年大鼠疫事件的媒介,以观察西医理论的东传和在面对疫情时采取的防控措施;二是社会史层面,学者们以鼠疫的肆虐和对社会经济的冲击为切入点,反映晚清时人在重大疫情发生时的悲惨生活;三是政治史层面,学者们以鼠疫为清政府的象征,暗示晚清政府也正面临重大危机，却无药可救。

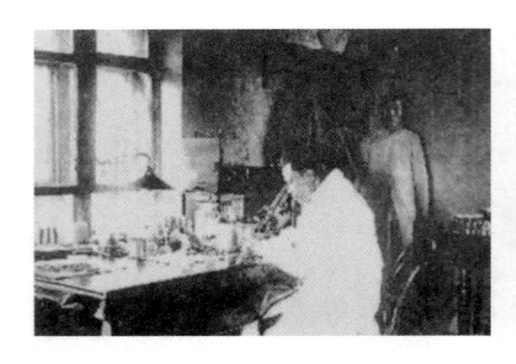

图68　伍连德在哈尔滨的一个实验室，1911年

资料来源：亓曙冬主编：《西医东渐史话》，中国中医药出版社2016年版，第176页。

图69　东北大鼠疫焚烧尸体

资料来源：亓曙冬主编：《西医东渐史话》，第178页。

总体来说，在目前的史学研究中，晚清照片已经得到了广泛使用。一方面，使用晚清照片的研究著作涉及领域广，既涵盖了政治史、经济史、思想文化史等传统史学领域，也包括了医疗史、教育史、科技史、服饰史、社会史、影像史等新兴史学领域。另一方面，被用于史学研究中的晚清照片数量众多，不论是用于构建清廷官员、皇亲贵族、改良与革命人士、平民百姓等群体的形象，还是用于还原晚清时期发生的中外战争、签约和谈、学习西方以及其他重大事件等历史场景，相关晚清照片基本都能被研究者发掘并加以利用。晚清照片为史学研究带来了积极正面的作用，它不仅能够通过直观生动的画面展现真实的晚清社会面貌，为史学研究提供一手资料，也能够帮助学者们在晚清史书写中以更加亲和有力的方式塑造历史人物形象、还原历史场景，同时增加了史学著作的趣味性。

二　晚清照片使用中存在的问题

晚清照片在史学研究中已经得到了重视，并且被广泛使用。但是，通过梳理可以发现，对晚清照片的选取和解读主要是围绕着政治事件展开，对其他领域的论述相对较少；虽然史学著作中使用了大量的晚清照片，但是在提及相关人物或场景时，却仍感画面的单薄和模糊，甚至出现照片画面与文字内容的混淆错位。

为什么会出现如此情况呢？笔者认为，这主要是由于目前关于晚清照片使用的规范还不明确，不论是从外部的照片信息标注、照片类型选取，还是从内里的画面内容描述、深层角度解读等方面，仍存在诸多问题。

（一）信息标注混乱

理想状态下，一张足以完成证史任务的晚清照片，应该是画面内容清晰可见、照片拍摄的时间地点人物等信息齐全的。但是在实际情况中，这基本上是无法实现的，晚清照片的信息往往是残缺不全甚至错误的。究其原因，首先，当前史学著作中晚清照片的信息标注尚未形成统一规范，往往随作者的个人喜好和行文需求发生变化；其次，部分晚清照片本身就信息模糊不全，无法考证，更是加重了照片信息的混乱局面。这一混乱局面主要表现在画面内容与标注信息错位、重要信息错误和缺失等方面，较大地削弱了相关史学著作的可信度和权威性，造成了一些负面影响。

标注信息与画面内容错位是信息标注混乱的常见情况之一。探究其原因，一是因为写作者对与照片画面相关的背景知识不够了解，因此造成对画面内容的误读；二是因为写作者难以找到契合文字叙述的照片，因而只能打"擦边球"，使用联系较少的照片。

照片的重要信息出现错误和缺失，也是晚清照片在史学著作中最为常见的问题。晚清照片的重要史料价值，不仅体现在定格于相纸上的真实画面中，也体现在照片拍摄的时代背景、时间地点人物等重要信息上。然而，在实际的晚清照片使用中，上述信息基本上都是残缺不全的。通过前文对晚清史书写中晚清照片使用情况的梳理可以发现，标注信息基本上是以对照片画面的简单描述为主，只有小部分会添加拍摄时间或拍摄地点、摄影师名字等信息。而对晚清照片的标注却也常常会出现错误，对读者造成误导。

在目前的晚清史书写中，由于晚清照片的信息标注混乱而出现的标注内容与画面信息错位、标注信息缺失错误等现象屡见不鲜，既不利于读者的研读学习，也导致了作者的表达叙述错杂紊乱，拉低了相关著作的权威性和严肃性，在很大程度上造成了晚清照片在历史书写中使用混乱的局面。

（二）图文不符

图文不符主要表现为照片内容与文字叙述的脱节，二者各成体系，互不相干。例如，图70画面上是民国初年袁世凯与各国公使的合影，该照片却出现在与宋教仁刺杀案的相关论述中。作者认为刺杀案的起因是宋教仁拒绝接受袁世凯贿赂，并严厉斥责袁世凯政府，欲以黎元洪代袁任临时大总统，袁世凯为保住大总统之位，遂起杀心。

图70　民国初年各国承认袁世凯政权后与袁世凯合影
资料来源：方可：《晚清风云人物史话：袁世凯》，民族出版社2003年版，第115页。

诸如此类照片内容与文字叙述脱节的问题是较为常见的，它实际上反映出晚清照片在目前的史学书写中尚处于一种可有可无的尴尬地位，扮演着辅助性的角色。一方面，虽然晚清照片在构建人物形象、还原历史场景方面发挥了重要作用，但是如何将晚清照片恰到好处地融合于文字叙述中，仍是摆在史学研究者们面前的问题；另一方面，史学著作中仍以文字记载为主要史料，晚清照片往往沦为文字史料的补充或附庸，对于相关论述的帮助不大，尚未发挥出属于影像资料特有的史料价值。因此，如何将照片与文字有机结合，如何发挥晚清照片的独特价值，成为史学研究者在面对晚清照片等影像资料时不得不思考的问题。

（三）照片内容单一

目前的史学著作中，虽然已使用的晚清照片数量颇多，涉及范围较广，但整体上仍存在晚清照片内容单一的问题，导致复杂多面的历史事实被简化为照片画面所呈现的单一内容，限制了相关研究的进一步发展。其主要表现有二：

一是所用晚清照片的内容扁平，照片仅仅用于展现与文字论述相关的人物样貌或场景画面，无法传递出更多的有效历史信息。这一点在构建人物形象方面尤为突出，例如，图71除了直观展现盛宣怀的样貌外，并无其他历史信息要素。诸如此类的晚清照片在史学著作中十分常见，例如前述清廷官员、维新变法人士等，多以"上身照"或"大头照"的形式出现，视线集中于人物面部，忽视了其他方面的形象特征，导致人物形象较为扁平。

二是晚清照片在不同史学著作中的重复使用率高，导致历史人物或场景画面被固定为特定的照片，造成读者的刻板印象，不利于读者对晚清社会复杂面相的理解。上文提到的李鸿章与日本官员签订《马关条约》时的照片，在相关论述中被广泛使用，甚至在某种意义上成为《马关条约》的象征。但是，签订《马关条约》并非只有照片中展现的坐于春帆楼的长桌前谈判如此简单，也涵盖着甲午中日战争中国的惨败、

图71 盛宣怀

资料来源：潘竞贤：《写不完的纯粹：他们改变了晚清民国史》，第56页。

北洋舰队的覆灭、李鸿章出使日本遇刺、晚清社会遭受巨大冲击等其他方面，且有可用晚清照片留存。该照片虽是经典画面，具有极强的说服力，可是过于强调和重视照片的内容，也会遮盖与《马关条约》相关的其他方面，造成历史记叙的简单化。

（四）解读层次浅

就像彼得·伯克所指出的图像在历史研究中的处境那样，晚清照片在史学著作中也大都成为插图式的存在，主要用于辅助说明已经由文献记载所得出的结论，而并不是作为全新独立的史料来源，用于证明其他方式未能得出的结论。这一现状在很大程度上是由于目前的史学研究中对晚清照片的解读层次较浅导致的，大部分学者在面对晚清照片时尚停留在简单描述照片画面的阶段，忽视了照片中的丰富细节，也未能对照片背后的故事进行深度挖掘，从而遮蔽了晚清照片不同于文字记载的史料价值所在。

晚清照片中其实蕴含着丰富的史料资源，不仅来自照片所呈现的生动直观的画面，也来自与照片相关的时、空、人。图2是史学著作中常见的展现李鸿章个人形象的照片，前文已有提及，不再赘述。当然，这张照片表现出了李鸿章作为晚清重臣的威严庄重，这也是绝大部分史学著作中关注到的问题。但是除此之外，被学者们忽视的历史信息还有很多。从描述画面的层面来看，李鸿章的右手自然搭放在茶几上，坐在桌椅的左侧位置，实际上体现出了清代"以左为尊"的价值观念；右边茶几上放置烟杆，表明李鸿章喜爱抽烟，而且是旱烟，这是关于李鸿章个人生活爱好的力证。从照片拍摄的时、空、人来看，此照为美国摄影师洛伦佐·F. 菲斯勒在1875年拍摄于李鸿章在天津的家中，照片底片上有拍摄日期、签名及菲斯勒所作标注"李鸿章大人，大学士，直隶总督"等信息。返回美国后，菲斯勒曾在接受《费城问询报》采访时提起这次拍摄活动：

> 在天津时，还造访过在中国最有实权的人物——李鸿章大人，并为其拍摄了照片，保留至今……菲斯勒先生讲，李鸿章的

处境让人很难理解。他很有权势，住在天津，距首都北京有60英里远，身边有一万名从家乡湖南挑选出来的护卫，装备精良，配有连发步枪，并且训练有素，与还在使用火绳枪和弓弩的朝廷官兵形成了鲜明的对比……这位中国的总理大人与朝廷的关系似乎不怎么好。但是，他又反对一切颠覆清朝统治的活动……如果英国军队和中国的起义军队联合起来，再加上李鸿章的领导，推翻朝廷并非不可能。①

通过《费城问询报》的报道，可以发现菲斯勒对李鸿章的评价极高，认为李鸿章的权势已经越过了慈禧太后和光绪皇帝，是晚清社会地位最高的人，足以与清廷抗衡。这实际上反映了以菲斯勒为代表的部分美国人乃至部分西方人对李鸿章的评价，是李鸿章在国际社会上形象地位的展现。通过照片也可以看到，菲斯勒在拍摄此照时选取了略微仰视的角度，以此凸显"最有权势"的李鸿章的至高地位。

诸如此类的晚清照片还有很多，但是学者们在使用照片时往往会忽视照片画面中的丰富细节，缺乏对照片产生背景的考察，在一定程度上造成了对晚清照片的滥用和浪费。

信息标注混乱、图文不符、照片内容单一、解读层次浅是当前史学研究中在使用晚清照片时最为常见的问题，除此之外，将现代黑白照片用作晚清照片、误用有PS合成痕迹的照片等问题也出现于史学著作中，因其仅为个例，在此不做详细说明。

三 走出晚清照片史学应用之困境

晚清照片在历史书写中为什么会出现上述四类问题呢？笔者认为，除去因晚清照片散佚严重、留存不足这一不可更改的客观因素外，主要原因有二：一是学者们对晚清照片的现存状况和获取途径较

---

① [英]泰瑞·贝内特：《中国摄影史：西方摄影师1861—1879》，徐婷婷译，中国摄影出版社2013年版，第122—125页。

为陌生，导致在具体研究中无照片可用、无处获取照片的可靠信息，这是问题百出的根本原因；二是目前关于"图像证史"的理论方法还不够完善，学者们对晚清照片所独具的不同于文献记载的史料价值认识不足，在面对晚清照片时研究角度较为单一，思路比较狭窄。对此问题，笔者认为可从以下两个方面寻求破解之道。

（一）丰富晚清照片的来源渠道

对晚清照片的现存情况掌握不足，无法获取有关照片的详细信息，是学者们在使用晚清照片时频频出现错误的根本原因。因此，对当前晚清照片的整理出版工作进行详细梳理，熟悉晚清照片及相关信息的获取渠道，对于史学研究者来说是十分必要的。就目前情况来说，除去部分照片因版权、个人收藏、残损严重等问题尚未公开外，绝大部分的现存晚清照片已经得到了整理和出版。不过，有关晚清照片的出版著作虽然数量众多，但是质量却参差不齐，这就要求研究者在使用时提高警惕，多加甄别，切勿轻信。

以下将针对较为权威的晚清照片出版著作，分别进行梳理，以求为史学研究者提供获取晚清照片的线索：

整体性研究著作

整体性研究著作指的是现当代学者以包括晚清照片在内的影像资料为依托，对中国图像史、摄影史、照相馆史等进行的整体性研究。此类著作中，晚清照片既是整理出版的摄影作品，也是写作者用于梳理影像史相关事件的史料来源。通过查阅此类书籍，不仅能够对中国影像史的发展有总体性的把握，也能够获得书中珍贵的影像资料，甚至是大量首次公开的影像资料。

其中具有代表性的著作有：由马运增、陈申、胡志川、钱章表、彭永祥等联合编著的《中国摄影史 1840—1937》，该书广泛搜集了清末、民国时期的史料文献，同时收录了中西摄影师的摄影作品，在中国摄影史研究中具有开创性意味[1]；宿志刚等编著的《中国摄影史

---

[1] 胡志川、马运增主编：《中国摄影史 1840—1937》，中国摄影出版社1987年版。

略》更偏向于摄影专业领域,主要包括照相馆、摄影技术、20世纪二三十年代的人像摄影、人体摄影、肖像摄影、广告摄影、纪念照片、时尚摄影、女性摄影家等十一个部分①;英国学者泰瑞·贝内特出版"中国摄影史"系列,对1842—1879年间中国的摄影情况进行了翔实的考证梳理,不仅引用了大量先前未曾公开的晚清照片,也对照片拍摄的时间地点人物等信息进行了考察,包括《中国摄影史:1842—1860》《中国摄影史:西方摄影师1861—1879》《中国摄影史:中国摄影师1844—1879》②三部;韩丛耀主持编纂了《中国近代图像新闻史:1840—1919》《中国影像史》《中华图像文化史》等,其中,《中国近代图像新闻史:1840—1919》全面细致地对1840—1919年间中国近代"新闻图像"的历史进行了梳理,并借助SPSS软件进行资料分析③,《中国影像史》首次以影像的方式全面、系统的梳理了中国历史,涵盖了中国近现代史上几乎所有的重大历史事件,同时涉及近现代中国的经济生活、文化教育、风土人情、社会习俗、宗教信仰等方面④,《中华图像文化史》则是分时段、分类型、分专题地深入研究了自远古至1949年之间的中华图像,以及中华图像文化的形成机制、文明形态与文化意义,清晰地勾勒出中华民族图像表征的文明主线⑤;张明编著的《外国人拍摄的中国影像:1844—1949》介绍了1844—1949年间来华的外国摄影师,考察了外国摄影师的在华活动及拍摄作品,并借此展现了中国百余年间的社会发展状况⑥;仝冰雪编著的《中国照相馆史》借助作者本人收藏的老照片,从中国摄影早期的拍摄主体——传统照相馆切入分析,从照相馆的营业、本土化探索、与社会的关联互动以及多家知名照相馆的个案特点等方面,展

---

① 宿志刚等编:《中国摄影史略》,中国文联出版公司2009年版。
② [英]泰瑞·贝内特:《中国摄影史:中国摄影师1844—1879》,徐婷婷译,中国摄影出版社2014年版。
③ 韩丛耀等:《中国近代图像新闻史:1840—1919》,南京大学出版社2012年版。
④ 韩丛耀、赵迎新主编:《中国影像史》,中国摄影出版社2014—2015年版。
⑤ 韩丛耀主编:《中华图像文化史·插图卷》,中国摄影出版社2016年版。
⑥ 张明编:《外国人拍摄的中国影像:1844—1949》,中国摄影出版社2018年版。

示了中国特色的照相馆时代的影像①；张欣编著的《留影的背后：老照片中的照相馆布景》以作者的艺术论文为基础，结合其收藏的首次面世大量照相馆老照片资料，以图文并茂的形式对中国的照相馆布景的历史演变进行了梳理和展示②。

晚清照片影集

晚清照片影集主要是指相关机构对影像展览中出现的照片或是收藏照片的整理出版。此类著作主要是以影集的方式出现，直接收录了晚清照片原图，相对完整地标注了照片的呈现内容以及照片拍摄的时间、地点等，是学者们获取晚清照片和照片信息直接有效的工具。不过，此类著作相对较少，且商品性更强，尤其是作为影像展览周边的影集，传播范围更是有限。

此类著作中较为著名的主要包括以下四部：《晚清碎影：约翰·汤姆逊眼中的中国》收录了中华世纪坛世界艺术馆在同名展览中展出的英国摄影师约翰·汤姆逊的150余幅摄影作品，这些作品拍摄于汤姆逊游历中国期间，展现了晚清时期的风土人情、景物建筑、人群面貌等③；《前尘影事：于勒·埃迪尔（1802—1877）最早的中国影像》收录了中国文学艺术基金会与巴黎中国文化中心共同举办的同名影像展中法国摄影家埃迪尔于1844年至1846年间在中国拍摄的珍贵照片，并附有埃迪尔当年撰写的拍摄日记，这是有关最早的来华摄影师的珍贵史料④；《世相与映像：洛文希尔摄影收藏中的19世纪中国》收录了来自清华大学艺术博物馆同名展览的120幅有关晚清中国的摄影作品，全面而丰富的呈现了19世纪下半叶中国社会的风貌，其中主要包括人物肖像、风物景观、市井生活、城市和建筑等内容⑤；

---

① 仝冰雪编：《中国照相馆史：1859—1956》，中国摄影出版社2016年版。
② 杨威：《留影的背后：老照片中的照相馆布景》，人民邮电出版社2017年版。
③ 中华世纪坛世界艺术馆编：《晚清碎影：约翰·汤姆逊眼中的中国1868—1872》，中国摄影出版社2009年版。
④ 中国文学艺术基金会、巴黎中国文化中心编：《前尘影事：于勒·埃迪尔（1802—1877）最早的中国影像》，中国建筑工业出版社2012年版。
⑤ 清华大学艺术博物馆、洛文希尔收藏编：《世相与映像：洛文希尔摄影收藏中的19世纪中国》，清华大学出版社2018年版。

《故宫藏影：西洋镜里的皇家建筑》收录了故宫博物馆收藏的与紫禁城、西苑三海、三山五园、避暑山庄、西山名胜、皇家陵寝等宫廷建筑相关的精品照片400余幅，从1900年外国摄影师拍摄的最早一批紫禁城内部照片，到20世纪四五十年代作为开放的博物馆而留下的馆室外景照，该书展现了紫禁城在长达半个世纪之中的变迁景象[1]。

外国摄影师的出版作品及著作

对国外摄影师所出版的晚清照片和相关著作的梳理、译介、引进，是直接接触外国摄影师原版摄影作品和相关著作、获取一手影像资料的绝佳途径。此类著作主要包括两种，其一是在搜集整理国外摄影师拍摄作品的基础上，挑选部分摄影作品汇集成册，此类著作中，编者一般会对照片画面进行阐述，配以长段的文字表述；其二是对国外摄影师所出版的摄影作品的直接译介和引进，或翻译为中文，或保持外文原貌，以此来保证影像资料的原汁原味。此类著作是获取晚清照片的最权威、最具说服性的来源，应加以重视。

由卞修跃主编的《西方的中国影像（1793—1949）》系列31种64册，以摄影者或杂志为专题，收录了大量西方人士拍摄的晚清照片，可以说是一套中国近现代历史影像库。由赵省伟主编的"西洋镜"系列是另一套非常有价值的书籍。目前该系列已出版18辑，共23册，既收录了晚清民国时期的照片，也编入了来自国外画报的图画资料、文字资料等。此外，《昆明晚清绝照》《1860—1930：英国藏中国历史照片》《旧影撷珍：费利斯·比托与最早的北京影像》[2]等对国外摄影作品进行了有建设意义的收集整理。

对国外摄影师原版著作的翻译引进主要包括：约翰·汤姆逊所著《中国人与中国影像：约翰·汤姆逊记录的晚清帝国》、杜维德所著《晚清中国的光与影：杜维德的影像记忆（1876—1895）》、山本赞七

---

[1] 单霁翔主编：《故宫藏影：西洋镜里的皇家建筑》，故宫出版社2014年版。
[2] 《昆明晚清绝照》编委会：《昆明晚清绝照1896—1904》，中国文联出版社1999年版；中国国家图书馆编：《英国藏中国历史照片：1860—1930》，国家图书馆出版社2008年版；谢子龙影像艺术中心编：《旧影撷珍：费利斯·比托与最早的北京影像》，中国摄影出版社2017年版。

郎所著《北京名胜》、乔治·厄内斯特·莫理循《一个澳大利亚人在中国》、山本诚阳所著《庚子事变摄影图集》、小川一真所著《清代北京皇城写真帖》、阿方斯·穆默·冯·施瓦茨恩斯坦茨的《中国的摄影日记》、詹姆斯·利卡尔顿的《1900，美国摄影师的中国照片日记》、恩斯特·柏石曼的《中国的建筑与景观》、约翰·詹布鲁恩出版的《北京》画册系列、阿绮波德·立德的《蓝衫国度：英国人眼中的晚清社会》等。

图谱类著作

图谱类著作带有工具书特征，其中也收录了数量较多的晚清照片。不过，此类著作以收录图像为主，晚清照片只是其中一部分。因此，在使用此类书籍查找晚清照片时，不仅需要甄别绘画与照片的差异，也需要仔细考察晚清照片与后人所拍摄晚清遗迹相关的区别，切莫轻信误用。

相对来说，带有晚清照片的图谱类著作数量较少，主要有：郑振铎编著的《中国历史参考图谱》采集了我国从上古至明清的著名文化遗迹、名人图像、墨迹、古代器物、重要文献、善本书影，以及雕刻、壁画、书画、工艺品等珍贵艺术品的图像，收录广泛、材料精详，共有24辑，其中第21—24辑为清代，收录了数量较多的晚清照片，可供学者查阅使用。另外，该书是学术界较早提出要重视晚清照片等图像资料在历史研究、历史教育中价值的著作，为当前晚清照片在史学研究中的使用提供了支持。[①] 中国历史博物馆编纂的《中国近代史参考图片集》收录了我国1840—1919年间有关重大历史事件的图画、实物照片、人像、历史文献等1000多幅，分为上中下三集，上集包括鸦片战争和太平天国运动；中集包括19世纪70—90年代的中国形势和甲午中日战争、戊戌变法、义和团运动等；下集包括辛亥革命到五四运动以前，该书为中国的近代史研究提供了图像参考。[②] 后来，中国历史博物馆在《中国近代史参考图片集》的基础上修订

[①] 郑振铎：《中国历史参考图谱》，上海出版公司1947年版。
[②] 中国历史博物馆：《中国近代史参考图片集》，上海教育图书出版社1958年版。

成《中国近代史参考图录》一书，增加沙俄侵占中国领土、中国资本主义工业兴起、资产阶级和无产阶级的产生、中法战争、新文化运动等内容，将图画收录数量增至 2000 余幅，是对中国近代史相关图像的又一次大规模系统性梳理。① 许洪新、严亚南所著《辛亥革命图录》收录的图像起自 1840 年鸦片战争，止于 1912 年 4 月 3 日孙中山卸任临时大总统一职，其中包含了数量众多的晚清照片，并附有较为详尽的解说，有助于学者更好地查阅、理解、使用晚清照片。②

上述四种类型的著作是引用晚清照片时相对可靠和权威的渠道来源，尤其是外国摄影师的出版作品及著作，此类书籍最大限度地展现了摄影作品的原貌，更有说服力。除了依靠纸质书籍外，网络数据库、博物馆和艺术馆举办的现场展览等也能够为研究者提供一定的材料和思路。不过，需要注意的是，不论是来源于出版的研究著作，还是网络数据库，或是现场展览，晚清照片相关信息的正确性都不是绝对的，这其中可能也会掺杂着一些错误和问题。因此，不论是通过何种渠道获取的晚清照片，都只有在经过多方的考证甄别后才能成为可靠的史料，运用于历史研究中。

（二）多角度解读晚清照片

解读层次浅是目前晚清照片在历史书写中常常出现的问题，主要表现为仅对晚清照片的画面内容进行简单描述。究其原因，一是史学研究者对晚清照片的具体信息不够熟悉，因而只能对照片呈现的画面加以描述；二是史学研究者对晚清照片的独特史料价值认识不足，认为晚清照片等影像资料只能用作文字史料的辅证，不能作为新结论的有力证据。这种观点是相对片面的。实际上，晚清照片在史料方面具有不同于文献记载的独特价值，其价值不仅来源于已经定格的超越时空、鲜活生动的画面，也来源于照片背后的故事和人。照片画面的形成、传播等，无一不与"人"的活动息息相关，画面只是对活动结

---

① 中国历史博物馆：《中国近代史参考图录》，上海教育出版社 1981 年版。
② 许洪新、严亚南编：《辛亥革命图录》，上海锦绣文章出版社 2011 年版。

果的呈现，更大的史料宝藏蕴含在照片画面的形成过程之中。

拍摄者的霸权

"自发明相机以来，世界上便盛行一种特别的英雄主义：视域的英雄主义。"① 从相机被举起来的那一瞬间开始，摄影师便拥有了将自己的所思所感固化为照片的权力。人们普遍认为摄影技术是准确无误的"自然之笔"，殊不知，看似客观的照片背后其实有着自己的模式，照片的结构、画面的选择、人物的造型无一不掺杂着摄影师的主观意识。也就是说，照片实际上是摄影师的自我反映，并不全然为客观真实。通过拍照活动，摄影师在行使着自己的"霸权"。

（1）来自西方的审视

晚清时期，在华摄影师以西人为主。面对古老又落后的晚清，他们既充满了好奇，又有着作为现代文明国家的优越感。这就导致摄影师们在拍摄时经常流露出一种来自西方的独特的审视目光，也就是西方式的好奇和殖民式的凝视。

以英国摄影师托马斯·查尔德的摄影活动为例。查尔德是大清海关总税务司的燃气工程师，于1870年到达北京，1889年离开中国。查尔德留下了数量众多的晚清照片，通过他的往来信件、公开演讲等，可以了解到他在拍摄中的心理活动。例如，在1872年6月15日寄给妻子的信中，他饶有兴味地介绍了近期拍摄的照片：

> 第一张拍摄的是一位走街串巷的修桶匠。北京的水桶是用木板做的，一圈圈缠起来。画面中间他前面放的就是成捆的木条。桶匠正在把它们用带子束紧。右边摆的是一个西式的浴盆，上面放了两个中式的木桶，前景也有一个木桶。桶匠的全部家当都放在身后的扁担里。他坐的箱子里装的全是各式工具和零碎。扁担一头挑着箱子，另一头挑着木板。②

---

① ［美］苏珊·桑塔格：《苏珊·桑塔格文集：论摄影》，黄灿然译，上海译文出版社2008年版，第148页。

② ［英］泰瑞·贝内特：《中国摄影史：西方摄影师1861—1879》，第69页。

通过查尔德的描述可以看出，他在以好奇的目光观察着中国，向妻子述说晚清社会的独特风貌。在华期间，他拍摄着他感兴趣的关于中国的一切，有总理各国事务衙门、古观象台、颐和园、圆明园、玉泉山以及远眺北京等风光，也出现了皇宫护卫、北京的新郎新娘、佛教僧侣、京城人家、传教士、冰冻湖面上拉雪橇的人、仆人、乞丐，以及朝鲜驻华使节等人的身影。通过他的作品，我们可以看到一个来自西方的摄影师对古老帝国的好奇，同时，这也可以解释为什么中国的传统建筑、风俗习惯、服饰装扮等频频出现于晚清照片之中。无论是用于商业销售，或是留念收藏，来自西方的好奇心始终是拍摄的最初催动力。

不同于托马斯·查尔德式的好奇，美国专业摄影师詹姆斯·利卡尔顿的作品显现出另一种来自西方的目光——殖民式凝视。在这一目光的审视下，产生于摄影师之手的晚清照片多展现出腐朽、落后、肮脏的中国形象。1900年，利卡尔顿经香港来到中国内地，游历了广州、汉口、上海、宁波、苏州、南京、烟台、天津、北京等地，目睹了义和团运动、八国联军侵华等，拍摄了有关中国风土人情和战争场面的照片。他在对照片的解说中表达了对中国强烈的不满和鄙夷，例如在介绍《广州一处"花船"的街道》（如图72）时，他写道：

> 每天晚上这些大众化的娱乐场所都充斥着找乐子的人……赌博是中国人的一种传统恶习，尽管中国人是勤劳的，但是他们仍有空闲，太多的空闲时间被创造出来进行消遣或娱乐。西方的闲人们常去沙龙或者夏日花园，而中国的闲人们会来到这些花船赢纸牌、骨牌或色子，到处都能听到千篇一律的吆喝"买个机会发财吧"①。

在介绍《沿黄浦江岸眺望英国和美国租界》（如图73）时：

---

① ［美］詹姆斯·利卡尔顿：《1900，美国摄影师的中国照片日记》，徐广宇译，福建教育出版社2008年版，第21页。

在租界，我们眼前看到的这一切没有什么是中国的。建筑不是中国的……那些高大的烟囱象征着现代化的工业生产，也不是中国的；那些没有桅杆的船不是帆船，是经过改装被用来接收鸦片的，鸦片是很重要的税收来源，这也不是中国的。只有很少的场景显示我们是在中国，至少是在东方。比如舢板和船屋沿着水边或围绕着码头挤作一团；那一排中国苦力拉着人力车。这种人力车在东方已经成为一种产业。①

图 72　广州一处"花船"的街道
资料来源：[美]詹姆斯·利卡尔顿：《1900，美国摄影师的中国照片日记》，第20页。

图 73　沿黄浦江岸眺望英国和美国租界
资料来源：[美]詹姆斯·利卡尔顿：《1900，美国摄影师的中国照片日记》，第48页。

此外，他还拍摄了与乱葬岗、酷刑、裹小脚、乞丐等主题相关的照片。诚然，这些腐朽落后的画面都是晚清社会真实存在的客观情况，不应予以否认。但是，利卡尔顿极力将其与整洁有序的外国租界、先进发达的工业文明做对比，无视中国的领土主权，在照片的附文中夸大的描述了中西之间的差距，打造了趋于完美的西方世界，除

---

① [美]詹姆斯·利卡尔顿：《1900，美国摄影师的中国照片日记》，第47页。

了好奇心外，更多的是展现出他作为"西方殖民者"的优越感。类似于詹姆斯·利卡尔顿的摄影师不在少数，他们利用手中的照相机，为照片的观赏者们打造了贫穷落后的晚清形象。

（2）经营者的选择

除了好奇心、殖民式的优越感等主观因素外，市场需求、时兴潮流等客观因素也在影响着摄影师们行使"霸权"的方式和手段。在以摄影为营生的商业摄影中，市场的导向性最为明显。

外国顾客群是晚清照片的主要市场，大量关于晚清社会风貌的照片在这里展出、售卖。于是，为了获取商业利益，迎合西方人口味成为商业摄影师的一种营销策略。在这一点上，有着相同文化习惯的西方摄影师自是不必多说，而在具有文化差异的中国摄影师群体中，也出现了刻意按照西方人的喜好进行拍摄的现象，香港摄影师黎芳与他开办的阿芳照相馆是其中的佼佼者。

黎芳，又叫阿芳，是19世纪中国最成功的商业摄影师，他经营的同名照相馆在外国顾客群中很受欢迎。黎芳祖籍广东，太平天国时来香港避难，大约在1859年左右进入摄影行业。与当时的中国照相馆一样，阿芳照相馆拍摄人像，尤其是名片小照。除此之外，为了获得外国顾客的青睐，黎芳特意按照西方取景构图的方式，拍摄了大量有关福州及闽江一带、香港、广州、汕头等地的风景照。从他的竞争对手约翰·汤姆逊的评价来看，这些照片是符合西方审美的：

> 从他拍的风景照来看，他肯定非常热爱自然和美景；很多照片都很精美，技术娴熟，拍摄角度也很考究。在我认识的所有中国同行里，他的品位和能力都很不错，算是个特例。①

黎芳不断发展外国顾客群，常驻外侨和外国游客都是他考虑的对象。为了维护这一顾客群，他还特意雇用了几位外国摄影师，如瑞斯菲尔德和格里菲斯。黎芳的经营策略是成功的，他的职业素养在外国

---

① ［英］泰瑞·贝内特：《中国摄影史：中国摄影师1844—1879》，第67页。

顾客群中得到了广泛认可。

根据外国顾客群的喜好进行拍摄只是经营者们的选择之一，因拍摄战争影像出名的费利斯·比托、特意请人充当演员拍摄中国人文风俗照的威廉·比托斯·桑德斯、留下了圆明园珍贵影像的恩斯特·奥尔末，以及其他的中外摄影师们，在进行商业拍摄时或多或少会考虑到市场和顾客的需求，调整拍摄的内容和主题，提供符合需求的作品。

总体来说，摄影师们通过拍摄活动获得了绝对的霸权，既是对拍摄对象的霸权，也是对观赏者的霸权。照片上呈现的画面已然经过拍摄者的选择，只有通过了拍摄者以某种标准筛选后的对象才能获得被拍摄的机会，而观赏者们的目光也在很大程度上受到摄影师的牵引，只能看到被选择后的画面。从极端角度来说，每一张照片实际上都是主观叙事的产物，诸如好奇心驱使下的探究、由殖民者身份产生的优越感、追逐市场需求而做出的选择等。这不是对晚清照片作为史料的否定，相反，这正是晚清照片应用于史学研究中的独特价值所在，加诸照片之上的拍摄者的霸权远比构图精巧、影调细腻的成像画面更有魅力。

因此，在面对晚清照片时，不应同现在绝大多数的研究者那样采取轻信的态度，而应审慎地辨别蕴藏于照片背后的复杂面相。对拍摄者是谁、为什么要选择该拍摄对象、照片想要展示什么、照片产生了哪些影响等一系列问题的回答，会比单纯描述画面以作文字史料的辅助更有价值。

镜中人的意图

拍摄者和拍摄对象是摄影活动的主要参与者，二者存在一定的权力制约关系，尤其是在人像摄影中。正如罗兰·巴尔特所说，"人像摄影是个比武场。面对镜头，我同时是：我自以为是的那个人，我希望人家以为我是的那个人，摄影师以为我是的那个人，摄影师要用于展示其艺术才能的那个人"[①]。人像摄影中进行着同样具有自主意识

[①] [法] 罗兰·巴尔特：《明室：摄影札记》，赵克非译，中国人民大学出版社 2011 年版，第 17 页。

的拍摄者和拍摄对象的权力博弈。照片不再仅是拍摄者的主观叙事，也表露着拍摄对象的内心活动。如果仅将人物摄影作为展现人物外貌或研究服饰形制的素材，无疑会造成巨大的损失。镜中人的意图，应当受到研究者的关注。

（1）对外宣传的手段

在面对镜头时，被拍摄者实际上也在塑造着自我的形象。在晚清照片中，被拍摄者往往利用照片展示出"我希望人家以为我是的那个人"的形象，达到对外宣传的目的。

伶人和青楼名妓是其中一例。在阿芳、公泰、悦荣楼、缤纷、宜昌、和昌等照相馆的现存照片中，出现了数量较多的伶人名妓的身影。照片多为名片小照，手工上色，当然也有普通照片。画面中人物或坐或立，戏剧演员一般身着戏服，摆出符合戏剧人物的表演动作，容貌俊秀，神采艳丽。

伶人名妓的光顾推动了摄影在中国的普及。1901年，何德兰评价说：

> 摄影在中国得到普及，很大程度上得益于伶人对拍照的垂青。他们热衷于拍摄各种戏装照。青楼名妓也对此饶有兴趣。这两类人群对摄影艺术有着潜移默化的影响，特别是在上海，其他地方也是如此。[①]

摄影之所以能够获得伶人和青楼名妓的青睐，一方面是因为拍照可以定格画面，保存他们青春姣好的形象，另一方面是因为照片既可以放在橱柜中展示，又可以馈赠给来往宾客，有助于吸引新顾客上门、维护老顾客群体。伶人名妓的形象之所以能够被保留在照片中，不仅是由于前述拍摄者选择后的结果，更体现出伶人名妓自身想借助照相进行自我宣传的意图。除此之外，进行政治宣传也是被拍摄者进入镜头的目的之一。

---

① ［英］泰瑞·贝内特：《中国摄影史：中国摄影师1844—1879》，第26页。

义和团运动期间，日本天皇派遣摄影师山本诚阳随同侍从官冈泽精来华慰问日军。山本诚阳拍下了庚子时期的北京，并在1902年于东京出版《庚子事变摄影图集》（日文原名《北清事变写真帖》）一书。在此书中，山本诚阳收录了有关各国军队和驻华使馆、被战火摧毁的城墙建筑、八国联军占领后的故宫以及京津周边景观等照片。在绪言中，山本诚阳记录了庚子之战中义和团的猖獗、北京的混乱，刻画了日军在所谓的"千里救援"中的大公无私、忠勇刚强的形象，并称日军的举动受到了清民的讴歌赞许：

> 岁在庚子，北清之野，妖云覆天，天日为失光，混沌又溟濛。杀戮外使，焚坏公馆，猖獗横暴，几将举居留各国官民委之于匪徒之惨杀。羽报达于朝，于是乎，应惩之师立莅于清域。海路转战，无强不破，无坚不拔，伐逆抚顺，秋毫无所犯，民人讴歌其德，至有日军来何迟之叹……北京城里焦土狼藉，燕雀迷巢，鸡犬求主，岂谁无断肠之感哉？或我义勇队之忠武，能使公馆免匪徒之蹂躏，或我工兵之勇壮，能破坏东直朝阳二门而闯入。①

众所周知，事实并非如此。义和团运动实际上成为日军参与瓜分中国狂潮的重要契机。日军对中国百姓也绝非"秋毫无所犯"，相反，自八国联军占领京津后，日军就参与了对清朝百姓的屠杀，并从中国劫掠了大量的金钱和绫罗锦缎等物资。不过，在《庚子事变摄影图集》中，相关照片却为我们展示了守礼有序、谦让克制、英勇奋进的日军形象。很明显，此书出版，实际上是在为日军的侵略行径背书，意图掩盖日军的侵略行为。在这一过程中，拍摄对象被赋予了政治宣传的意图，这不是某个镜中人的个人意图，而是集体选择结果的呈现。

在镜头前，伶人名妓扮演着"顾客想要看到的那个人"，以及"我想让顾客看到的那个人"，以此来宣传自己，获取商业利益；庚

---

① ［日］山本诚阳：《庚子事变摄影图集》，学苑出版社2000年版，"绪言"。

子之变中的日军则是被扮演着"我想让国民看到的那个人",以此树立光辉形象,进行尚武教育,掩盖侵略行为。照片,从来都是制造舆论、塑造形象的绝佳工具。在晚清照片的背后,亦存在着出于不止以上所举二例的各种目的的宣传行为,需得仔细考量。

(2) 自我劝诫的工具

照片是对外宣传的有效手段,同时,也是对"内"宣传、自我劝诫的重要媒介,镜头中的"我"成为"我自以为是的那个人",或者说是"我希望我是的那个人"。

以慈禧太后为例。大清驻外公使裕庚之子裕勋龄在1903—1905年间为慈禧太后拍摄了若干照片,其中争议最大、被认为荒诞不经的莫过于"慈禧扮观音像"系列照片。当前的晚清史书写中大都只关注了照片的画面,却鲜少有对该照背后故事和人物心理的考察。裕德龄曾提到说,慈禧喜欢扮成观音拍照,目的只是为了提醒自己要心平气和:

> 我想扮作观音来拍一张,叫两个太监扮我的侍者……碰到气恼的事情,我就扮成观音的样子,似乎就觉得平静起来,好像自己就是观音了。这事情很有好处,因为这样一扮,我就想着我必须有一副慈悲的样子。有了这样一张照片,我就可以常看看,常常记得自己应该怎样。①

在"慈禧太后扮观音像"中,镜头前的慈禧成为"我自以为是的那个人",不断进行着自我塑造、自我展示。作为晚清时期最具权势的人物之一,慈禧为什么要如此劝诫自己,这体现出她怎样的性格特点,这是比单纯讨论照片画面、一味批评慈禧荒谬可笑等更为值得探讨的问题。

综上来看,拍照并不是仅由摄影师决定的单向行为,而是摄影师

---

① (清)裕德龄:《清宫二年记:清宫中的生活写照》,顾秋心译述,云南人民出版社1981年版,第121页。

与拍摄对象之间进行交互的结果。哪怕在拍摄风景照时，环境也在对摄影师和摄影活动产生着影响，更何况是拍摄以具有自主意识的人为主角的人像摄影。面对人像摄影，不能简单地将其应用为展示人物容貌样态的插图，应将重点放在探究照片中人物的拍照诉求上。通过参与摄影活动，拍摄对象意图获得什么，为什么会有这一意图，这样的意图反映了人物怎样的心理活动，都是值得探讨的问题。此外，还需注意的一点是，人像摄影远比风景摄影复杂得多。以上所列伶人名妓、侵华日军、慈禧太后等例，为使主题明确，在论述时均刻意弱化甚至无视了摄影师的影响力，但事实是，人像摄影中同时纠集着摄影师和拍摄者两股势力，画面的呈现在某种程度上是双方权力博弈的后果。只有厘清人像摄影中复杂的权力关系，才能更为准确地阐释人物肖像照的深意。

结　语

在具体的史学著作中，晚清照片主要承担着构建人物形象、还原历史场景等作用，得到了广泛使用。但是，在具体实践中也出现了信息标注混乱、照片与文本内容不符、内容单薄、解读层次浅等诸多问题，导致了晚清照片在史学研究中的乱象和困境，极大地降低了相关著作和图像史料的公信力。因此，找出上述问题的症结所在就成为使用晚清照片的当务之急。

通过梳理总结可以发现，症结主要来源于两方面：一是史学研究者对晚清照片还不够重视，没有充分意识到照片基本信息的重大意义，也尚未获得晚清照片及其基本信息的可靠来源；二是史学研究者在面对晚清照片时，思路和视角比较单一狭窄，仅着眼于画面描述，忽视了对照片蕴含的丰富细节及其成像、传播、留存背后复杂原因的考察。

对此，可以通过两个途径加以解决：一是丰富获取晚清照片的渠道，主要包括出版著作、网络数据库、现场展览等；二是寻找解读晚清照片的新角度，主要是从参与拍摄活动的拍摄者、拍摄对象入手。

照片画面是对拍摄者主观意志的反映，晚清照片所呈现的西方人的好奇、殖民者的凝视、摄影师迎合市场需求做出的调整等，实际上都是晚清时期的拍摄者们基于不同的身份、不同的目的行使拍摄霸权的体现；拍摄对象尤其是人像拍摄中的作为客体的人，不论是为了对外宣传，还是为了自我塑造，也在通过拍摄活动表达着自己的诉求。当然，晚清照片的成像背景要更为复杂，上述仅为相对典型的切入角度。不同的晚清照片诉说着不同的故事，仍待研究者们进行深入细致的考察。

除上述内容外，无论是从实操层面，还是从理论层面，目前学界在晚清照片的史学应用方面也存其他短板和不足。

首先，从实践角度来说，把握晚清照片的整体情况是将其作为史料来源的基础，但目前史学界尚未出现较为权威且全面的总结性著作，晚清照片的内容特点、呈现形式、拍摄的时间地点、拍摄活动的主客体等，均存在大量错杂混乱的信息。晚清照片是晚清史书写乃至中国历史书写的重要史料，笔者希冀相关研究者及研究机构能够充分利用已经整理出版的研究性著作、影集、图录，相关的网络数据库和现场展览等，并联合相关的艺术馆、博物馆、收藏机构乃至晚清照片拍卖公司等，早日对现存晚清照片的整体情况进行全面系统地呈现，从当前公开的照片来说，建立一个规范的数据库，不仅可行，而且非常有价值。

其次，从理论探讨层面来说，晚清照片在史学研究中的独特史料价值究竟为何，以及如何最大限度地挖掘并发挥其史料价值，是将晚清照片用于晚清史书写中尚待回答的关键性问题。这一问题实际上包含着两层含义：一是晚清照片等影像类资料与文献记载史料的本质性区别为何，二是何种情形下必须要使用晚清照片以使论述有理有据，从另一个角度来说，即，何种情形下不需要使用晚清照片。但是，目前学界对于此问题的回应基本上内化于史学实践中，理论探讨少之又少。笔者认为，晚清照片天然具有的直观性、生动性是其优于文献记载的独特之处。除此之外，晚清照片与文献记载同是记录历史、书写历史的媒介和工具，并无太大区别，因此，在面对晚清照片时，相关研究者也应摆正心态,在论述需要时援引照片以作史料证据,在不需要时切莫"为了使用照片而使用照片",导致对晚清照片的误用和滥用。至于何时需要、何时不需要,这不仅需要对数量更多、种类更齐全的史学研究中的晚清照片进行更加细致翔实的梳理,总结发现其中的一般性规律,还需要使用晚清照片展开具体的实践研究,才可对此问题做出较为完备的回答。

  总体来说,以晚清照片为组成部分的图像史学在学科定义、理论探讨、资料获取、信息考证、具体论述方面仍存在诸多问题。不过,笔者相信,随着现代影像技术的进步,影像奥秘的逐渐揭开,图像史学也将在史学研究领域扮演越来越重要的角色。图像史学的未来虽道阻且长,却也一片光明。

The Use of Photographs in the Late Qing Historical Narration

Yang Jianqiu

Abstract: Combining with the existing situation of the photographs of the late Qing Dynasty, by examining the current uses of the photographs of the late Qing Dynasty in historical writing, this paper seeks to demonstrate that the photographs of the late Qing Dynasty have been widely used. The number of photographs of the late Qing Dynasty used in the writing of late Qing history is numerous and varied, mainly responsible for establishing characters and restoring historical scenarios, showing the true face of late Qing society with intuitive and vivid pictures. However, there are many problems in the use of photographs in the late Qing Dynasty, mainly including confusing photo information, discrepancy between photograph and text, single photograph content, and oversimplified interpretation. The problems could attributed to the following reasons: Firstly, the scholars have no photographs available and nowhere to obtain reliable information about photographs when facing specific studies; secondly, the scholars have a relatively single perspective on the photographs of the late Qing Dynasty, and their train of thoughts is relatively narrow. In order to solve the above problems, the scholars should enrich the channels for obtaining photographs of the late Qing Dynasty, and seek new angles to interpret the photographs of the late Qing Dynasty.

Keywords: The Uses of Images as Historical Evidence; Photographs of the Late Qing Dynasty; Historical Writing; Character-image; Historical Situation

影像史学视域下傣族"琵琶鬼"认知变迁研究

——以电影《摩雅傣》《孔雀公主》为例[*]

刘金泉 曾 备[**]

摘要：驱赶"琵琶鬼"作为傣族地区的一种传统的地方性文化，是傣族特殊的生存环境、宗教信仰和社会文化综合作用的历史产物。在中华人民共和国成立以前，傣族深信"琵琶鬼"的存在，所以在傣族地区会频繁地发生驱赶"琵琶鬼"事件，而在中华人民共和国成立之后，随着边疆地区的社会民主改革、科技文化的发展、教育和医疗卫生知识的普及、相关法律法规的制定，傣族民众对"琵琶鬼"的认知发生了一定的变化，驱赶"琵琶鬼"事件频数锐减。傣族题材电影是云南傣族地区时代发展和历史兴衰的一面镜子，是揭秘当时政治环境、社会关系、经济发展和民族生活的实物载体，《摩雅傣》《孔雀公主》电影对"琵琶鬼"影像文本呈现，给我们提供了一个研究傣族"琵琶鬼"文化认知变迁的窗口。

关键词：影像史学 琵琶鬼 文化认知变迁 《摩雅傣》 《孔雀公主》

---

[*] 基金项目：2019 年云南省教育厅科学研究基金项目"从傣族题材电影看建国 70 年傣族社会变迁"，编号：2019Y391；2019 年云南大学研究生科研创新项目"影像史学视域下云南少数题材民族电影中少数民族形象研究"，编号：2019058。

[**] 刘金泉（1995— ），男，河南洛阳人，云南大学民族学与社会学学院博士研究生，主要从事媒介与民族文化研究、影像史学研究。曾备（1990— ），男，重庆北碚人，云南大学文学院硕士研究生，主要从事少数民族民俗文化研究。

自从电影诞生开始，人们就关注电影与历史研究的关系。早在1898年，有电影工作者就先见地意识到了影像记录和传播的功能，认为影像具有巨大的史学价值，并提议用影像记录人们的生活，建立一个"影片博物馆或影片库"①。1988年，《美国历史评论》杂志开辟了"历史影视片讨论"专栏，海登·怀特（Hayden White）随即在该杂志上发表了 Historiography and Historiophoty 一文，其间发明了一个新术语即"Historiophoty"来表述"影像传达历史以及我们对历史的见解"②。海登·怀特提出"影像史学"这一术语之后，引发了学界极大的关注和讨论。我国最早从事该领域研究的是中兴大学周梁楷教授，他将"Historiophoty"翻译为"影视史学"③，复旦大学历史系张广智教授最早将这一概念引入中国大陆④，并逐渐引发了大陆学者们的关注和讨论。随着视听技术的发展，影像在现代人生活中扮演着越来越重要的角色，学界对影像与历史研究的兴趣也随之与日俱增。

傣族题材电影⑤是云南当地时代发展和历史兴衰的一面镜子，电影的拍摄和放映，与当时当地政治环境、人民生产生活水平不无关联，是政治、历史、生活、情感的集中体现，是揭秘当时社会关系、经济、民族和环境的实物载体，在记录和研究边疆地区大众传统的社会生活、文娱活动、审美意趣和道德习俗上，具有重要的历史参考价值。因此，本文从影像史学的视角出发，将影像视为一种呈现信息的

---

① ［美］埃里克·巴尔诺：《世界纪录电影史》，张德魁、冷铁铮译，中国电影出版社1992年版，第26页。
② Hayden White, "Historiography and Historiophoty", *American Historical Review*, Vol. 93, No. 5（December, 1988）, pp. 1193 – 1199.
③ 周梁楷：《影视史学：理论基础及课程主旨的反思》，《台大历史学报》总第23期，1999年。
④ 张广智教授在国内出版了第一本探讨"影视史学"的学术专著：《影视史学》，于1998年由扬智文化实业股份有限公司出版。
⑤ 本文指的"傣族题材电影"是以傣族人物为主或能够反应傣族社会、历史、文化、生活的影片。这里需要指出的是，有三类电影不在本文研究范围之内。一是多民族题材电影；二是非公开上映的傣族题材电影；三是傣族题材纪录片。笔者梳理了新中国成立以来傣族题材电影共有18部，其中《摩雅傣》《孔雀公主》展现了"琵琶鬼"这一文化事项。

媒介和载体，通过分析傣族题材电影《摩雅傣》《孔雀公主》中对"琵琶鬼"的影像呈现，并结合现实的社会历史资料来洞察傣族民众对"琵琶鬼"文化的认知变迁。

一 "琵琶鬼"与"琵琶鬼"研究

在过去，傣族地区流行着"琵琶鬼"害人的传说，但是"琵琶鬼"长什么样子？从哪里来？没有统一的说法。一个较为广泛流传的版本是这样的：相传，勐巴拉娜西国王派他的两个王子到勐西拉去学治理国家的本领。三年后，两个王子在学成归来的路上想要试试法术灵验与否。先是见到一只死马鹿，哥哥罕宝蜕去躯壳钻进鹿心，想跑，弟弟罕香一喊，他就恢复了原样。后来，他们见到一只死斑鸠，弟弟去试，哥哥想占有王位和弟媳，不但不喊弟弟，还毁坏了他的躯壳，独自回去了。罕宝就占有了王位和弟媳。罕香知道自己已成了斑鸠，就一直飞向王宫不停地叫。罕宝见了又把斑鸠射死。但罕香的心还活着，他决定报仇雪恨。于是，在一天晚上当罕宝蜕去躯壳时，他就钻进躯壳，使罕宝成了个疯子，自称"琵琶鬼"。不久，人们就把罕宝赶进森林里去了。① 事实上，"琵琶鬼"是根据傣语音译过来的，傣语中"琵琶"有的也写作"披拔"，"琵"是鬼，"琶"是鬼名，"琵琶鬼"意为"恶鬼"，被认为是傣族社会里最凶恶的一种鬼。傣族人认为这种鬼会附在一般人身上，而被它附身的人也就成为"琵琶鬼"，他们会危害村寨，引起事端，历史上被指认为"琵琶鬼"的人，轻则逐出村寨，重则连人同房屋一起烧毁。被驱赶的人多了，渐渐聚集，便形成傣族社会中的"鬼寨"②。

傣族人相信"琵琶鬼"的存在，与其生存环境、鬼神观念有关。

---

① 云南省少数民族古籍整理出版规划办公室编：《云南民族口传非物质文化遗产总目提要·神话传说卷（上卷）》，云南教育出版社2008年版，第390页。

② 赵桅：《傣族"琵琶鬼"现象的起源历史浅述》，《民族史研究》总第9辑，2010年。

历史上西双版纳、德宏、新平、元江等傣族地区被称为瘴疠之地，地方病频频发生。樊绰《蛮书》记载，"高黎其山在永昌西，下临怒江。左右平川，谓之穹赕，汤浪加萌所居也。草木不枯，有瘴气"①。钱古训《百夷传》记载金齿百夷地区（今德宏）置都元帅府管理时说道："有所督，委官入其地，交春即还，避瘴气也。"② 清代诗人盛毓华《潞江谣》曾描述此景："三月四月烟瘴起，新来客竞死如梭，今年之客来更多，荒沙一片风凄楚，新鬼旧鬼相聚语。"③ 除了恶劣的自然环境外，傣族民众深信"琵琶鬼"的存在还与他们的鬼神观念有着重要的关系。历史上的傣族不仅信仰南传上座部佛教，而且还信仰原始宗教，傣族人认为"他们生活的世界一共存在着 7 种鬼，即'披雅'（魔鬼）、'披抱'（琵琶鬼）、'披嘎'（比'披抱'更厉害的一种会飞的鬼）、'披社'（心狠的官吏把犯人活埋或者丢到河里溺死，犯人死后变的鬼）、'披哄'（死得悲惨、因意外死亡的人变的鬼）、'披旺'（村寨中鬼的群体）、'披勐'（勐中的鬼的群体）。'琵琶鬼'在傣语中称'披抱'，被当地村民认为是最难驱除的鬼之一。"④ 现代科学医学认为"瘴疠"是常发生在亚热带潮湿地区的疟疾，俗称"瘴气""打摆子"。云南西双版纳历来都是疟疾流行重灾区，"据 20 世纪 50 年代初调查，西双版纳的疟疾发病率高达 50% 以上；因患疟疾而脾脏肿大的成年人占 95%，12 岁以下的儿童达 100%。"⑤ 由于傣族人长期遭受疟疾危害，加之相信鬼神之说，便想象出有一个"鬼"在作祟，于是"琵琶鬼"就成了疟疾的替罪羊。

"琵琶鬼"作为傣族一种独特的文化现象，出现在许多神话传

---

① （唐）樊绰著，向达校注：《蛮书》，中华书局 2018 年版，第 41 页。
② （明）钱古训撰，江应梁校注：《百夷传校注》，云南人民出版社 1980 年版，第 51 页。
③ 方国瑜主编：《云南史料丛刊·第十一卷》，云南大学出版社 2001 年版，第 282 页。
④ 王启梁、张晓辉：《民族文化传承、保护、利用中的人权问题——法人类学的一项尝试研究》，《思想战线》2004 年第 3 期。
⑤ 《当代云南傣族简史》编辑委员会编：《当代云南傣族简史》，云南人民出版社 2012 年版，第 84 页。

说、民间故事的文本中,真正从学术研究角度对进行探究的论著并不多①,主要是对"琵琶鬼"的历史成因、文化分类、民族传统的分析以及从民族学、人类学的视角对其文化现象解读。已有的研究将史料记载与个案研究相结合,基本上阐明了"琵琶鬼"历史起源及其作为一种地方性知识所具有的文化内涵,但在这些已有的研究中未见探讨傣族人对其文化认知变迁的文章,更是未见涉及对影像资料应用的文章,而恰恰在傣族题材电影《摩雅傣》《孔雀公主》中对"琵琶鬼"的影像呈现给我们提供了认识"琵琶鬼"的一个迥然不同的角度——"琵琶鬼"是坏人用来迫害好人的工具。这就引起我们思考这种观点是否反映了一定时期一些人们对"琵琶鬼"认知,而电影以直观、生动的方式对这一观念进行演绎是否影响人们对"琵琶鬼"的认知。两部电影对"琵琶鬼"的展现为我们进一步探究提供了一个切入口,正如戴锦华所说:"影片的事实(film facts)/所谓文本分析是我们的围场,而电影的事实(cinema fact)/所谓工业、产业研究/生产过程是我们的狩猎过程。电影,是我们思考的入口,但我们的问题意识及诉求所在则是社会,是当下,是斑驳多端的现实。"② 从这一角度来说,对电影文本中"琵琶鬼"研究,不仅可以提供新的资料和一个新的角度来丰富"琵琶鬼"已有的研究,还可以提供一个研究傣族民众对"琵琶鬼"文化认知变迁的窗口。

---

① 对"琵琶鬼"进行较为系统的研究过的学者是赵桅,主要论著有《傣族文化分类下的"琵琶鬼"现象解读——以西双版纳傣族为例》,《中央民族大学学报》(哲学社会科学版)2011年第2期;《傣族"琵琶鬼"现象的起源历史浅述》,《民族史研究》总第9辑,2010年;《"琵琶鬼"与他者想象》,硕士学位论文,中央民族大学,2008年。此外,还有郑晓云《社会变迁中的傣族文化——一个西双版纳傣族村寨的人类学研究》,《中国社会科学》1997年第5期;王启梁、张晓辉《民族文化传承、保护、利用中的人权问题——法人类学的一项尝试研究》,《思想战线》2004年第3期;李劼《从"替罪羊"现象看社会紧张的缓释》,《吉首大学学报》(社会科学版)2009年第3期等。

② 戴锦华、王炎:《返归未来:银幕上的历史与社会》,生活·读书·新知三联书店2019年版,第2页。

二 影片的时代背景及其对"琵琶鬼"的影像呈现

中华人民共和国成立之初，阶级斗争、民族团结是国内比较突出的问题，也是政府工作的重心，电影以其直观、生动的特点在党和政府的宣传工作方面发挥着重要作用。1949年8月14日，中宣部在其《关于加强电影事业的决定》中提出："电影艺术具有最广大的群众性与普遍的宣传效果，必须加强这一事业，以利于在全国范围内及在国际上更有利地进行我党及新民主主义革命和建设事业的宣传工作。"① 在党和政府的政策指导下，少数民族题材电影具有强烈的政治宣传工作的意识形态色彩。因此，"当时的地方政府是半军事化半政府化的，甚至直接就是由解放军中的政工和军事人员组成的'工作队'或'工作组'，其工作性质既是国家政权性的，同时也要求有意识形态/文化上的紧密配合"②。这正是拍摄电影《摩雅傣》的重要原因之一。王连芳回忆在云南傣族地区工作期间的见闻时说道，傣族人平时脑子里就存有"琵琶鬼"是仇人实施报复法术的观念，一旦有人得疟疾后，周围的人便用虎牙、棍棒戳他，边戳边质问："是谁放了琵琶鬼来咬你？"与病人关系不好的人往往会被指认为"琵琶鬼"，而村民害怕"琵琶鬼"会给自己带来灾祸，就集体烧毁他的房屋、驱赶出寨子。后来，有些土司、头人利用人们对"琵琶鬼"的恐惧，常常会诬陷不顺从自己意愿的人是琵琶鬼。医疗队来到后，曾遇到不少驱赶"琵琶鬼"的事件，队员们一面耐心劝解群众，一面保护病人，立即给病人吃药打针，病人常常因此好转痊愈。《摩雅傣》正是以这样的真实背景而拍摄的。③

---

① 胡菊彬：《新中国电影意识形态史（1949—1976）》，中国广播电视出版社1995年版，前言，第4页。
② 李淼：《论云南少数民族题材电影中的边疆想象、民族认同与文化建构》，博士学位论文，上海大学，2013年，第36页。
③ 王连芳：《王连芳民族工作回忆》之七，《民族团结》1998年第2期。

《摩雅傣》是海燕电影制片厂 1960 年拍摄的以女性为主人公展开剧情的傣族题材电影，这部电影主要讲述了新中国成立初期党的工作组在边疆傣族地区解决少数民族上层顽固分子问题、进行土地改革、普及医疗卫生知识、带领傣族人民开展社会主义建设的故事。主要情节是：

新中国成立之前，米汗因抗拒头人老叭的侮辱，而被诬陷是吃小孩心的"琵琶鬼"，被赶出村寨。一天深夜里，米汗偷跑回来给自己的小女儿依莱汗喂奶，在走的时候不幸撞到头人老叭，而被捉住活活烧死。十七年后，新中国已经成立，解放军在傣族地区带领少数民族同胞建设社会主义新社会，而长大后美丽、善良的依莱汗与同寨子的岩温相互爱慕。顽固分子老叭为了破坏党在当地的工作，设计拉拢、利用岩温，逼迫岩温母亲答应岩温与土司家臣波朗女儿的亲事，并趁工作组不在时诬害依莱汗是"琵琶鬼"，逼得父女烧毁房子，走进深山老林。依莱汗的阿爸怀着气愤与不满在一场大雨中死去，依莱汗回寨后以为岩温已变心要和土司家臣波朗女儿结婚，痛苦失望地投河自尽，幸为解放军所救。两年后，她被培养成傣族第一个医生，和岩温终于结婚。①

图 1 《摩雅傣》电影海报

改革开放之后，中国的市场经济迅速发展，电影产业在市场经济

---

① 季康、公浦：《摩雅傣——电影文学剧本》，云南人民出版社 1962 年版，前言页。

环境下的压力与日俱增,为了应对市场的挑战,中国电影产业发展出了娱乐片,并逐步造成了拍摄娱乐片的高潮,在这种潮流之下,少数民族题材的神话剧电影《孔雀公主》应运而生。《孔雀公主》是八一电影制片厂在1982年拍摄上映的一部少数民族神话剧,影片改编自傣族神话故事《召树屯和喃木诺娜》,主要讲述了勐板加国的王子召树屯与孔雀国王的女儿楠木诺娜克服重重困难,追求爱情的故事。在剧中55分钟处有这样一个情节:

一位老妇人祈求大国师,治疗自己失明的眼睛。大国师却说,"神说,你的幸运就是眼不见心不烦。看不见光明也就无所谓黑暗。"此时,一位名叫依香的姑娘提出了质疑,认为神的话不对,眼不见心更烦,世上多美好呀,看不见光明,全是黑暗呢。大国师对她的质疑很生气,认为神的话是金口玉言,连怀疑都是对神的冒犯。便说道:"神说,你是个琵琶鬼。你给所有人带来灾难。"旁边的民众信徒便开始随口附和,

图2 《孔雀公主》电影海报

说依香是个琵琶鬼,并开始推打她。伴随着依香的惨叫辩解,她被同伴推出到门外。依香(哀求道):"我是依香啊,我是孤苦伶仃的依香啊,你们都夸我比羊羔还善良,为什么他的手一指就成了琵琶鬼。为什么你们不相信这可怜的姑娘。天上的神有知的话,就不会把我冤枉。"大国师从房内走出来对村民们说道:"不信神,正好说明她是个琵琶鬼。谁要娶她为妻必然遭殃。她不会生儿育女,只会生育毒蛇蟑螂,打死她,打死她,打死她,把她

打成肉酱。"随后,依香在人们的喊打声中开始逃跑回家。大国师则施法烧了她家的房子,并用法术在火焰现身,对依香说她是琵琶鬼。依香见到自己房子被烧,只能继续跑,然后碰到了公主。公主对大家说:"相信我吧,依香和我们大家一样,都是有血有肉的人。"然而,村民们并不相信,就连那个眼睛失明的老妇人也扭头走掉。这时依香则说道:"公主,不要管我,这样你会受到无辜的牵连。我,我从此以后就成了琵琶鬼了,人和鬼之间有不可逾越的界限。"公主感叹道,依香仅仅向巫师说了句心里话,竟然遭到如此的灭顶之灾。于是,公主便安排依香去森林里找王子的猎人好友了。

图3 《孔雀公主》剧照　　图4 依香家的房子被烧毁

可以看出在《摩雅傣》《孔雀公主》中有关"琵琶鬼"情节有意地弱化或隐藏了"琵琶鬼"作为傣族地区的一种地方性知识的背景,而是直接简化为坏人用来迫害好人的工具。他们的共同点是被称为"琵琶鬼"的人触犯了"社会权威"(坏人),如依香顶撞了国师,质疑了神,因而被诬陷为"琵琶鬼";米汗没有顺从头人老叭而被诬陷为"琵琶鬼"。此外,从电影中人们对"琵琶鬼"的反应和采取的行动,我们还可以看出傣族民众对"琵琶鬼"认知具有以下特点:一是傣族民众深信"琵琶鬼"的存在。因为国师的一句话,村民们就相信依香是个琵琶鬼,并开始打骂她、烧毁房子、赶她出村子,就连依香帮的那个老妇人也不信任她;米汗被头人老叭烧死时,村民们对

图5 被认为是"琵琶鬼"的依香被村民殴打

这样一个鲜活的生命被烧死而感到惋惜，却无人出面阻止。二是被称为"琵琶鬼"的人会遭到村民的集体驱赶、烧毁房子甚至还会被烧死。如，《摩雅傣》中当寨子里有人生病之后，村民则认为是依莱汗放的"琵琶鬼"，逼的她们父女二人烧毁房子，走进森林。三是"琵琶鬼"能够传染和遗传。"琵琶鬼"所生育的后代以及与"琵琶鬼"亲近的人，也容易被认为是"琵琶鬼"。《摩雅傣》电影中，依莱汗的妈妈被村子里的人认为是"琵琶鬼"，她自己则被村民认为是"小琵琶鬼"，不仅对她没有好意的村长、头人的女儿喊她"小琵琶鬼"，而且和依莱汗关系不错的朋友也不让依莱汗抱自己的弟弟，在朋友的潜意识里也认为依莱汗是"琵琶鬼"。

三 "琵琶鬼"文化认知的变迁

电影中对"琵琶鬼"的呈现并非完全是为了艺术效果而虚构的。《摩雅傣》的编剧季康在1950年底，作为中央民族访问团成员之一到傣族地区和傣族人民共同生活过一段时间，期间她发现，剥削阶级为了达到强夺霸占的罪恶目的，往往借迷信的风俗和落后观念，诬指有"琵琶鬼"放鬼吃人，来迫害劳动人民。在西双版纳的勐腊县，就有这样一个卫生员，她是"琵琶鬼"的女儿，在政治上翻身后，努力学医学文化，积极解决民族地区医药卫生落后的问题，破除封建迷信。① 这正是电影《摩雅傣》的故事原型。影片的主演秦怡为了扮演好两代"琵琶鬼"母女，在傣族地区进行了充分的田野调查，白天和傣族人民一起劳动，晚上写人物自传、记笔记，同时还去找曾被打成"琵琶鬼"的受害者采访、学习，体验她们当时的痛苦和绝望。② 生活在西双版纳州景洪的傣族文学家征鹏在《西双版纳风情》一书中回忆说道，"究竟'琵琶鬼'是什么样子，谁也没有见过，可是，在乌云乱滚的旧社会，许许多多的穷人被头人打成了'琵琶鬼'，轻者被没收财产，撵出村寨，重者被活活烧死。新中国成立前，我见过两起被打成'琵琶鬼'的穷苦人被头人烧掉竹楼、赶出村寨的悲惨情景，但那时我年纪还小，只有四、五岁，现在只剩下模糊的印象。解放初期，西双版纳还没有搞民主改革，封建领主制度还没有废除，头人还很猖狂，撵'琵琶鬼'的现象仍时有发生。"③ 赵世林、伍琼华在《傣族文化志》一书中也写道："这个无辜的人当即被撵出村寨，其房屋家私要马上烧毁，有的村寨则将'琵琶鬼'烧死。"④ 因此，从某种程度上来说，电影反映出了一定时期人们对"琵琶鬼"的认知情况。

"琵琶鬼"作为一种地方性知识，是傣族特殊的生存环境、宗教信仰和社会文化综合作用的历史产物，"在傣族人的文化信念和分类体系中，人们把'琵琶鬼'驱赶出村寨、毁坏其财物、伤害其身体只是驱鬼的仪式，而不是对人的残忍伤害"⑤。所以，站在傣族人的

---

① 季康：《写在〈摩雅傣〉重映之后》，《浙江日报》1978年5月23日。
② 黎曦：《秦怡回望〈摩雅傣〉》，《中国民族》2001年第12期。
③ 征鹏：《西双版纳风情》，云南民族出版社1981年版，第18页。
④ 赵世林、伍琼华：《傣族文化志》，云南民族出版社1997年版，第80页。
⑤ 王启梁、张晓辉：《民族文化传承、保护、利用中的人权问题——法人类学的一项尝试研究》，《思想战线》2004年第3期。

"主位"视角,驱赶"琵琶鬼"是他们传统文化习俗的一部分,是理所当然的事情。正如两部电影展现那样,对于被认为是"琵琶鬼"的人,不再被村民接受,只能逃离村寨。在现实中也同样如此。历史上那些被自己村寨赶走的"琵琶鬼"同样也很难被其他寨子接纳,只能与一同被驱赶在外的"琵琶鬼"集中在一起开荒地生活,时间久了也就形成了所谓的"琵琶鬼寨",如在西双版纳地区的曼列、曼乱典、曼允、橄榄坝的曼回等。少数民族题材电影作为特殊时期的一种宣传工具,在展现"琵琶鬼"时隐去了作为一种地方性文化的内涵,以便更好地"反映边疆人民这种气势磅礴的干劲和公社化后人们新的生活面貌,以及新型的人与人的关系等"①,从而塑造人们新的文化认知观念。

事实上,电影确实起到了这样的作用。依莱汗从接受"琵琶鬼"的命运,选择跳河结束生命到成为"摩雅"救治病人;依香从无力对不公的命运反抗,而对公主说"不要管我,这样你会受到无辜的牵连。我,我从此以后就成了琵琶鬼了……"到勇敢地站出来与诬陷她的人做对峙,电影主角通过不断地反抗和斗争才获得幸福的生活。与电影中呈现的相似,在 20 世纪 60 年代左右的傣族民众对"琵琶鬼"认知已经发生了一些变化,而被认为是"琵琶鬼"的人也具有了强烈的反抗意识和行动。盈江县广喊寨朗小尚出生在"琵琶鬼"的家庭,他的奶奶被当作"琵琶鬼"赶出八过寨。在过去傣族人对"琵琶鬼"的认知体系里,朗小尚自然要被当作"小琵琶鬼",但是他却不这样认为,他曾说,"以往我们被说成'琵琶鬼',明明是骗人,但在旧社会里,跳到大盈江也洗不清。现在谁还说我们是'琵琶鬼',就叫他来看看:究竟鬼在哪里?那些骗人的鬼话骗不了人了。为哪样过去不是'琵琶鬼'的也没好日子过,过去的'琵琶鬼'在今天也过着幸福生活。究竟谁在搞鬼,一说就很清楚,就是那些反动阶级嘛!"②《摩雅傣》电影现实版故事的发生同样向我们展示着傣族民众的"琵琶

---

① 季康、公浦:《写在"五朵金花"上映之前》,《云南日报》1960 年 1 月 26 日。
② 魏世萌:《"琵琶鬼寨"的今昔》,《云南日报》1963 年 10 月 11 日。

鬼"认知观念的变化,刀素珍与电影中依莱汗的命运一样,漂亮的妈妈因不甘做头人的小老婆而被说成是"琵琶鬼",而她自己通过努力成功地从"小琵琶鬼"变成了一名"摩雅"(傣族医生)。① 而笔者2019年初在德宏傣族地区田野调查时,询问"琵琶鬼"相关情况,一位傣族大姐却说:"'琵琶鬼'是迷信,听说以前有攮'琵琶鬼',那是传说,现在不让说了也都没有了。"②

一种文化的变迁往往有着复杂的社会因素,相应地,人们对一种文化认知的改变则有更为广泛的原因。基于特殊时期的政治、文化考量,在《摩雅傣》《孔雀公主》两部电影中,展示给我们的是代表正义的解放军和孔雀公主拆穿了坏人迫害人的阴谋,从而改变傣族人对"琵琶鬼"认知。而事实上,人们对"琵琶鬼"认知的改变,不仅是因为《摩雅傣》中所展现的政府宣传、医疗队驻村等,而且还有社会环境变迁、相关法律法规制订等方面的因素。

四 "琵琶鬼"认知变迁动因探讨

(一)医疗卫生知识的传播动摇了傣族人的鬼神观念

在20世纪50年代初,傣族地区驱赶"琵琶鬼"的事件还频频发生,据刘树生回忆,1953年2月,住戛东乡的工作队在进村一个多月中,村里已经"攮鬼"3次,受害的有5户人家。③ 由于医疗卫生知识的欠缺,那时的傣族民众不能正确地认识疟疾,所以才会更加频繁地发生驱赶"琵琶鬼"事件。《摩雅傣》中,在头人老叭逼走"小琵琶鬼"依莱汗后,村寨里小孩们得的瘟疫并没有康复的迹象,反而是在岩温请来的医生治疗下才有了好转。与电影中展示的一样,现实的事例才能使得村民们真正相信,能治好病人的不是驱鬼人,而是掌

---

① 程睿耀:《旧社会把人变成鬼 新社会把鬼变成人——记傣族女医生刀素珍的成长和她母亲的遭遇》,《云南日报》1964年10月26日。
② 笔者于2019年1月29日在云南省德宏州芒市傣族村寨田野调查所得。
③ 刘树生:《脚步的回声——七十年风雨历程见闻杂记上》,中国文联出版社2002年版,第556页。

握现代医疗技术的医生。"1953年2月，勐海县景龙寨妇女依罕姆海发高烧，昏迷不醒。寨里的头人说她是'琵琶鬼'钻进了她的肚皮，正在咬她的心肝，煽动寨里的人把她拉到街上，用老虎牙戳她，用棍子打她，逼她说出是谁放出的'琵琶鬼'钻进了她的肚皮。闻讯赶来的县卫生院的医生给依罕姆海作了检查，发现她得的是疟疾，不是什么'琵琶鬼'钻进了肚皮，当众作了宣传。医生把她送回家，给她吃药打针，在她身边守了一夜。到了大半夜，病人醒过来了，烧也退了。"① 所以，党和人民政府高度重视对疟疾的预防和控制。早在1950年，边疆部队医务人员就在勐海县建立了人民卫生院，积极为各族群众治病；1951年，省卫生厅派了巡回医疗队到边疆免费治疗；1952年又派来西南防疫队，更广泛地开展卫生工作；1953年西双版纳傣族自治区成立时，已有卫生院四个、卫生防疫站、卫生所各一个，妇幼保健站两个；1955年自治州成立时，在允景洪新建了设备完善的综合性的民族医院，次年又在全州建立了三个疟疾防治所（站），十四个区卫生所，一个妇幼保健所。② 云南省疟疾防治所与西双版纳频繁发生疟疾地区的卫生行政部门共同研究制订了各种防治措施，如组织了从城镇到各村寨的抗疟网，做到每个村寨有一个保健员，每五至八户有一个抗疟员或送药员，在每年冬、春两季水位集中时，开展消灭蚊幼虫运动，4、5月采取用药物喷洒，烟熏住房、牛棚、水塘等办法，及时消灭第一代成蚊；在7月、10月两个高峰前，分别进行一次灭蚊工作。此外，还采用中西医结合的办法，研究了当地土方、土药的疗效，并进行了科学实验，找出了灭蚊的效果较好的百部、龙舌兰、金刚钻等草药，并在群众中推广使用。③《摩雅傣》的拍摄工作人员，在经过云南的思茅时，看到一个十万人口的县城曾

---

① 《当代云南傣族简史》编辑委员会编：《当代云南傣族简史》，云南人民出版社2012年版，第85页。
② 陈渭庚：《过去是举目荒芜　如今是人丁兴旺——西双版纳基本消灭疟疾》，《人民日报》1959年5月15日。
③ 《昔日疟疾流行民不聊生　今日人丁兴旺生产繁荣——勐海县调查发病规律控制疟疾流行》，《云南日报》1961年12月21日。

被一个疟疾摧残到仅剩几百人，而在医疗卫生工作进入工作后，人口已恢复到八万，感叹"党的医疗卫生工作真是'妙手回春'，使这座'死城'复活了"①。事实胜于雄辩，现代医药技术治愈病人的案例无疑冲击着傣族民众对"琵琶鬼"的观念。

（二）电影等宣传工具使傣族人反抗意识日渐觉醒

电影因其所承担的政治宣传功能，而得到了政府部门的充分重视，进而被很好地普及。据相关报道显示，云南省的普及文化的生产力军——电影放映队迅速发展，"已由1955年底的一百二十四个队增加到1959年的三百一十九个队，形成了一个电影放映网。观众已由1955年的一千五百三十二万人次增加到去年的六千三百八十一万人次（不包括固定电影院的观众），平均每人每年可看到电影三次以上"②。随着电影放映队将《摩雅傣》电影带到了各地村寨，影片剧情不仅激起了观众对傣族人们过去辛酸经历的同情，而且更是引起了相似遭遇的"琵琶鬼"人群的强烈共鸣。张静琪回忆了十八年前祖母因得罪头人而被说成是"琵琶鬼"的痛苦经历，他认为电影《摩雅傣》是"真实地反映傣族人民生活的影片，不仅使广大观众看到了我们少数民族人民的昨天和今天，也能展望到灿烂的明天。而对我来说，十八年前祖母要我向世人揭露旧社会黑暗的嘱托，也已由这部电影更深刻、更形象地替我写了出来，使我了却了十八年来常挂胸怀的一件心事"③。确实，如张静琪所说，比起文字言说，电影有着更直观、更深刻、更形象的特点，因此在党和政府的宣传工作方面发挥着重要作用。刁文王在云南民族学院师生谈影片《摩雅傣》的座谈会上，谈及了自己从痛恨、害怕"琵琶鬼"到看透封建迷信迫害人民实质的思想观念变化，认为《摩雅傣》的教育作用是显著的："所

---

① 工文：《〈摩雅傣〉外景随记》，《大众电影》1960年第4期。
② 《爬山涉水 不避寒暑——电影放映队遍及全省城乡》，《云南日报》1960年3月18日。
③ 张静琪：《十八年心事一旦了——影片〈摩雅傣〉观后》，《解放日报》1961年7年6日。

图5 成为摩雅后的衣莱汗为婴儿接生画面

谓'琵琶鬼',是那些封建统治者为了达到迫害、搜刮人民而捏造出来的。影片通过米汗的悲惨遭遇,形象地印证了'旧社会把人变成鬼,新社会把鬼变成人'这一颠扑不破的真理。"① 哈华认为,《摩雅傣》正确反映了党以民族平等、团结互助的精神,因此,"《摩雅傣》就不是一部只反映'琵琶鬼'的兄弟民族落后意识形态的电影,而是一部反映党的正确民族政策的生动形象的画幅"②。《摩雅傣》中最终成为医生的依莱汗说:"党告诉我,我是人,真正的鬼是这个坏老叭。"这不仅仅是依莱汗自己的亲身经历的感悟,而且更是对同为"琵琶鬼"边缘人群的一种反抗的号召。而这些影像画面的呈现,以其直观且生动的方式告诉村民们"琵琶鬼"的真相——它只是坏人迫害好人的阴谋,再加之《摩雅傣》电影海报上有关内容简介的"污蔑为'琵琶鬼'""阴谋"等词汇,以及报纸、广播等对各种信息、知识的宣传和普及,在那段特殊的历史时期,很大程度上促使了人们

---

① 谭逸斌:《傣家人新生的颂歌——云南民族学院师生谈影片〈摩雅傣〉》,《人民日报》1961年10月28日。
② 哈华:《傣族的苦难和新生——看影片〈摩雅傣〉》,《上海电影》1961年第6期。

对"琵琶鬼"认知的改变。

(三) 社会生活环境的改变促使人们对"琵琶鬼"认知的改变

正如费孝通在《乡土中国》中所言,"一个变动中的社会,所有的规则是不能不变动的。环境改变了,相互权利不能不跟着改变"①。随着傣族村寨内外生活条件的改变、获取知识方式的多元化,傣族人心中对"琵琶鬼"也发生了改变。传统的傣族村寨较为封闭,人们获得知识的途径较为单一,再加之傣族民众特殊的佛教信仰和原始宗教信仰,这些都是傣族人相信"琵琶鬼"存在的重要原因。中华人民共和国成立初期,云南边疆民族地区存在的问题十分复杂,"云南面临着国防、民族和土匪三个重大问题,核心是民族问题,只有解决民族问题,才能解决国防和土匪问题"②。所以,人民解放军进入云南边疆地区的主要工作不仅是要铲除国民党反动派的残余势力和少数民族上层顽固派势力,而且还要帮助少数民族人民进行"土改",引导各少数民族人民在传统宗教、宗法关系等意识形态方面转变。而这一系列民主改革使得傣族社会的政治经济体制发生了根本性的变化,新中国的各项边疆建设事业加速了傣族文化变迁。再如上述党的工作组、医疗队的介入,更是加速了傣族的社会环境变迁。而随着傣族地区社会的发展,与外界交往的机会越来越多,如外来者的修路、通电、普及科学技术教育、发展医疗卫生事业等等,都使得傣族社会的开放度越来越高,③ 从而使得对人们对"琵琶鬼"认知的改变产生了重要影响。

(四) 法律法规的制定遏制了驱赶"琵琶鬼"事件的发生

各级政府出台禁止诬陷人民是"琵琶鬼"的相关法律法规使得傣

---

① 费孝通:《乡土中国》,人民出版社2015年版,第70页。
② 《当代云南简史》编辑委员会:《当代云南简史》,当代中国出版社2004年版,第94页。
③ 郑晓云:《社会变迁中的傣族文化——一个西双版纳傣族村寨的人类学研究》,《中国社会科学》1997年第5期。

族社会不再频繁地发生驱"琵琶鬼"事件。1965年4月7日,西双版纳傣族自治州第三届人民代表大会第二次会议通过了《关于保护人身自由和人格平等,严禁诬害劳动人民为"琵琶鬼"的决议》,决议指出,第一,过去在封建领主制度下,被诬害为"琵琶鬼"的人,都是受压迫最深的劳动人民,是好人,根本没有什么"琵琶鬼",这是封建领主用以镇压和剥削劳动人民的一种手段,应坚决予以废除。对群众同时要进行正面的科学知识的宣传教育。今后,不准再叫他们为"琵琶鬼",不准进行人身攻击,不准歧视和迫害。他们享有与其他劳动人民同样的一切公民权利,任何人不得侵犯。第二,今后,不准任何人以任何借口,迫害劳动人民为"琵琶鬼"而进行人身残害。违者,依法处理。[①] 1982年8月18日西双版纳傣族自治州第六届人民代表大会第一次会议重申1965年4月7日自治州第三届人大二次会议通过《关于严禁诬害劳动人民为"琵琶鬼"的决议》仍然有效,应继续执行严格保护公民的平等权利、人身自由和财产安全,对于过去被诬指为"琵琶鬼"的人和他们的后代,不准称他们为"琵琶鬼",政治上一律平等,不准任何人虐待、残害、赶走。不准任何人以任何借口和手段诬陷任何人为"琵琶鬼"进行歧视和残害。对于赶"琵琶鬼"的为首分子和参与、纵容的人要分别情况依法给予严惩。之后,在傣族生活的地区,都出台了相关法律文件,如《云南省西双版纳傣族自治州自治条例》《云南省德宏傣族景颇族自治州自治条例》《云南省孟连傣族拉祜族伍族自治县条例》《云南省澜沧拉祜族自治县自治条例》等,均提到了禁止诬陷别人是"琵琶鬼"、驱赶"琵琶鬼"等内容。在传统傣族社会中村寨头人或权威者往往是驱鬼的主力,如《孔雀公主》中的国师、《摩雅傣》中的头人老叭等,傣族社会中权威者相信"琵琶鬼"的存在并赞许(或默许)驱赶"琵琶鬼"的行动对下层的百姓有着很强的引导力和影响力。而中华人民共和国成立后,最高权威代表的国家政府禁止驱赶"琵琶鬼",对傣

---

① 西双版纳傣族自治州民族宗教事务局编:《西双版纳傣族自治州民族宗教志》,云南民族出版社2006年版,第327—328页。

族民众具有一定的强制力和约束力,自然地促使他们开始转向相信现代医疗科学。

五 余论

"文化是依赖象征体系和个人的记忆而维持着的社会共同经验。"① 在"象征体系"和"个人记忆"消亡之前,文化是不会骤然发生改变的。可以说,任何社会文化的发展演变都有一定的延续性,强制性的法律法规没能阻挡驱赶"琵琶鬼"事件的再次发生。2003年,西双版纳勐海县发生一起过激的"琵琶鬼"事件;② 2012年,勐海县勐混镇曼缅村发生赶走"琵琶鬼"玉某一家并毁坏了他们的房子事件③。这种事件的再次发生,反映出"琵琶鬼"依然存在部分傣族人的意识观念里,"一旦人们面对无法解决的困境时,人们的宗教记忆就会鲜活起来,宗教的力量就会启动",④ 于是便会重新发生驱赶"琵琶鬼"事件。总的来说,自中华人民共和国成立以来,尤其是改革开放以来,傣族地区发生的驱赶"琵琶鬼"事件频数的骤然下降,已从一个侧面说明了随着社会科技的发展、教育和医疗卫生知识的普及,傣族的社会文化也随之发生了变迁。

非纪实电影是否可以作为"影像史学"的"史料"或许存在着一些争议,而笔者认为"影像史学"作为历史学一个新兴的学科分支,应该以一种开放、多元的态度去接纳一切电子视听文本——而不仅仅是局限于纪实性影像文本。对非纪实影像资料而言,在研究中从对其生产目的和所处社会环境的分析讨论,仍可以得出许多有用的历史信息。本文正是基于这样研究路径的一个尝试,可以看出,两部电

---

① 费孝通:《乡土中国》,第19页。
② 事件见《驱赶"琵琶鬼"的背后——勐海县紧急制止一起迷信引发的过激事件》,《云南法制报》2003年7月3日。
③ 事件见《"琵琶鬼"原是无辜女》,《检察日报》2013年8月1日。
④ 王启梁:《迈向深嵌在社会与文化中的法律》,中国法制出版社2010年版,第204页。

影的影像文本隐去了"琵琶鬼"作为傣族地区的一种地方性文化所生产的自然和人文环境，只是将其描述为坏人迫害好人的一种工具，这充分显示了电影背后的文化意图和政治宣传的考量。换个角度思考，将电影中傣族民众前后对"琵琶鬼"认知的变化作为一个切入点，结合彼时的回忆录、新闻报道等资料，可以很好地探究现实中傣族民众对"琵琶鬼"认知变迁的大致过程和主要原因。从这一个角度来说，电影作为一种"社会与历史角度的诠释方式"，在应用于历史研究时不仅要对影像文本的呈现本身进行讨论，而且更要参考同时期的其他文字资料，借此方能较为全面地呈现彼时的社会历史文化。

An Investigation of the Dai's Social and Cultural Changes from the Perspective of Historiophoty
—Take "Pipa Ghost" in "Maya Dai" and "Peacock Princess" as case studies

Liu Jinquan　Zeng Bei

Abstract：The driving of "pipa ghost" as a local culture in the traditional Dai area is a historical product of the Dai's special living environment, religious belief and social and cultural integration. Before the establishing of the People's Republic of China, Dai people were convinced that the existence of Pipa Ghost, so there were frequent occurrences of driving away "pipa ghosts" in Dai areas. After the establishment of the People's Republic of China, with the development of science and technology, the popularization of education and medical knowledge, and the formulation of relevant laws and regulations, Dai people's perception of "pipa ghosts" changed to some extent, and the frequency of expelling Pipa Ghost has decreased a lot. The Dai-themed films were reflections of the development of the time and rise and fall of history in Yunnan Dai area, and are concrete mediums revealing political environment, social relations, economic development, and national life in that era. The film "Moya Dai" and "Peacock Princess", presented the visual image of "Pipa Ghost", which provided us with a window to research the social and psychological transformation of Dai "Pipa Ghost" culture.

Keywords: Historiophoty; Pipa ghost; Cognitive change; Moya Dai; Princess Peacock

中国口述历史类影像作品创作变迁

林 卉[*]

摘要：口述历史方法自20世纪90年代陆续参与到中国传统电视创作中，打造了访谈节目、谈话栏目等全新节目类型；后又被纪录片导演采纳，不但开创了口述历史纪录片这一全新艺术品类，还因《我的抗战》等作品的巨大影响，在中国掀起了独特的影像模式口述历史访谈热潮；近年来的口述历史影像作用于更多领域，将口述历史本身的优势发扬光大。中国口述历史与影像的结合主要体现在三个层面，经历了三个阶段，在媒体创新、人文关怀、推动社会变革等方面产生了积极作用，实践中也存在档案意识淡漠、重访谈轻研究等问题。基于这样的现状，未来中国的口述历史影像创作者除了应继承发扬过去实践经验外，也应尽可能追求学者的"在场"，中国口述历史人也应更具有理论自觉，不断以实践经验反哺中国口述史学的建构。

关键词：中国口述历史　口述历史纪录片　《我的抗战》　中国口述历史国际周　影像史学

口述历史这一新兴学科概念在20世纪80年代中国大陆兴起，从最初的人文和社会科学的一种新兴研究方法到如今大行其道，关于它的探讨一直存在。分析1980—1999、2000—2009、2010—2019三个时间段、共四十年间相关学术文章的数量和主题后，可以发现口述历

---

[*] 林卉，南京艺术学院电影电视学院2018级博士研究生。现就职于中国传媒大学，担任中国口述历史国际周组委会执行主席、《口述历史在中国》系列丛书执行主编。

史在中国的大致发展脉络：20世纪末的二十年间，对口述历史的观察侧重于西方相关机构的经验介绍、业界活动信息和少量学术探讨；而21世纪初的十年间，口述历史作为方法开始渗入多个领域，如影视节目创作中；随着媒介融合时代的到来，近十年来的口述历史类影像作品逐渐丰富多元，不但创新出了口述历史纪录片这一艺术品类，也在深刻影响着社会进程。

虽然研究成果众多，仅论文就达到两千余篇，但是却鲜有梳理中国口述历史与影像结合历程的成果。随着近二十年来信息化、数字化的快速发展，中国口述史学实践方式已经与20世纪有了很大的不同，特别是影像的影响越来越大。可以预见的是，今后口述史学的实践与影像的结合会越来越紧密。因此，对中国口述历史和影像的结合历程进行梳理，并总结概括相关实践案例的得失，是非常有价值的。本文将中国口述历史与影像创作结合的三个层面加以介绍，分析其在传统电视领域、创新后的口述历史纪录片领域及融媒体时代的应用中的优势及欠缺。并力图讨论以下几个问题：口述历史与影像的结合如何推动了中国社会的发展？纷繁的口述历史影像实践又对中国口述历史人提出了哪些警示？毋庸置疑，这些问题的讨论对口述历史影像在中国下一步的发展至关重要。

一 口述历史作为方法介入传统影像作品创作

将口述历史方法应用于传统电视节目创作，既有后者发展到一定历史时期面对社会变化主动求变的因素，也是经历改革开放和经济发展的中国观众对媒体提出更高诉求后的产物。20世纪90年代，传统媒体领域内外都在发生变化。从外界来看，一是省级卫视频道陆续上星，二是收视率调查被大规模推广，新的竞争和标准促使电视人做出改变以赢得观众。电视人内部也在酝酿着变化，对于媒体如何展现普通个人，早期曾有《望长城》等作品对此做过一些探索，而中央电视台评论部《东方时空》子栏目《生活空间》在1993年和1996年的两次大改版则就此做了深度思考，主创人员意识到在其"人文教化"的目标下"讲述老百姓自己的故事"的重要性，然而过于关注和接近孤立的个人，缺乏社会的纵深感和历史的投射力，只有那些有典型意义的、先进的、处在萌芽状态中充满勃勃生命力的事物才能引起观众的共鸣，故此，传播者只有做到平凡中见惊奇才能吸引住受者的目光。①

图1 《东方时空》子栏目《生活空间》　　图2 湖北卫视《往事》栏目

以小人物为传播主体的节目形式创新了传播理念，开阔了其他从业者的创作思维。21世纪初，中国的多家电视台陆续诞生了几档形式相通的电视栏目，如1996年3月创办的中央电视台《实话实说》栏目，2000年12月开播的湖北电视台《往事》栏目，2001年7月开播的中央电视台科教频道《讲述》栏目，1997年开播并于2002年7月改版的北京电视台科教频道《世纪之约》栏目，以及2004年11月凤凰卫视推出的《口述历史》栏目。它们在诞生之初并未都明确将口述历史作为创作手段，但都有运用口述记录的方法帮助人们进一步了解历史真实的共性。全新的节目样态不仅拉近了与观众的距离，让多年来习惯了媒体严肃话语表达方式的观众在荧屏上看到了和自己一样的普通人，也为这一时期传媒生态注入了新的活力，一度带动了全国各大媒体创办谈话节目的热潮。概括来说，这一时期将口述历史与电视节目的结合，有以下突出优点与不足：

第一，为媒介生产提供新方法论，提升人文关怀价值。上述栏目

---

① 陈虹：《〈生活空间〉的拍摄理念》，《电视研究》2000年第9期。

虽内容定位各有不同，但都试图贴近受访者的人生经历和感受，展示其生命历程与人格特征。如《实话实说》栏目强调通过现场对话，展开社会生活或人生体验的话题；《往事》栏目以"小人物、大命运"为选题标准，通过平凡人的不平凡经历展示特定时代背景下小人物的命运；《讲述》栏目将自己定义为"口述体"，以"讲述开启心扉，真实震撼心灵"为口号；《世纪之约》栏目改版后定位为"约定时光记忆的人"，推出了一系列自然科学家专访；《口述历史》栏目则是让当事人述说历史，在"大是大非中细诉点点滴滴"。

从这些案例可以看出，一方面口述历史突破原有的学术框架，被影像赋予了生命力。通过对每期节目主人公前期及录制现场的访谈，个性化的故事成为可听、可视的大众化的影像文化，为受众带来"身临其境"的历史体验。① 另一方面，传统媒体引入口述历史方法后，不但打造出全新的节目形态，也将其关照个体的人文取向一并带入，完成对讲述者即历史亲历者的历史解构赋权。媒体评价《口述历史》栏目时就曾说：

> 以电视纪实语言呈现个人的真实经历，摆脱了以往史学研究的呆板僵化，因而更加的生动鲜活。节目做到"究天人之际，通古今之变，成一家之言"……把一些历史见证者，引向屏幕，面对大众说出压在心中多年的尘封故事，给中国人的近现代史记忆增添了丰富的细节。②

史观变迁渗入媒介生产，在社会主导意识形态下，推动了不同阶层、代际、性别之间的理解，提升了节目的人文关怀价值。另外，这些访谈节目对于后世来说，又是难得的时代记忆的载体。

第二，精英与大众并重，为影像史学提供丰富的研究样本。影像

---

① 朱奕亭：《论口述历史的"影像转向"》，《现代传播》2016年第6期。
② 《致敬之年度电视栏目·口述历史》，《南方周末·2006年新年特刊》2006年12月28日。

史学改变了传统的文字书写历史的方式,丰富了历史表述的方法。不仅使影像创作和传统史学的视野得到拓展,还引导了历史观念的变化,拓宽了传统影视艺术学和历史学的视野。[①] 口述历史方法参与影像作品创作后,进一步拓宽了影像史学的研究广度。口述历史在西方诞生初期主要应用于精英人物访谈,随着人们对口述历史认识的增加,其关怀平凡个体的功能已被越来越多地开发出来。电视文化包括物质、制度和精神三个层面的内容,无论是普罗大众还是精英群体,其精神层面在以往的媒体叙述中都存在困局。平民百姓的喜怒哀乐一般被认为不具备典型性,长期处于主流媒体的聚光灯外;而精英人物虽较之更容易获得话语权,但他们所从事的行业往往专业化程度过高,距离现实生活较远,因此常常造成距离感。口述历史式访谈方式打破了这种困局,在不同群体中都能发掘出利于传播的闪光点。

《往事》《讲述》等栏目都以故事为载体,尝试在节目中关注普通人的喜怒哀乐,呈现他们的生命奇迹与不朽功勋,引领观众体会来自底层的、原生态的蓬勃力量。在受众心目中达到了过目不忘、久久回味思索的抒情性审美效果,很好地实现了"往事如烟、人性百感"的怀旧审美心理,抵消了电视传播瞬时性的不足。[②] 这种创新的节目,播出效果反响良好,并持续推动了口述历史与影像的结合。如受《世纪之约》在全国首创推出中国科学家系列访谈的影响,中央电视台在2003年推出同类科学人物访谈栏目《大家》时,就提出"口述历史、分享光荣",将每个科学家作为独立个体看待,努力挖掘他们身上对国家、时代、研究和人生的不同解读,展示人物个性。历史的主要部分本就是这些衣食住行、日常生活的记录和记述,[③] 这些作品体现了创作者对时代精神的把握、时代进程的理解和对时代未来走向的判断,为影像史学研究提供了更全面的样本。

---

① 王宇英:《影像史学的再出发——以当下热播的口述历史节目为例》,《文艺理论与批评》2012年第6期。
② 刘三平、胡宝强:《解读湖北卫视"往事"栏目》,《中国记者》2003年第3期。
③ 李泽厚:《历史本体论:己卯五说》,生活·读书·新知三联书店2003年版,第30页。

第三，以节目为目标导向，档案意识尚未建立。传统电视媒体的运行模式普遍强调最终播出内容，从制作预算到操作观念上都无法实现对原始版本完整访谈素材的保存。恰恰就是这种欠缺的档案意识，导致当时没有注意到保护采访素材，进而造成了不可挽回的遗憾。以《世纪之约》栏目为例，制作团队十年间访谈了数百位科教文卫领域的大家，虽然播出版的节目只有五十分钟的时长，但每位编导在前期筹备的过程中都严格遵循个人生命史访谈方式，采访了每位老人的人生故事。进入演播室后，主持人根据编导前期走访整理的提纲，重现访谈现场，最终的节目内容主要是以访谈内容剪辑而成。为保留访谈现场的珍贵影像，栏目组曾从预算中挤出一部分专门用作资料带购买，但在有限的财力内，保留版本大多数为对录制现场三个机位内容编辑后的版本，原始素材带很快被新节目录制的内容所覆盖。

由此可见，虽然引入口述历史方法后的各个访谈栏目在制作过程中收集了大量珍贵资料，但在节目顺利播出后，素材随时面临被删除抹去的危险。《世纪之约》栏目组面临的困难也几乎是行业内所有同类栏目面临的困难，即使部分从业者存在主动保留素材的意识，早期庞大的磁带库和需定期备份的磁带也给各媒体机构提出了不小的挑战。近年来，数字存储技术的发展已大大提升了视频素材迁移、备份的便捷度，硬件的问题逐渐得以缓解，但行业从业人员的档案意识则不是短时间可以建立起来的，还需未来一段时间内在价值认可、观念普及、政策引导等方面加以推动。

二 口述历史纪录片概念的诞生与影响

口述历史概念正式介入纪录片创作中要到 21 世纪初，目前可查找到的资料显示：2001 年厦门纪录片选题会上，中央电视台纪录片导演孙曾田在播放他的新片《点击黄河》时，诠释了口述历史概念；其后，中央电视台 2004 年 8 月播出的《百年小平》首次公开提出了口述历史文献纪录片的概念，开行业之先河。该片导演闫东本人也曾说过对"口述体"的选择是内容的需要，并在片头、片尾和片花的创作中也强调了"口述"的特点。①

前文提到的《生活空间》栏目求新求变，在六年多的时间里为2000多位普通百姓拍摄了2000多部记录短片，通过小人物的日常经验折射时代的变化，这种纪录点点滴滴地渗透到普通民众的意识中，使他们意识到自己的存在和价值，这会产生非常深远的积极作用。②而作为"后起之秀"的口述历史纪录片，之所以能保留更强烈的口述历史属性并最终自成一派，得益于一部里程碑式作品在业界和公众中的影响：2010年8月，知名媒体人崔永元团队创作的纪录片《我的抗战》在搜狐视频首次播出，在制作和推广团队的共同努力下，口述历史纪录片的概念从互联网传播开来，更广大范围的公众得以了解口述历史。回首《我的抗战》问世以来的十年，中国的口述历史纪录片创作领域既有成功，也有遗憾。

图3　纪录片《我的抗战》片头

图4　纪录片《我的抗战》李宗岱口述

首先，《我的抗战》是对口述历史理念的系统实践、创新与推广。《我的抗战》之前，崔永元团队已有《电影传奇》《我和我的祖国》两个大量运用口述历史方法与资料的影像作品。《我的抗战》播出后，崔永元在公开场合曾多次为口述历史发声，阐述了团队在打造中

---

① 闫东：《现实镜像与历史话语——六集口述历史纪录片〈百年小平〉创作感悟》，《电视研究》2004年第11期。

② 林旭东：《整合的时代——对当前中国纪录片的几点思考》，《当代电影》2000年第5期。

央电视台《电影传奇》栏目过程中意识到了口述历史尤其是口述历史档案的意义所在，后逐步开展多个访谈项目，希望通过抢救式寻访为民族留下更多记忆影像，其中就包括以收集抗战老兵记忆档案为出发点的"老兵口述史"项目。与以往的口述历史作品不同之处在于，这是一次档案理念先行的创作，后来才衍生出了纪录片《我的抗战》这一阶段性成果，这相比口述历史在传统电视节目中创作产生的素材，又实现了一次主创的意识跨越。

从创新层面看，《我的抗战》引发的这波由中国传统媒体人和互联网媒介共同唤起的全民口述历史热，还无形中将中国的口述历史实践带入了一个与西方完全不同的操作模式，即视频影像记录为主的口述历史资料采集模式。近年与西方口述历史界交流的过程中我们发现，出于成本、隐私、档案管理条件等诸多原因，西方绝大部分的口述历史项目都是以学界主导的音频访谈项目为主。《我的抗战》不仅激发了公众记录身边历史的热情，也不经意间将其发端于传统媒体的影像记录模式传播开来。主流媒体的传播和公众人物的呼吁引发公众关注口述历史，全国陆续出现了许多个以抗战老兵为主题的口述历史采集和研究项目，不同领域的机构也尝试用口述历史方法发掘史料。

其次，口述历史纪录片题材多样化，影像史学助力媒介推动社会变革。《点击黄河》让当事人在具体的生活场景中自己述说自己的经历，自己的悲欢离合。通过大量当事人的口述把过去的古迹、静止的图片和文字、零星的影像以及现在的场景串联融合起来，形成了一股活的历史巨流。[①]《百年小平》的受访者涵盖了105位历史亲历者的讲述，包括邓小平的家人和亲属、厨师、理发师、列车员、政界要人等。该片总编导闫东此前就对华人历史学者唐德刚的口述历史系列作品印象深刻，此次将这种方式运用于纪录片创作也是为了诠释出更加立体的伟人形象。在他的镜头面前，这些受访者没有任何地位高低之分，都是历史的亲历者。[②]《我的抗战》播出之后，有关抗战的口述

[①] 苗邈：《〈点击黄河〉系列片的人类学视角》，《电视研究》2002年第8期。

[②] 来源：本文作者对闫东导演的电话采访。

历史纪录片次第出现，引起了社会和官方对抗战老兵的关注，让很多老兵在晚年得到关爱。就像英国口述历史启蒙人物保尔·汤普逊所说："对许多种类的历史而言，口述史意味着历史重心的转移。"①

在《我的抗战》播出后的十年间，崔永元口述历史团队又陆续参与策划推出了"家·春秋"大学生口述历史影像记录计划等项目，②发挥媒体人的优势，持续在口述历史领域深耕实践、推动交流。通过"家·春秋"大学生口述历史影像记录计划项目，口述历史纪录片这一体裁得到了接力诠释和延续。在2014—2017年间，通过资助、培训、评奖等方式，该项目鼓励指导青年群体开展口述历史纪录片创作，在三年间覆盖了35个城市，培育了数百个口述历史纪录片创作团队，积累下近300部纪录片作品。大量参赛者将镜头对准了家人、社区、非遗传人、罕见疾病等群体，从各自对现实和情感的追索出发开展创作。海登·怀特在20世纪80年代提出"以影视的方法传达历史以及我们对历史的见解"，渐次实现。"家·春秋"进一步提升了公众对于口述历史的了解，并培养出一批火种般的青年实践者，对口述历史在中国的可持续发展非常具有现实意义。项目采集到的上千位平凡人物的个人生命史档案未来还可以继续用于学术研究和公共创作，较之口述历史在电视节目中的价值，主创的意识更加超前。因其对中国纪录片事业的贡献，项目负责人还获得了2016年度中国（广州）国际纪录片节·年度十大纪录片推动者的称号。

最后，许多口述历史纪录片作品存在重访谈轻研究现象，为口述史学本身带来困局与契机。口述历史影像在进入观众视野中时，不仅仅展示了讲述者所说的内容，也包括其手势、坐姿、表情等传达出来的综合信息；同理，口述历史纪录片的最终效果体现，不仅取决于口述历史素材，也要看其与纪录片的其他元素传达的信息在片中是否得

---

① ［美］保尔·汤普逊：《过去的声音：口述史》，覃方明、渠方译，辽宁教育出版社2000年版。
② 后更名为"家·春秋"口述历史影像记录计划。项目最初由北京市永源公益基金会等慈善机构共同发起，执行过程中联合了中国传媒大学、新历史合作社等多家学术和文化机构，共举办三届。

到协调统一。换句话说，口述历史纪录片不仅追求当事人述说历史的"现场感"，也要考虑到记忆的偏差及个人视角的局限等因素，须对讲述内容的严谨性多加考证。随着近年来大量口述历史纪录片作品创作完成进入市场，这一意识的树立显得越发紧迫。一些口述历史纪录片中会出现考证欠缺、内容纰漏的情况。如《我的抗战》播出后就曾被观众指出过一些细节上的错误，节目组后续也对此做了解释，一些学者也专门著文对该片做过分析。据本片的工作人员、现中国传媒大学崔永元口述历史研究中心工作人员高海涛回忆，一些老人的回忆生动具体，但其中也难免有一些问题，须专业人员在整理中发现并分析、注释。如：

> 一位罗姓老人在口述中称颂自己所在的200师是国军精锐，从抗战之初就让日军在古北口吃了大亏。经考证，1938年200师才由国军装甲兵团扩编而成，不是参加1933年古北口长城抗战的部队，1938年11月接任师长的戴安澜倒是参加过当年长城抗战（时任25师145团团长），老人口述的偏差大概率是对当时周围士兵因荣誉感而作的夸张表述记忆深刻。
>
> 一位李姓老人提到他9岁时（1944年）第一次卖炭挣了5块钱，并强调是"崭新的金圆券"。但1944年市场流通应为法币，金圆券于1948年8月20日发行，至1949年4月各地已普遍拒用。老人的这个表述应有年代久远记忆叠加的原因。①

越来越多的研究者审慎地对待采集到的内容，这是行业良性发展的基础。而同时让人担心的是，也有一些创作者为了收视率或者单纯"求关注"的目的，以口述历史为噱头，发布许多未经考证的历史信息。这既可能对史实造成扭曲，也是对口述历史声誉的消耗。如果历史影像的制作人建构历史的每一个步骤主要出于收视和商业考虑，历史的真伪已无关紧要，就会形成电视传播中历史建构的悖论：历史要

---

① 资料来源：中国传媒大学崔永元口述历史研究中心资料库。

三 愈加多元的中国口述历史影像实践

近几年来，随着口述历史这项"新事物"被公众逐渐认知了解，口述历史影像作品越发多样，影响力也更加深远。2015 年，中国传媒大学发起了中国口述历史国际周活动，希望搭建一个口述历史行业的国际交流平台，探索口述历史多元、开放的未来之路。活动每年举办一次，已经持续了五届。五年间，大批国内外口述历史实践者、研究者、观察者得以开展研习研讨、展示最新作品、了解行业动态。截至 2019 年底，中国口述历史国际周的参与机构包括数百家高等院校、社科研究院所、公益组织、影视机构、媒体部门等，参与者已跨越十几个国家和地区。

图 5 "口述历史国际周 2019"海报

图 6 "口述历史国际周 2019——口述历史之夜"现场照片

哥伦比亚大学口述历史硕士项目主任艾米·斯塔尔切斯基（Amy Starecheski）博士 2019 年受邀参加第五届活动后在她的访问报告里写道：

---

① 蔡骐：《影像传播中的历史建构与消解——解析电视传播中的"口述历史"现象》，《新闻与传播研究》2012 年第 19 期。

直到我真正身处中国，才发现其实我对中国口述历史现状的了解是很片面的。口述历史赢得了中国公众的高度关注，是美国同行们可望不可即的。[①]

口述历史国际周策划的成功，究其原因：一是影像的力量，其直观生动的特点极大降低了媒介传播的难度，使其可以快速抵达受众；二是平台的聚拢效应，为散落在各地的口述历史同仁营造了讨论交流的环境；三则体现出一定数量的人群已拥有对口述历史价值普遍认可的共识，并有共同推动其发展的意愿。在活动举办五届之后，对于历届参与案例的回顾，也是对近年来口述历史影像实践走向的一次梳理。从中能够看出，中国的口述历史从业者们因地制宜，保守与创新并重，已将口述历史影像的优势扩散到了社会各个领域，而且在水平和质量上有着显著的提高。概括来说，当前中国口述历史实践有以下特点：

第一，丰富了传统口述历史方法的成果，如档案和案例等。一批实践者仍在坚持严肃的口述历史档案采集之路。在了解影像技术能为口述历史档案的信息量带来提升后，他们选择固守阵地，进一步提升口述历史档案的质量，服务于学术科研。这其中既有崔永元口述历史团队[②]、SMG版权资产中心[③]、中国电影口述历史项目[④]、民间记忆计划[⑤]等多年实践者，也有近十年内开始行动但已成果丰硕的中国女性图书馆[⑥]、前文提到的"家·春秋"和新中国工业建设遗产口述史[⑦]

[①] "艾米·斯塔尔切斯基博士口述历史国际周2019访问报告"，原文发表于哥伦比亚大学官网。

[②] 采集工作启动于2002年，现在的建制为2012年2月成立的中国传媒大学崔永元口述历史研究中心。

[③] SMG版权资产中心口述历史团队隶属于上海文化广播影视集团有限公司，2005年启动采集。

[④] 2007年底，中国电影资料馆和电影频道节目中心联合筹建实施"中国电影口述历史项目"，其成果包含《中国电影人口述历史丛书》等。

[⑤] 民间记忆计划由纪录片导演吴文光及其草场地工作站于2008年发起。

[⑥] 中国女性图书馆隶属于中华女子学院。2011年底挂牌，馆藏主攻妇女口述史。

[⑦] 新中国工业建设遗产口述史项目，由南京大学当代中国研究院于2018年发起，为期五年。

等项目。

传统的口述历史实践机构如科研、档案单位和媒体在这期间发挥了巨大的作用,有机构支持的项目如云南少数民族历史文化口述历史计划①、导演闫东的新作《大鲁艺》②、中国话剧人口述历史实践③等,在各个领域都取得了良好的社会反响。一大群来自不同年龄段的有社会责任感的个体也在行动,如毕生奉献给邮电科研与计算机应用事业的徐祖哲老师,2004年起利用退休后的时间采集中国计算机口述史,十余年间寻访亲历者与他们的后人近五百人,近年又开始指导中国计算机学会记录历史工作组的影像访谈工作;来自广东的90后女生张馥兰于2014年创办有影迹纪录工作室,组建团队走访省内20个麻风病康复村,访谈了近百位康复者及其相关群体。这些实践者共同将那些被大众忽视或尚未表述的过去加以保留,并带入公共视野。

第二,大规模横向发展,适应了传播方式的剧变。在部分机构坚守口述历史影像的传统用途同时,另外一批机构选择了跳出传统框架,将口述历史影像作品与其他行业"嫁接",也取得了独特的成果。在教育领域,许多老师运用口述历史影像教学向学生普及影像知识和史学研究方法,学生也能因此体会到大历史背景中个人命运的起伏。如香港城市大学媒体与传播系李宇宏老师在2013—2018年间带领学生开展"族印·家族相册"纪录片创作实践,帮助近百名学生完成作品创作;南京大学历史学院武黎嵩老师于2016年起指导校口述史协会启动侵华日军南京大屠杀幸存者口述历史证言采集项目,针对尚有表达能力的幸存者51人开展口述历史采集,录音录像资料共整理成120万字的实录稿和46万字个人自传稿;平顶山学院新闻与传播学院赵亚峰副教授于2017年开展汝瓷口述历史档案采集,已带领学生走访了24位传承人。部分中小学近年来也陆续开设口述历史

---

① 云南少数民族历史文化口述历史计划,云南省档案局于2010年开始在新加坡国家档案馆协助下开展。

② 中央电视台2014年播出的纪录片《大鲁艺》,完成了80多位平均年龄90岁的亲历者访谈。

③ 中国话剧人口述历史实践,2016年由北京人艺戏剧博物馆启动。

主题的教学和课外活动，培养学生的史学素养和客观态度。

此外，在公益领域诞生了如中华救助基金会关爱抗战老兵公益基金的"老兵记忆博物馆"募捐项目，项目组在 2019 年 9 月联合青春偶像组合和微博客户端开展宣传，让口述历史影像成功成为公益募捐的元素之一，取得了非常好的效果；在展陈领域，由吴先斌馆长带领的南京民间抗日战争博物馆工作人员，他们将采集到的老兵口述历史影像大量应用于馆内，与实物展品一道完成教化和启蒙功能；而在公众非常熟悉的影视剧领域，近年来不断能看到的根据国内外真实故事改编的作品，在创作过程中也离不开口述历史对原型人物的访问。口述历史影像创作通过不断"变身"，适应了各种新需求。

第三，对口述历史实践基本原则的遵循的程度有待进一步提高。笔者既是口述历史的实践者之一，又是中国口述历史国际周的主要发起者之一，故对活动中出现过的部分质量欠佳或有争议的口述历史影像项目也有较全面的了解。口述历史实践领域长期围绕法律与伦理问题开展讨论，成果颇多，此处不予赘述。五年来，活动中还曾出现部分以口述历史为名的非口述历史类影像作品，也有部分创作者混淆了口述历史与回忆录、传记的性质，一定程度上影响了创作的质量。

不同类型的口述历史实践一般都会经历类似的流程：访谈主题的确定，执行团队的搭建（包含资金的筹措），访谈资料的采集，版权的归属协商，内容编目与保存，具体应用等；不同口述历史访谈的受访者与访谈者同样都会面临交谈中各种细节因素的影响。一方面，研究口述历史必然要了解作为记忆载体的口述者。其既是口述内容的核心建构者，也同时具备人的记忆内容偏差、主观美化、视角片面、表演性等多重特点，甚至访谈现场的气氛、光线、温度、人数都可能影响到最终的内容质量。以影像为形式的口述历史访谈在记录更多信息的同时，摄制器材也的确对受访者的表达多了一重"打扰"。另一方面，每一次口述历史行为的引导者，即问题的发出者，其访谈水平、研究功底、个人视野和作品题材等决定了创作的最终走向。而现实情况是，口述历史影像创作这一看似较易入门的工作，对从业者缺少约束机制。当历史成了可供消费的商品时，那么谁为它买单，谁就能轻易地获得改写历史的权力,但这样一来,集体记忆的建构就不免变成了一场刺激眼球与博取收视率的大众文化闹剧,历史真相被湮没在话语狂欢中。① 这一定程度上导致了口述历史领域看似蓬勃发展,实则良莠不齐的现状。

余 论

通过对口述历史与影像结合的案例之分析可以看到,随着传媒技术的发展,口述历史和影像的结合是大势所趋;随着公众对于口述历史的了解和熟悉,他们也必然能参与到当下的信息文化触及的各个层面。大量的影像案例为口述历史研究提供了越来越多的样本,也引发了更多关注与讨论。在中国最大的搜索引擎百度内输入本文开篇时提到的几个知网提炼主题词口述历史、口述史、口述史料、口述档案和口述史学,共可得相关结果约四千余万个,如果继续检索一些热门的口述历史影像作品,这个数字还会大幅增加。

著名电影历史研究者、口述历史学者陈墨曾提出他对于口述历史价值的思考:

> 人类人文社会科学可能会面临一次巨大的革命性的变革,口述历史有可能成为其飞跃发展的催化剂。②

口述历史应用已经进入不断再创新的阶段,未来的口述历史影像作品的走向一定程度上取决于社会的发展方向和不同领域受众的需求,更取决于口述历史人的观念和水平。但无论口述历史在未来中国发展到什么阶段,都不能忽视其源头属性,不能忽视其最大的优势。通过长期观察,在此仅提供两个方面的建议:

---

① 蔡骐:《影像传播中的历史建构与消解——解析电视传播中的"口述历史"现象》,《新闻与传播研究》2012 年第 19 期。
② 2017 年 11 月,陈墨老师在"口述历史国际周 2017 特别发布会"上的发言。

第一，增强学者"在场"性，保证作品质量。既要看到口述历史影像作品的优势和短板，也要积极应对。在不同领域的实践中，引入对该领域有深入研究的学者，既可以为作品"纠偏"，又可以提供更为全方位的思考维度。

第二，深入了解口述历史影像属性，反哺口述史学建构。无论是对口述内容准确性的质疑、对记忆建构属性的讨论，还是对口述历史价值的争议，其实都是对人类个体记忆特点和价值的聚焦。增强理论自觉和对自身创作实践的理论总结，有助于口述史学在中国的建构。

口述历史影像在中国的独特发展轨迹有当前特殊社会阶段影响的原因，也有其被公共媒体和公众人物关注引领的幸运之处。但巨大的关注度是一把双刃剑，如何在一次次对历史的重构与再重构过程中不产生偏离，如何跨越现实中的种种困境实现更多民族档案的纪录与留存，这不仅是口述历史影像未来要面对的困局，也是需要所有口述历史人共同思考的问题。

（感谢中国传媒大学崔永元口述历史研究中心高海涛、胡杨、张龙珠、于音、李岩等工作人员提供资料支持。）

The Creation and Transformation in China's Filmic Oral History Projects

Lin Hui

Abstract：Oral history started its integration into traditional Chinese television programming in the 1990s, creating bland-new programs such as personal history interview shows, and interview-centric talk shows；Later this model was adopted by film directors, creating the new artistic film category "oral history documentaries". Since then, a great amount of highly praised documentaries such as *My War* has sparked a wave of filmic oral history projects in China that's not seen elsewhere. In recent years, oral history through filmic medium is being widely adapted for multiple fields, helping oral history and its advantages gain greater traction in Chinese society. The integration between filmic media and Chinese oral history happened in three aspects, and underwent three stages. The integration positively impacted media innovation, humanistic care, and social development; it also has some existing issues, such as weak archival practices, emphasis on interviews over research and analysis. Based on the current state, future Chinese oral history filmic creators should continue to build off of their successful experience, but at the same time, they should also work to ensure scholarly "presence". As oral history practitioner, we must be more conscious of theoretical framework, and utilizing first-hand experience to better bolster Chinese oral history's path of development.

Keywords: Chinese Oral History; Oral History Documentary; *My War*; China International Oral History Week; Historiophoty

从大众传播到拟态的人际传播

——新媒体环境下传统历史剧的挑战及其突破[*]

滕 乐[**]

摘要：21世纪，互联网全面取代传统媒体成为信息传播的主流，使文化产业井喷式发展。然而，在这20年中，一度广受关注、备受好评的历史正剧却鲜有发展，甚至出现了衰退的趋势。学界和业界通常认为，该现象的产生是制作方盲目追求短期效益、播出平台片面追求收视效果，或受众收视偏好低俗化的结果。事实上，历史正剧逐渐衰落的主要原因是在互联网的影响下，影视剧的传播模式出现了质变，电视剧产业出现了从以渠道、内容作为核心IP转型为以传播者作为核心IP的趋势。传统的历史正剧无论是内容还是传播模式，都无法符合新媒体，尤其是社交媒体传播的需求。新媒体环境下，历史剧的大众传播，需要符合社交媒体环境下"拟态人际传播"的特征。历史剧创作要集宣传品、作品、产品于的特征一身，内容生产要服务于以传播者作为核心IP的诉求。使历史剧成为核心IP最重要的内容衍生品，从而达到经济效益与社会效益双丰收的传播效果。

关键词：历史剧 社交媒体 公共史学 新媒体环境 拟态人际传播

---

[*] 项目基金：公共史学教育的主流意识形态传播研究——通识选修课《〈万历十五年〉导读》的课程改革与发展，编号：JG2020A021。

[**] 滕乐，（1983— ），女，北京人。中国政法大学光明新闻传播学院助理教授，传播学博士。主要研究方向为文化心理学、跨文化传播、文化产业研究。

一 导论：问题的提出

回顾进入 21 世纪的 20 年，我们会发现，这是中国文化市场驶入快行线，文化产业发展进入井喷期的 20 年。在这 20 年中，凭借互联网技术的东风，文化产业全面实现市场化运作，逐步成长为我国国民经济的支柱产业之一。随着社会经济的发展，民众的民族自尊心和自信心不断增强，出现了"历史热""国学热"和"传统文化热"等民族文化全面复兴的现象。然而，一个令人百思不得其解的现象是，在历史文化热全面爆发，并且热度始终有增无减的近 20 年里，在中国传媒产业内最为主流的电视产业内，曾经一度广受关注、备受好评，甚至不止一次曾创造出万人空巷的收视奇迹的古装历史正剧，却逐渐走向衰落。尤其随着互联网在大众传播领域的不断主流化，长视频播出平台从传统的电视台逐步转向百度、阿里、腾讯旗下的爱奇艺、优酷、腾讯视频，传统的古装历史正剧不但没有在相对宽松的环境下获得发展，反而基本销声匿迹。不得不说，这一现象，着实令人费解。

那么，古装历史正剧在互联网，尤其是社交媒体平台，占据大众传播主导地位的今天，为何会逐渐消失，这背后的技术原因是什么？产业逻辑出现了怎样的变化？更重要的是，在这样一种传媒产业出现质变的宏观环境下，历史知识的传播和公共史学的发展，是否仍然能够与影视剧产业相结合？史学界、传媒产业界以及影视艺术工作者应当做出怎样的努力，促进古装历史剧这一优秀的本土文化品牌在新媒体时代继续发扬光大？这是本文试图回答的问题。研究者认为，传统历史剧在新媒体时代的消失，主要是由于互联网技术变迁所导致的结果。互联网技术彻底改写了大众传播的规律，整个电视剧产业的生产逻辑随之出现质变。在此基础上，历史剧的生产方式也出现了相应的迭代。了解这一过程，首先需要系统性地回顾电视剧产业的变迁史，以及历史剧生产在其中的变化轨迹。

二 中国电视剧产业的三次转型与历史剧生产的几个关键节点

（一）中心化时代：计划经济时代的电视剧与传统历史剧

如果将1958年6月15日中国生产的第一部电视剧在当时的北京电视台，即后来中央电视台的前身，播出之日定义为中国电视剧的诞生之日，那么中国电视剧生产已经走过了六十多个年头①。如果将1981年中央电视台播出10集电视连续剧《敌营十八年》确定为中国电视剧产业的肇始标志，那么，电视剧生产作为一个完整的产业链，在中国的传媒产业内，已经发展了近四十年。学界将中国电视剧产业的发展历程大致划分为5个阶段②，分别为：

1. 初创时期的中国电视剧（1958年—1966年5月）；
2. "文化大革命"时期的中国电视剧（1966年5月—1976年）；
3. 复苏时期的中国电视剧（1976年10月—1981年）；
4. 发展时期的中国电视剧（1982年—1989年）；
5. 走向成熟的中国电视剧（1990年至今）。

在20世纪80年代初，虽然当时的中国各行各业已经逐步进入了产业化的快行线，但是，由于电视剧生产属于传媒产业的重要一环，当时的电视剧生产仍然在计划经济的体制下生产运行。20世纪80年代，处在发展上升期的电视剧行业，其运行模式主要通过展播、会展、联播、换播的方式进行。当时的电视剧生产，采用了"制播合一"的生产方式，该生产方式主要是通过行政命令来帮助全国的各大电视台，特别是中央电视台，解决片源危机的重要手段。在这一时期，由于央视占据了全国电视剧播出的制高点，对于各大地方台来说，自己生产的电视剧如果能在央视播出，本身就是一种莫大的荣

---

① 郭镇之：《中国电视史》，文化艺术出版社1997年版，第17页。
② 仲呈祥、陈友军：《中国电视剧历史教程》，中国传媒大学出版社2020年版，第2页。

誉。因此，各大地方台为了走向央视平台，往往不计成本、不求回报地制作精品电视剧。而央视也在这一时期，成为各个地方台展示才艺、交流成果的最重要播出平台①。

于是，一个奇特的现象出现了。我们通常认为，只有市场化运作才能激发产业链内各个生产部门的活力。然而，在20世纪80年代，在计划经济体制的生产方式下，中国的电视剧产业内，反而诞生了一批迄今为止都无法逾越的经典。最具代表性的莫过于1985年版的《四世同堂》、1986年版的《西游记》和1987年版的《红楼梦》。当时的历史剧生产，用"十年磨一剑"来形容并不夸张。例如，86版《西游记》的导演杨洁曾经回忆，该剧从策划立项到最后播出，几经周折、多次搁置，最终播出面世时，已经过去了8年之久②。又如，87版《红楼梦》从开拍到播出，用了4年之久，其中单单剧组演员专业培训，就用了整整3个月③。这是什么概念？3个月大约等于当今很多长篇电视剧的全部拍摄周期，而且现在经常会出现多数主要演员在全国各地不断串场，甚至一天之内要飞赴两地进行拍摄的状况。因此，计划经济时代经典大剧的制作方式，不论是从制作成本，还是从内容质量来看，是当今这个快餐文化盛行的时代所无法想象的。然而，这种生产方式并不具备推广性，也必然不可长久。

（二）去中心化时代：省级卫视"4+X"模式的开启

20世纪80年代末，当时，一些西部地区的电视媒体，因为特殊的地理原因和自然条件，出现了用微波信号传输不能有效覆盖全省的问题。为了解决这一问题，从1989年起，国家将这些地区的一套节目全部改变为通过卫星传输方式实现全省覆盖，这就是我国31家省级卫视的前身。省级卫视的全面扩张带来了中国电视剧产业的第二次

---

① 吴素玲：《中国电视剧发展史纲》，北京广播学院出版社1997年版，第200页。
② 《杨洁自述：我的九九八十一难》，中国人民大学出版社2014年版，第215—326页。
③ 欧阳奋强：《1987：我们的红楼梦》，中国轻工业出版社2017年版，第289—301页。

片源危机，此时，一些原从属于电视台的制作机构纷纷独立，诞生了第一批独立的电视剧制作公司。例如，著名的山东电影电视剧制作中心，即"山影"的前身，就诞生在当时[①]。同时，由于当时已经开始推广电视剧生产领域内的"制播分离"，即制作方为独立的影视剧制作公司，而播出方为电视台的模式，已经开始在全国逐渐推开。因此，急需优质内容的电视台与刚刚获得了市场自由度的影视剧制作公司一拍即合，创造出了一批优质的内容产品。尤其是诞生于90年代中后期和世纪之交的一批历史剧，如1998年播出的《雍正王朝》、2003年播出的《走向共和》等，就是那一历史时期的产物。

然而，对于历史正剧而言可谓"好景不长"，2004年，随着电视剧播出平台"4+X"，即首批上星最多由4家省级卫视进行联播，这一播出模式在全国范围内推行之后。省级卫视开始逐步取代央视，成为中国电视剧的主流播出平台。以往以央视为靶向平台进行生产的历史正剧从此辉煌不再。2005年，当年《雍正王朝》的主创团队制作了电视剧《汉武大帝》，并作为央视的开年大戏进行首播。但是，该剧首播始就进入了"全民挑错"的模式，虽然收视较好，但口碑呈现严重的两极分化。审片专家给出的很多修改意见，制作方在上线播出前仍旧没有修改，播出之后，很快遭遇全网群嘲，沦为全民笑柄。又如，2006年在湖南卫视首播的《大明王朝1566》，该剧由《走向共和》的制作团队原班人马打造，原本也是以央视为播出平台进行生产。但终因题材与内容过于敏感，只能在湖南卫视首播。该剧播出之后，虽然史学界、艺术评论界，以及普通受众都给予了一致好评，但是，终因收视率太低，而无法形成爆款，从此制作方转战主旋律题材。从2004年到2014年，在省级卫视全面主导电视剧产业的十年里，虽然各大制作方获得了计划经济时代前所未有的融资机会，但是，由于历史正剧已经基本不适应这一时代省级卫视的购剧需求，因此，曾经辉煌一时的历史正剧，在这一时期逐渐步入了衰落期。

---

① 徐宏：《电视剧如何走向市场》，徐宏等编：《中国第一代电视制片人》，中国文学出版社1995年版，第17页。

（三）再中心化时代："一剧两星"的全面推行

从 2004 年到 2014 年，随着省级卫视"4 + X"播出模式的全面推行，电视台作为电视剧的核心播出平台迎来了它的黄金时代。然而，在这十年间，由于电视台对于影视剧中心工作人员的考核标准几乎全部以收视率为导向，因此，每当大剧播出时，几大播出平台必然由于各种不正当竞争而引起广电总局的关注。最终，在 2014 年，广电总局痛下决心，彻底结束了省级卫视"4 + X"的播出模式，规定从 2015 年起，所有上星电视剧只能在两家电视台播出，每晚黄金时段最多播出两集，即"一剧两星"模式。2014 年，笔者在分析了电视剧产业既有规律后指出，"一剧两星"全面推行之后，电视台作为电视剧播出的主流平台将逐步让位给互联网。经过了六年的发展，实践证明，现在优质剧集的首选播出平台基本倾向于选择爱奇艺、优酷和腾讯视频，各大播出平台不但掌控了内容的收购权，而且，还在向前端制作方延伸，着力打造符合自己平台定位和受众需求的内容。而在过去的几年里，电视台则基本沦为优质剧集的二轮播出平台，一些二、三线省级卫视甚至因为无法购入优质剧集而基本放弃了黄金时间的剧集首播。近 3 年来，在广电总局的倡导下，中国电视频道已经开启了"精简精办"的模式，很多入不敷出的地面频道逐步"关停并转"，电视台作为优质内容的播出平台已经荣光不在[①]。

互联网平台取代电视台全面成为电视剧的输出平台之后，给电视剧产业内容生产带来的革命是巨大的。互联网企业全面进入电视剧产业的制作之后，彻底改变了传统的影视剧创作模式，使独立的影视剧创作沦为高概念大 IP 的内容生品，其目的是为了将原作小说的人气导流入网络播出平台，以刺激互联网播出平台的流量提升。这一方面可以增加平台的广告收益，但根本上，不过是为了提高平台母公司在资本市场上的表现，母公司再反向输血给视频网站。因此，我们可以

---

① 张国涛、李轩：《精简精办：中国电视频道高质量发展的现实抉择》，《现代传播》2020 年第 7 期。

见到的一个奇特的现象是,虽然电视台已经不再是电视剧的主流播出平台,但是,省级卫视基本上仍然是盈利的;而虽然视频网站已经取代电视台成为优质剧集的出口,但是,视频网站基本是不盈利的,全部依靠母公司反向输血而生存。例如,阿里大文娱的负责人樊路远在接受《财经天下周刊》采访时就曾经表示,他要做的是"通过文娱产业放大阿里商业体系的影响力,让后者得到提升,以及获得更多的品牌影响力"。这实际上等于承认阿里大文娱并没有实现盈利,只是阿里商业帝国中一个昂贵的广告部门。由于传统历史正剧的原创性较高,一般不依赖于网络小说作为蓝本,互联网企业全面渗入影视剧产业之后,传统历史剧在这一时代逐渐销声匿迹。

三 社交媒体时代的影视剧创作的特点与传统历史剧存在的问题

(一)历史人物无法满足 IP 剧对于主人公的要求

作为 20 世纪最伟大的科技发明,互联网对于传媒产业的影响无疑是巨大的。喻国明将互联网称为一种"高维媒介",认为它对于传统的传媒产业进行了一种"降维打击"①。这增加的一个维度,就是传统媒体时代被认为具有被动性的"受众"群体。从传播学的角度看,互联网对于传统上一直处于"被动"地位的受众进行了最大化的媒介赋权。被动的受众转型为主动跨越媒体平台寻找与偶像有关的视频、音频和文本的粉丝②。而在"粉丝文化"在互联网平台占据主导地位的今天,能够跨越不同媒介形态、为广大粉丝所追慕,并且核心内容具备多平台售卖可能性的内容衍生产品,则成为受到制作方、平台和受众所一致欢迎的核心 IP,成为社交媒体时代最为强势的内容产品③。对于历史剧而言,一个不得不面对的尴尬局面是,历史题材,

---

① 喻国明:《互联网是一种高维媒介》,《新闻与写作》2015 年第 2 期。
② 张嫱:《迷研究理论初探》,《国际新闻界》2007 年第 5 期。
③ 刘琛:《IP 热背景下版权价值全媒体开发策略》,《中国出版》2015 年第 18 期。

尤其是古装历史正剧，恰恰在创作过程中，基本不符合 IP 项目影视剧转化的操作要求。究其原因，要从 IP 项目本身的特性与历史剧核心素材的矛盾冲突说起。

首先，历史正剧，往往基于真实的历史记录来展开叙事，从正史中确实存在的人物中挑选剧目的主人公或对立体，而多数真实的历史人物其性格特征却未必适合 IP 项目对于主人公或对立体的要求。多年以来，在整个文化产业中，对于 IP 项目操作最为专业的其实并非影视剧产业，而是游戏产业，尤其是角色扮演游戏（Role Playing Game，RPG）。著名游戏设计师佐佐木智广曾经指出，游戏 IP 中的主人公最显著的性格特征，就是不能有太过强烈的个性，因为，这会阻碍玩家在游玩过程中实现游戏体验的代入感，这种设计可以达到减少玩家认知负担的传播效果。如著名的角色扮演游戏《仙剑奇侠传》其主人公李逍遥，就是一个没有什么强烈个性和人生追求，单纯善良、随遇而安的人，而这样的主人公最符合用户的自我代入需求。事实上，《仙剑奇侠传》也确实成为游戏影视化改编最为成功的案例之一。同时，游戏 IP 要求故事中的对立体必须完全邪恶，没有任何值得同情之处，对立体身上也不应当有人性的闪光点，因为这会让用户在游戏进程中存在负罪感[①]。游戏产业 IP 运作的经验几乎可以被视为文化产业内 IP 转化最为成功的领域，多数原创故事 IP 改编也都遵循游戏领域的经验。

然而，这样一种人物设定的原则却很难用来选择基于历史剧的主人公。在以二十四史为代表的传统史学体系中，史家选取传主的一般标准是需要选择对于历史进程有重大推动作用，对于社会发展有重要影响，抑或是在某一领域有突出贡献的人。例如，司马迁在解释《史记》七十列传中传主的选取标准时就说到"扶义倜傥，不令己失时，立功名于天下"是他的传主选择标准[②]，他认为"古者富贵而名磨

[①] ［日］佐佐木智广：《游戏剧本怎么写》，支鹏浩译，人民邮电出版社 2018 年版，第 58—61 页。

[②] 《史记》卷 130《太史公自序》，中华书局 2014 年标点本，第 4027 页。

灭，不可胜记，唯倜傥非常之人称焉"①。然而，这样一类个性突出的人，却未必符合 IP 项目的选择标准。事实上，我们也很难想象，一个没有个性、没有特点，基本没有什么太大人生追求的人，可以成为正史记录中的传主，虽然这类平凡的人才是整个人类文明进程中的主流群体，但是，这些沉默的大多数不可能在历史记录中留下自己的姓名或在传统史学中拥有属于自己的一席之地。

（二）IP 剧的大众传播原则使创作者很难从正史之中选择对立体

如果说正史记录中的历史人物不适合做 IP 项目的主人公，那么，多数有据可查的历史人物也都不适合做 IP 项目中的对立体。这是因为，作为一种标准的大众传播，影视剧的受众必须尽可能地覆盖全体受众。我国的传媒产业本质上是一个"具备产业功能的宣传系统"，也就是说"宣传系统"是其本质，而"产业功能"是其附属②。这就要求影视剧作为一种传媒产品，在实现产业功能之前必须符合宣传功能。因此，历史作为一种"非虚构"类型的叙事，不能伤害、丑化、贬低，甚至有意妖魔化真实社会中确实存在的任何一个群体。从这个角度来看，传统史学中作为负面典型被写入史书的历史人物未必适合作为大众传媒内容产品的对立体。例如，传统史学是基于中原文明的视角对于草原民族进行描述，但是，现代中国作为一个有 56 个民族的统一多民族国家，不适合以任何一个少数民族作为故事的对立体。同时，作为一个全球化时代正在崛起的大国，也不适宜将西方人作为故事的对立体呈现。又如，传统史学中，女性统治者一般作为争议性人物或负面人物进行处理，甚至会出现从《旧唐书》《新唐书》到《资治通鉴》的历史记录体系中，有意层累地制造历史，妖魔化武则天的现象③。由于影视剧的受众群体中，绝大多数是女性受众，因此，

---

① 《汉书补注》卷 62《司马迁传》，上海古籍出版社 2008 年版，第 4369 页。
② 张辉锋：《传媒经济学：理论、历史与实务》，人民日报出版社 2015 年版，第 35—39 页。
③ 孟宪实：《传统史学、新史学、公共史学的"三国鼎立"——以武则天研究为例》，《中国图书评论》2008 年第 12 期。

任何一种形式的性别歧视都必须避免。同时，保守内敛型的帝王也不适合选择为对立体，因为这会有悖于至今都被树立为正面典型的"仁政"模式。总之，任何一个历史上真实存在的群体都不适宜被选取为故事的对立体，因为这会引起现实社会中主管部门的担忧和广大受众的反感。

事实上，从影视剧行业已有的成功经验来看，成功的非虚构叙事，尤其是主旋律影视剧，几乎都没有将某一个实际存在于现实生活中的个体或群体选择为对立体的，甚至，即便是虚构类叙事，也没有将现实世界中的某个确实存在的对象选择为对立体的。如，《湄公河行动》选择的对立体是跨境贩毒集团；《红海行动》选择的对立体是境外的恐怖分子；而《流浪地球》选择的对立体是人工智能和木星。即便跨境贩毒集团和境外恐怖分子在现实社会中确实存在，但是一般受众也很难接触到这一群体。而人工智能和木星则绝不可能成作为现实社会的对立体而存在。因此，一部影视作品覆盖的受众面越广，越不能将真实世界中存在的任何一个群体选择为对立体。而历史正剧恰恰只能选择真实世界中的人作为对立体，否则历史剧就成了虚构类作品。因此，历史剧的真实性与影视剧的虚构性在对立体选择上完全无法实现统一。

（三）IP 剧对于人物关系搭建的要求不符合历史事实

余秋雨曾经提出，纵观中外戏剧史，所有经典戏剧、戏曲和影视剧基本符合两大原则，"无结论的两难结构"和"半透明的双层结构"，即"伟大作品的隐秘结构"[1]。所谓"无结论的两难结构"指推动故事情节前进的主要矛盾一旦解决，主人公将陷入比没解决之前更大的困境；而"半透明的双层结构"指作品的文本必须存在多向性解读的可能。在新媒体时代，笔者认为，多数经典 IP 剧基本都符合用"无结论的两难结构"来建构主人公和对立体的关系，同时，用"半透明的双层结构"来建构主人公和盟友之间的关系，如图 1：

---

[1] 余秋雨：《伟大作品的隐秘结构》，现代出版社 2012 年版，第 3—27 页。

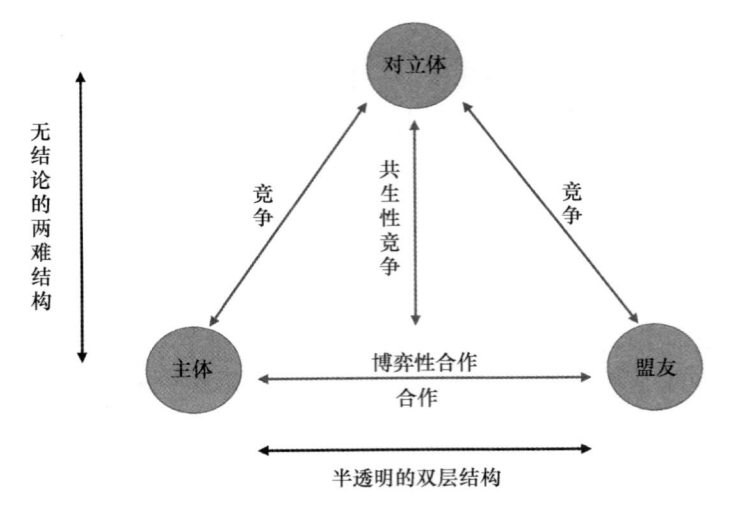

图1 "伟大作品的隐秘结构"视角下的人物关系

这种关系之所以在 IP 改编项目中容易获得成功,是因为它符合了人类大脑信息处理的基本结构,即"自我中心性"(ego-centric)的认知方式。也就是说,传播者并未真正表达清楚了自己想表达的意思,但是误以为自己已经表达清楚了;或者,受众并未真正理解了传播者想表达的内容,但是误认为自己已经理解了。一个内容的"自我中心性"程度越高,该内容有可能被受众消费的时间越长,在新媒体环境下,越有可能促进受众的跨媒体寻找行为,自然更适合做跨媒体 IP 改编。

然而,这样一种人物关系基本不可能在真实的历史中出现,因为,这样一种双层复合型结构的基本要求是故事必须发生在一个较长的时间维度内。而在正史之中,很少存在某个人和另一个人终生都在博弈,博弈成功之后却一无所获,甚至出现主人公将对立体消灭之后,自己的生存状况比存在对立体时更糟糕的情况;更不可能存在某个人终生都在与另一个人合作,但始终不知道此人跟自己合作的原因到底是什么,甚至不计成本地为某人付出以至于牺牲生命的现象。因此,IP 剧中经典的人物关系基本只存在于虚构类作品之中,很少在真实世界中出现,即便确实存在,这样一种人物关系也很难在正史记录中流传。

四 新媒体时代的历史剧创作与历史传播的社交媒体化转型

（一）新媒体环境下历史剧创作的范式转型

在系统性总结电视剧产业模式变迁与历史剧生产的尴尬境遇之后，我们不禁发出一个疑问，那就是，在新媒体时代，受众是否再也无法期待历史正剧出现在文化市场内？公共史学的大众化传播很难与长视频的媒介形态相结合？历史知识与影视剧是否真的完全不兼容？笔者认为，答案是否定的。想要理解新媒体时代历史剧的迭代模式，需要我们对传统媒体时代历史剧的经典进行再分析。

事实上，当我们系统性回顾前互联网时代的历史正剧生产时，我们会发现，即便在基于互联网平台的高概念大 IP 故事诞生之前，经典历史剧制作仍然是一种"IP 项目改编模式"，这样一种模式与新媒体时代的 IP 转化最重要的差别就是缺乏受众对于内容创作的参与，但是，成功的经典历史剧本身一般都有影视剧之外的文学底本。仍旧以电视剧《雍正王朝》和《走向共和》为例，可能很多人都知道，电视剧《雍正王朝》改编自著名作家二月河的经典历史小说《雍正皇帝》，但是，很少有人知道《走向共和》改编自著名记者张建伟的非虚构写作系列丛书"张建伟历史报告·晚清篇"即《温故戊戌年》《流放紫禁城》《最后的神话》《老中国之死》和《世纪晚钟》。如果脱离了经典的 IP 文本，即便同一个主创团队，也无法做出质量稳定的内容。例如，《雍正王朝》的创作团队在制作《汉武大帝》时，直接注明编剧江奇涛根据何新的历史研究创作故事[①]。而《走向共和》的创作团队在制作《大明王朝1566》时，未曾考虑到电视剧作为商品的一般属性和宣传品的本质特征，这是其最终无法热播的根本原因。一言以蔽之，没有文学 IP 的加持，不论影视剧的主创团队有多么优秀，都很难制作出经典的现象级爆款历史剧。与其说文学 IP 是

---

① 江奇涛：《〈汉武大帝〉对白剧本》，中央编译出版社2005年版，第1—6页。

历史剧的故事底本，不如说它是影视剧商业化运作的工作蓝图，是项目投资安全的基本保障。

从这个意义上讲，基于原创IP改编的爆款作品，不过是新媒体平台对于项目工作蓝图传播效果的延伸，而非无中生有的创新。事实上，新媒体平台对于历史剧的改造只不过是将历史剧中的"历史"与"剧"的两种核心元素进行了分拆而已。确切地说，"历史"的元素可以拆分为时间变量和空间变量，"剧"的元素可以拆分为故事情节和人物关系两个变量。如果将时空、故事和人物随机进行组合，大致可以将古装剧分为四大类（如表1）：

表1　　　　　　　　　古装剧基本分类及传播效果

类型	人物关系	故事	时空	收视	口碑	案例
传统历史剧	非典型	真实	真实	低收视	高口碑	大明王朝1566
非历史剧	典型	虚构	虚构	因剧而异	低口碑	三生三世十里桃花
古代传奇	典型	虚构	真实	高收视	因剧而异	长安十二时辰 甄嬛传
历史剧特例	非典型	真实	虚构	高收视	高口碑	琅琊榜

从该分类中我们可以看出，新媒体时代，常见的"典型历史剧"实际上是将"历史"作为一种特定的符号将其与经典的人物关系和类型化故事相结合。例如，电视剧《甄嬛传》原作小说本身是个架空故事，改编意见要求主创将原创故事还原到某个真实的历史时空里，于是编剧将该故事放置到了清朝雍正年间，剧中主要人物使用了一些真实历史人物作为原型成为现在我们看到的电视剧；而电视剧《长安十二时辰》则是直接将虚构的故事和虚构的人物关系放到唐代，该剧实际上是一个标准的悬疑类涉案剧，但是，故事被还原到真实的历史时空之后，在精良的制作之下，形成了富有高度历史感的网络爆款。而被誉为近年来历史剧巅峰之作的《琅琊榜》，其原著小说本身仅仅是一个具有同性向特征的架空故事，著名的影视制作公司"正午阳光"购买IP之后，对于原作故事进行了大规模主流化改编。

在保留该故事基本人物关系的基础上，制作方要求编剧必须在故事中加入属于女主角的一条主线，另外，将原著架空的时空还原回近似魏晋南北朝时期的时代特点。该剧在人物关系设定上，致敬了经典作品《雍正王朝》，在故事原型定位上借鉴了汉武帝时期的"巫蛊之祸"，在历史时空中，有意弱化了故事的时空色彩，很好地把握了历史剧"虚实"之间微妙的平衡，取得了收视与口碑的双丰收，被称为少有的"零差评"作品，遂成一代经典，也使"正午出品，必属精品"成为一度流行的行业共识。当然，正午阳光并没有长期延续《琅琊榜》的奇迹，如该公司在 2020 年上线的 IP 改编作品《清平乐》就是取材于著名网络小说《孤城闭》。但是，在影视剧改编的过程中，投资方为了让该剧尽量看起来像历史正剧，打破了原著小说中作者精心搭建的标准化人物关系，直接将原著中作为对立体的宋仁宗修改为故事的主角，从而导致电视剧基本人物关系坍塌，收视与口碑皆跌至谷底。

从以上案例我们可以看出，新媒体环境下的历史剧，是对于传统媒体时代经典历史剧的一种迭代。在网剧时代，历史剧被切分为了"历史"符号与"剧"元素的自由组合。其中，历史符号可以随意选择，只要制作方在制作上的投入足够到位，基本上可以还原出高度贴近某一特定时空的"历史感"。而"剧"元素则要严格地符合影视艺术，尤其是电视剧的创作规律，用经典的人物关系来搭建原创故事。新媒体环境下历史剧的创作，实际上是相对自由的历史元素与绝对经典的人物关系，在特定的类型化故事的叙事逻辑中，所进行的自由组合。这其中，人物关系牢不可破，历史时空可以自由选择，类型化故事则各有各的模板。

（二）新媒体环境下历史知识的大众化传播

当我们系统回顾新世纪以来的"历史热""国学热""传统文化热"时，我们会发现，非独历史剧，任何一个历史为题材的内容产品，在互联网技术逐步演进的过程中，都出现了跟随播出平台一同进行内容迭代的趋势。大众传播效果研究中，由拉斯韦尔（Lasswell）

提出的5W模式将传播过程中的几大核心要素分别为谁（Who）、说了什么（Says What）、通过什么渠道（By Which Channel）、对谁说（To Whom）、取得了什么效果（With What Effects）。

笔者曾经指出，在社交媒体时代，5W模型所描述的经典线性结构出现了全新的演化：首先，传统上，处于内容决定者地位的传播者和处于被动接受地位的受众出现了权力的转化，出现了内容的互动性生产的趋势；其次，传统上互相依赖的特定内容和媒介技术逐步分离，出现了完全不依赖于任何特定媒介的内容，以及基本不生产任何原创内容的媒介；最后，前四个W的互动作用与传播效果之间仅存在相关关系，但是，因果关系却无法精确测量。既然不可能通过精确控制前四个W来决定第五个W，因此，必须积极寻找能够跨越各种平台、为多数受众所欢迎、核心内容具有跨平台商业价值的项目进行运作。在5W模式中，由于受众和传播效果是很难被IP化的，因此可以被IP化进行跨媒体营销的对象基本局限于传播者、传播内容和传播渠道。而通过对于传媒场域经典的公共史学文化产品进行分析，我们会发现，新世纪以来公共史学核心IP的嬗变基本可以分为三大阶段，即以渠道为核心IP的传统媒体阶段、以内容为核心IP的Web2.0时期，以传播者为核心IP的社交媒体时期。

第一，传统媒体时代以传播渠道作为核心IP。

以渠道为核心IP的传统媒体时期基本出现在2008年以前，在这一时期，最具代表性的公共史学类文化产品莫过于中央电视台社教中心出品的《百家讲坛》栏目。早期的一些研究多认为该栏目打造的核心IP是被誉为"学术超男"或"学术超女"的主讲人，抑或是一些经典系列节目，如"易中天品三国""于丹解读《论语》《庄子》"等等，事实上，这是对于该节目的一种误解。《百家讲坛》的制片人心中十分清楚，该栏目的核心IP既不是主讲人，也不是内容，而是在传统媒体垄断注意力经济的时代，以央视平台的顶级社会公信力为内容产品进行背书的"CCTV《百家讲坛》"这一名称[1]。也就是说，

---

[1] 万卫：《〈百家讲坛〉品牌形象的建设》，《电视研究》2010年第3期。

在传统媒体占据强势地位的时代,核心渠道才是 IP 项目真正的价值所在。

第二,Web2.0 时代以传播内容作为核心 IP。

据中国互联网信息中心(CNNIC)的数据统计,在 2008 年,中国互联网用户已经达到 19%,根据"创新—扩散"理论,任何一项新技术,当使用的用户人群仅仅 20% 时,就已经达到了该技术主流化的关键节点。而在此前后,中国最大的民营出版集团"磨铁文化"则推出了一系列通俗说史类经典作品,如当年明月的《明朝那些事儿》和袁腾飞的《历史是个什么玩意》系列图书。磨铁文化曾经对于当年策划这些经典作品进行总结,他认为,当互联网上用户突然自发地兴起了对于某一种话语体系的追慕时,这时候,即将大流行的某种特定文风很有可能已经出现。图书出版的策划人如果主动抓住这一趋势,相机而动,则有可能创造出引领时代风潮的经典[1]。而该系列经典的出现,正得益于当时 Web1.0 向 Web2.0 转轨,互联网"微内容"崛起的趋势。追慕微内容者甚众,但是,能将该趋势策划为经典流行 IP 的出品方则寥寥无几,磨铁可谓抓住了时代先机。

第三,社交媒体时代以传播者为核心 IP。

如果说传统媒体时代传播者占据内容创作的绝对统治地位,Web2.0 时代仅仅赋予了受众自由进行评论的权力,那么,社交媒体时代,则全面颠覆了传统的传播模式中传播者与受众的关系,形成了一种互动性生产的模式。在这样一个时代,整个传媒场域呈现出从"大教堂"到"大集市"的范式转型,[2] 内容产品的传播则由过去的大众传播模式转型为"拟态的人际传播"模式。在这一时期公共史学内容产品的大众化传播也出现了典型的社交媒体化特征。如,著名作家马伯庸的知名 IP《显微镜下的大明》,就是这一时期的代表。该IP 的历史叙事取材于一系列明代的经济史研究,故事讲述了晚明时

---

[1] 杨帆:《沈浩波出品记》,《出版人》2016 年第 11 期。
[2] 方兴东等:《大众传播的终结与数字传播的崛起——从大教堂到大集市的传播范式转变历程考察》,《现代传播》2020 年第 7 期。

期，围绕着徽州"人丁丝绢"案引发的一场自上而下的社会变局。该 IP 一改传统媒体时代文本先行的模式，首先，2016 年 12 月在著名知识付费平台"得到 App"上线播出；继而，在 2019 年 1 月由中南博集天卷出版纸质书，进行 IP 拓展延伸；在 2019 年 7 月由马伯庸著名小说《长安十二时辰》改编的网剧在优酷上线，《显微镜下的大明》IP 又引起关注；近期，主创正计划将该 IP 改编为一部网剧。从该 IP 的传播史可以发现，社交媒体时代，任何一个故事或文本已经不能单独构成一个核心 IP，不论是原创故事、知识付费类内容产品，还是基于原创故事的影视剧，本质上，都已经成为顶级流量作家个人形象的内容衍生品。不论是《长安十二时辰》，还是《显微镜下的大明》，抑或是 2020 年大热的《两京十五日》，都是"马伯庸"这一核心 IP 的衍生品。"马伯庸"这一形象已经成为新媒体时代通俗说史的品牌，受众的公共史学消费，已经转型为一种粉丝经济，大家对于内容产品消费的背后，是基于作者核心形象对于内容产品质量的背书。

（三）从制造内容到打造偶像

从互联网时代核心 IP 的变迁可以发现，在新媒体时代，公共史学的传播，已经从传统媒体时代的大众传播模式，转型为"拟态的人际传播"模式。受众与粉丝之间，建立了一种想象中的"家人"关系。历史的大众传播不再是一种知识的播撒，而是一种身份认同的建构。在此基础上，历史剧的策划、生产、消费，也转型为核心 IP 的跨媒体拓展运营。《陈情令》的制片人就曾坦言，任何一个项目策划之初，他们就已经想到的后续的跨媒体开发，如网络社区、手游、人物形象衍生品等等。而在社交媒体时代，在公共史学的大众传播领域，一切文化产品的策划、创作和传播，都围绕在知名作者作为核心 IP 周围的内容衍生品。那么，我们不禁要问，为何是历史，而不是其他类型的内容产品，在社交媒体时代凸显出了这一传播特性？事实上，这种特性与"历史"在中华文化内部作为"国家宗教"的特殊社会功能有关。

传统帝制中国是一个很早就实现了皇权与神权进行清晰划分的政

体，史官作为带有一定神职人员特性的制度设计，基本上在帝国制度建立初期其神职人员的社会功能就已经结束①。而以二十四史为代表的正史记录和历史书写的体系，则一直作为一种隐性的国家宗教而存在。在社会上发挥着论证皇权合法性，评判精英阶层道德人格，以及为普通大众赋予身份认同的功能②。普林斯顿大学东亚系系主任柯马丁（Martin Kern）教授曾经指出，在《史记》的撰述过程中，虽然《史记》所记录的史实以"实录"著称，但是，"太史公"这一形象的建构，实际上是一个虚构人物。这一人物形象是一个英雄圣人式的角色，某种意义上，司马迁通过《史记》的书写，也"创造"了他自己。也就是说，司马迁既是自己本文的来源，也是自己文本的结果，后世读者通过阅读《史记》得以认识到司马迁这个人的存在，而他在自己文本中的存在则反过来论证了他是一个曾经真实存在的人，《史记》则是他曾经在现实世界中存在过的唯一遗留下来的证明。无独有偶，阮芝生也认为，《史记》的原名并非如大众通常所接受的《太史公书》，其正确的名称表述应当是"《太史公》书"，也就是说，《史记》的原名就叫《太史公》③。从这个意义上讲，作为帝制时代中国国家宗教的传统史学，从起点上就绑定了一种独特的话语体系，即以人际传播为核心的大众传播，或者，可以定义为"大众传播嵌套下的人际传播"。史书的作者，即历史的传播者，就是绑定历史叙事的核心 IP，社交媒体环境下，公共史学的核心 IP 从渠道、内容向传播者的转型，实际上，并非一种创新，只不过是对于中国传统史学特定传播方式的一种回归。不论是影视剧、小说、纪录片，抑或是今后可能出现的任何一种形式的载体，本质上，就是传播者这一核心 IP 形象的内容衍生品。受众对于内容的消费，是新媒体环境下"粉丝文化"的一种表现，是粉丝群体确认自己与偶像之间心理联结的一种实际行动。

---

① 陈桐生：《中国史官文化与〈史记〉》，汕头大学出版社 1993 年版，第 3—14 页。
② 施展：《枢纽：3000 年的中国》，广西师范大学出版社 2018 年版，第 2—6 页。
③ 阮芝生：《司马迁之心——〈报任少卿书〉析论》，《台大历史学报》总第 26 期，2000 年。

五 结语

　　新媒体传播的全面普及给文化产业的各个方面都带来了深刻的影响，历史剧作为电视剧产业最重要的内容产品之一，在互联网时代也需要依据平台特征而进行相应的社交化转型。在社交媒体时代，以 IP 剧为核心的网剧是影视剧制作的主流，历史剧的制作也需要满足 IP 剧的基本特征。这就要求创作者在历史剧的制作过程中，需要将稳定的人物关系、有特定原型的历史叙事，放置在最符合原著故事的特定时空中结构叙事。其中，"历史"只是附加于故事的特定符号，而类型化的叙事逻辑与经典的人物关系搭建，才是历史剧的核心。像所有的爆款影视剧一样，社交媒体时代的历史剧一般都是某一核心 IP 的影视剧衍生品。而这一核心 IP 既非传统媒体时代的渠道，亦非 Web2.0 时代的故事，而是最符合社交媒体传播特征的作者。也就是说，在社交媒体时代，受众的历史剧消费，本质上，就是新媒体环境下的追星行为。历史剧的收视，是受众通过影视剧消费，实现自我确认的一种途径。从制造内容到打造偶像，是社交媒体时代历史知识大众化传播的本质特征。

From Mass Communication to Pseudo-interpersonal Communication
—The Decline and Transformation of Historical TV Drama in the Era of New Media

Teng Le

Abstract: TV dramas based on true historical events used to be well received within creative industry in Mainland China's cultural market. However, as internet popularized in the past two decades, historical TV dramas started to be unpopular gradually. Researchers mainly argued that the reason for such phenomenon was due to media corporations chasing for high audience ratings as well as the audiences pursuing for vulgar cultural products. This research would like to argue that the prominent reason for the decline in production of historical dramas were due to the transformation of the mainstream media in this era. As cyber space transform mass communication into pseudo inter-personal communication, TV dramas also turn to be a cultural by-product of popular intellectual properties. Therefore, the researcher would like to point out that production of historical TV dramas needs to fulfill the psychological needs for the fandom culture rather than merely story-telling, which will help the audiences to establish their social identity in the era of social media.

Keywords: Historical Drama; Social Media; Public History

实践者说

修志问道　用影像记录时代

——大型纪录片《中国影像方志》策划手记

于　洪[*]

国家级文化影像工程、大型纪录片《中国影像方志》是中央电视台的重点项目，截至2020年7月，《中国影像方志》在中央电视台科教频道CCTV10及相关网络新媒体平台已经播出了600多集，完成了规划总任务2300多集中的四分之一以上。从接受任务、开始策划算起，五六个年头已经过去了，广大观众已经通过这个超大型系列纪录片，领略了全国600多个县域的魅力。

用影像记录中华民族的伟大复兴，用镜头见证中国人民的奋斗精神，是拍摄制作大型纪录片《中国影像方志》的宗旨和初衷，也是中央电视台作为国家电视台的责任和担当。

电视纪录片《中国影像方志》是在地方志基础上对地方历史文化的创新表达、再度传播和影像传播，是影像史学的一次大型实践，也是公共史学需要关注和研究的课题。作为《中国影像方志》节目策划案的执笔人、执行总导演，本人将简要介绍项目策划过程、节目定位、创作要求和个人体会，希望能为影像史学和公共史学的发展提供

---

[*] 于洪，曾任中央电视台《东方时空》《夕阳红》等栏目主持人、编导，《百家讲坛》栏目主编，现为中央电视台大型纪录片《中国影像方志》执行总导演。工作期间，多次荣获中央电视台多种奖项和政府最高奖。

一份研究材料，贡献自己的一分力量。

研读方志文献　把握方志文化精髓

做好纪录片《中国影像方志》项目的前提，首先要了解方志发展历史，研究方志体例，掌握修志规律。

方志文化是极具中国特色的传统文化。在中国，"国有国史，地有方志，家有家谱"，国史、方志、家谱，共同组成了中华民族的人文数据库，共同记录了中华民族的奋斗史，它们分层构建了一个从家到村、从镇到县、从府到省、从省到国家的宏大浩繁的文献系统，而地方志承上启下，记录了当地的历史变革、文化传承、地理风物、风俗民情等，形成了独特的方志文化。

作为中国方志文化的源头，《周礼》记述了外史"掌四方之志"、小史"掌邦国之志"、职方氏"掌天下之图"、司险"掌九州之图，以周知其山林川泽之阻"、土训"掌道地图"、诵训"掌道方志以诏书观事"，《尚书·禹贡》划天下为九州、计物产贡赋，《山海经》记述山川地理、奇产异兽，这些文献为方志的发展提供了多路信号源和不同的记录模型。后来的《越绝书》《吴越春秋》《华阳国志》《水经注》《括地志》《元和郡县图志》等等典籍虽然分为地记、图经两大类型，但相互借鉴、渗透合流的趋势越来越明显。到了南宋时期，中国的方志体例终于成熟，从村镇到国家的多层级方志编修系统也

图1　《中国影像方志》海报

基本搭建完成。

　　隔代修史，当代修志。历史上，各地每过二、三十年都会续修地方志，他们在梳理增删前代方志的同时，主要续写上次修志以来这几十年本地在各方面的发展变化，这是当地最高长官的责任，也是他们记录自己为任一方的"述职报告"。续修的方志很快就会成为后人眼里的历史，因此地方长官们会延聘当地名宿文人成立修志班子，并尽可能提供充分的物质和条件，以保障大家专心修志，而长官本人则是"修志第一责任人"和"总编"。

　　在中国，从某种意义上来说，"史"是人们梳理前人的故事，"志"是人们记录自己的故事，是留给后人的"历史"。

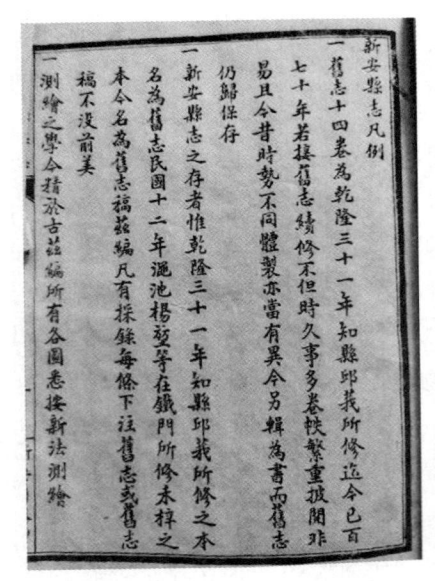

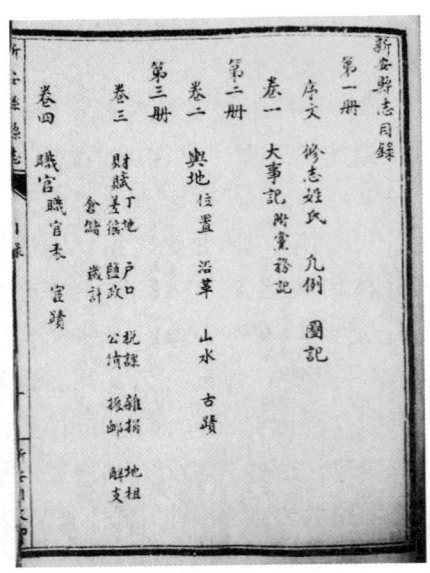

图2　传统志书书影

　　传统的地方志按照行政区划来划分，有村镇志、县志、府志、省志、中华一统志等，而县级行政单位是千百年来在历代行政区划调整中相对稳定的单位，修志的传统使得它们的历史故事代代相续，即便遇到灾荒战乱，当地也只是延迟修志而不会轻易中断。截至目前，我国有千年以上历史的古县还有数百个，而流传下来的历代县志更是数量惊人。县志记述了当地在各个时期发生的大事、出现的变化、缴纳的贡赋、培养的名人等等，并汇集了有关当地的所有资料，是每个县域悠久而详尽的"身份档案"，也是研究当地历史文化的宝贵资料。

传统的县志格式基本稳定，民国以前多为线装竖版，以文字为主、线图为辅，大概分为星野、沿革、山川、学宫、田赋、户口、镇堡、土产、人物、古迹、灾祥、艺文等等，编目从十几个到三十多个不等，并配有县域范围、县城全貌、官署布局、兵要地理等线描图（如图3）。县志的内容详略、分册多寡，要看当地历史人文内涵是否丰富以及地方长官对修志的重视程度，其根本问题还是要看修志经费是否充足。有的县续修县志可以做到一套十几册，有的县能够续修已属不易，修志一册也是成功。不管志书厚薄、册数多少，这些县志共同构成了中华民族的资料数据库，是记录和见证中华民族千百年来不断发展的珍贵文献。

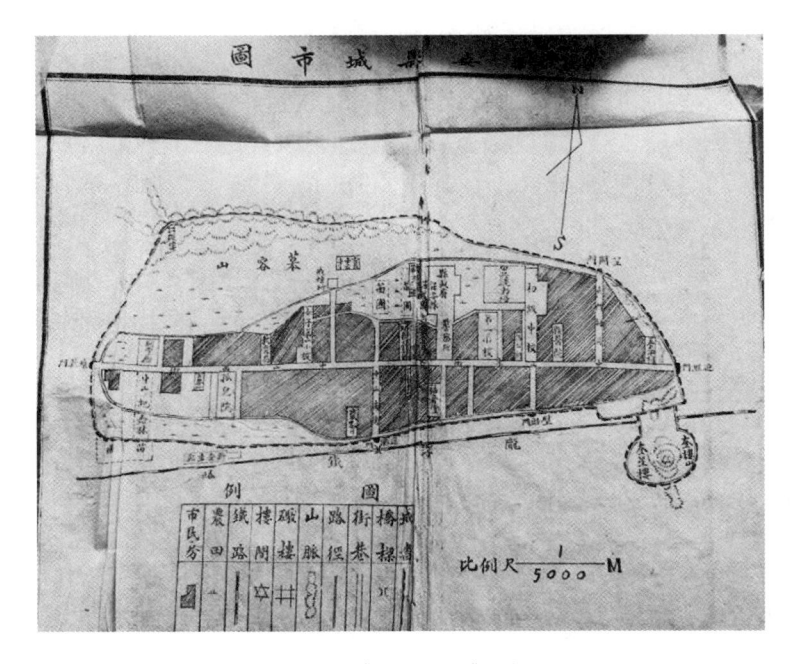

图3　民国《新安县志》城区图

1949年中华人民共和国成立以后，国家对地方志修撰非常重视，相继成立了各级地方志办公室或相关机构，在全国范围内先后进行了两轮修志。新的志书采取了新的排版印刷方式，也采用了新的体例，体裁一般分为述、记、志、传、图、表等，并按照现行行政架构如农业、教育、交通等分编分篇记述，编目最多可超过60个（如图4），并且全书的字数大幅增加，一般都在百万字以上。新志还有一个特点，就是增加了摄影图片，虽然数量还不够多、内容还不够丰富，但已经凸显了影像在志书中的作用。

运用现代影像技术传承方志文化，则是我们的责任和探索。

图4　传统《灵宝县志》一览

遵循修志原则　找准节目定位

在深入调研和思考的基础上，接下来就是要结合时代发展，把握电视运行和传播规律，明确项目追求。

历代修志的原则是"略古详今"，对当地建置沿革、历史大事一般只做相对简单的介绍，重点是记录当代，那么《中国影像方志》的重点，同样要以展现当地当代生活为主。

传统方志主要用文字叙述，可谓"重文轻图"；纪录片《中国影像方志》主要用影像展现，可谓"重影轻文"，或曰"文影并重"，因为电视纪录片离不开文字稿及配音解说，节目主题、文化内涵仍需用文字和解说加以强调和提升，但按照影像规律，人们观看电视节目时，在接受的信息中，视觉影像会占到70%左右的分量（如图5）。实际上，《中国影像方志》是一种前所未有的创新，绝对不是也不能是对传统文字版方志的影像化处理，而是对传统修志方式的创新和发展，是前所未有的挑战，需要认真研究影像表达与文字表达的不同。

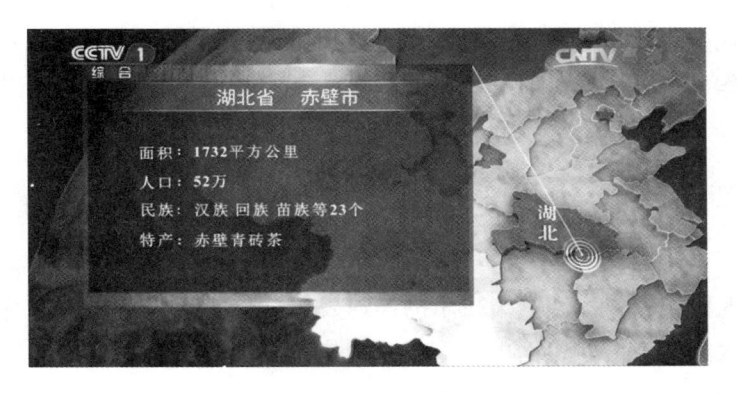

图5　赤壁位置情况介绍

传统修志由各地"自修分修"，《中国影像方志》是"统修合修"。从某种意义上来说，中央电视台摄制大型纪录片《中国影像方志》是国家层面上的修志行为，因而要把所有县域统一放在全国范围内进行审视、比较、提炼，既要表现出共同的当代精神，又要传达出不同的当地个性，也就是站位要高、视野要广、挖掘要深、提炼要准，要把各县域放到中国历史长河中进行考察，要从中华文明的高度对地方文化进行观照。

因而，大型人文纪录片《中国影像方志》将以现代影像技术及表现手段，集中展现一地的山川风光、历史演变、文化传承、民风民俗、当代成就和人文精神，尤其要展现当地人在中华民族伟大复兴进程中的奋斗精神。

每一个县域就是一块拼图，各有各的特点和色彩，最终会组合成一幅宏伟壮阔、色彩斑斓的中国人文画卷。

每一个县域就是一首民歌，各有各的情感和旋律，最终会汇合为中华民族历史传承与当代精神相交织的大合唱和交响史诗。

每一个县域就是一册志书，各有各的内涵和神韵，最终会装订成一套卷帙浩繁、信息全面的中国影像方志全书。

按照台领导、频道领导的要求和指导，在反复讨论研究之后，我们认为，《中国影像方志》应以构筑当代重大文化工程的决心，以全国各地的历代地方志为基础，以现代影视手段和全新的视角，精心拍摄制作，最终完成一部传承方志文化、记录当代中国的大型人文纪录片。

分析不同表达，找出主要矛盾

现代影像技术和网络技术的高速发展，使得视频节目成为大家最为喜欢的传播形式，而电视纪录片向来以其视角独特、内涵丰富、思想深刻、制作精良受到广大观众的喜爱，用精美影像展现各地风景名胜、人物非遗等，一定会视听俱佳、夺人耳目。

然而，以影像修地方志的短板也显而易见。

首先，无限内容与有限时长的冲突。电视节目是有时长限制的，每一个栏目都有自己的规定时长，每集节目规定40分钟就必须是40分钟，一秒钟也不能多、一秒钟也不能少。实际上在电视台电视播出自动化、程序化的今天，时间控制早已经达到了一帧都不能多、一帧都不能少的标准了，而25帧加起来才是一秒钟的画面。但是，地方历史文化的内容却是无限的，从历史、地理、物产、民俗、人物、古迹等等，数不胜数。虽然传统的地方志在撰写时也不会照单全收、也需精挑细选，但只要经费充足，理论上就可以无限增加文字量、图画量，就可以随时增加志书的厚度和册数。因而我们看到，有些地方的县志只有一册，而有些富庶地区的县志往往会有十数册，字数从几万字到几十万字不等，而在1949年之后的两轮修志中，字数超过百万的新县志比比皆是。

换个角度来说，即便《中国影像方志》每集节目全靠文字解说，按照电视纪录片较快的解说速度每分钟250个字计算，一集40分钟的节目，文字稿最多一万字，用一万字来概括当地几十万到上百万字的地方志，本身就是艰难完成的任务。而在电视纪录片当中，除去片头片尾、转场过渡等时间，实际上《中国影像方志》每集节目的文字解说稿的字数，控制在6000到6500字之间才符合纪录片的叙事节奏和气质。用6000多字表达一个县域的历史沧桑、文化传承、风土民情和当代变化，是一项非常艰巨的挑战。无限内容与有限时间的矛盾是必须考虑并解决的首要矛盾。

其次，前代历史与当代生活在片中的比重问题。地方修志是当代人记当代事，原则是略古详今，但当地建置沿革、历史演变等等还必须交代，古略到什么状态、今详到什么程度，并无明确标准和界限。对于电视纪录片来说，更不能按照节目时长2：8或3：7的比例来划分。当地的地名来由、区划调整、历史大事等等也必须表述，否则就失去了修志的特性。而用画面和解说来表现前代历史内容，需要相当的节目时长来交代，因为电视画面语言有自己的要求和规律，讲究画面成组、长短适宜，要有内在的节奏和韵律，不能乱接乱剪、随意压缩。如何融汇古今又能主要体现当代生活，是《中国影像方志》面对的又一个问题。

第三，方志图书阅读与电视文化普及的不同。方志图书与电视节目的读者观众群有相当大的差异，这种差异源于它们不同的媒介属性。传统地方志是专业图书，有一定的阅读门槛，属于小众传播，读地方志的人是少数，能够完整阅读地方志的人更是少而又少。作为当地的身份档案和资料汇编，它一般只在关键时候供需要的人查阅引证，所以地方志的印数历来不多。电视是大众媒体，面向普通观众，人人可以收看，综艺、动画、连续剧不说，即便是传播历史文化的节目和纪录片，只要内容和画面精彩，孩童也乐于观看，所以争取观众注意力是电视节目的主要任务，通俗化解读才能实现电视传播的目的。变专业方志图书为电视普及节目、变小众传播为大众传播，是纪录片《中国影像方志》面对的又一道必须跨越的障碍。

第四，地方志客观记录风格与纪录片故事化讲述的矛盾。地方志的文字语言风格讲究客观、平实、精准、简练，追求描述准确，一般不加评议、不带感情色彩，而电视纪录片常常以具体人物带入，擅长故事化讲述，从而引发观众的关注。故事化讲述、悬念推进向来是纪录片的主要表现手段，人文类纪录片更需要借助各种表现方式来传达相对高深的知识和思想。在故事讲述中，人物的表情、动作以及环境变化等等画面因为直观生动，往往不用人物说话就能引起观众的感情投射，从而吸引观众在全神贯注中理解节目的思想内涵、达到传播目的，这正是电视纪录片追求的一种境界。

与之关联，传统修志"生人不入志"的原则也和电视纪录片的追求产生了冲突。"生人"指活着的人，也就是不管跟本地有关的人物有多大的功绩、才华、名气，只要他还活在世上就不能写入志书。两轮修志的新志虽然对此有所突破，但也只是增加了人名录，只有有相当知名度和一定级别的"生人"才能录入姓名、职务、荣誉称号等简单信息。但电视纪录片的故事化讲述需要具体可感的人物，需要活生生的人物出现，需要通过人物的行为、经历、情感带动故事发展，并在故事中揭示节目主题、引发思考。因此，客观理性的史志风格与生动感性的电视手段如何平衡是又一个课题。

第五，方志全景扫描与电视重点聚焦不同。在地方志中能够全面描述很多内容，但在纪录片中却只能重点展示。比如方志里一般对所属的村镇都有简要的描述和交代，村村都有，村村平等，从容不迫。但电视纪录片就不可能对每一个村庄都进行展现，只能选取其中最有代表性的乡村而且只能进行某一方面的展示，只能聚焦到某个点上，以点带线，给观众以联想和深刻印象。这就像把常见的毕业大合影改为聚焦到某几个人的艺术照，焦点突出，层次分明，冲击力强，而其他多人就会变成了背景，同时还要保证精神气韵依然激荡。这不仅仅是因为节目时长的限制，还因为这是纪录片创作的基本方式，从根本上说，是创作理念的不同。

除此之外，纪录片《中国影像方志》还需要解决不少其他问题，比如文字风格、体例格式、地区差异、内容不均等等。《中国影像方志》是以传统方志为基础的电视纪录片，但不是对文字方志的简单影像化处理，而是新的创造，是用新的工具修志，是在创立一种新的修志方式，是一种创新表达，因而既要体现传统方志的文化特征又不能拘泥于传统，要敢于大胆尝试和探索。

遵循电视规律　确立节目样式

通过综合分析和讨论研究，《中国影像方志》的创作模式可以用结构模块化、内容故事化、切入事件化来概括，同时要努力做到史料视觉化、创作精品化。

结构模块化是指将各地的建置沿革、历史大事、历代名人、文化传承、风物名胜、风土民情、当代成就等等内容（如图6），明确划分为不同的模块，根据各地历史演变、文化内涵的不同而选取不同的模块，以类似于搭积木的方式，通过不同模块的组合来突出各地的特点。这种形式既保留了传统方志的体例特征，是对传统方志修撰方式的传承，同时又能保持各县域的影像方志体例统一、风格统一，这对于体量巨大的系列纪录片创作来说至关重要。

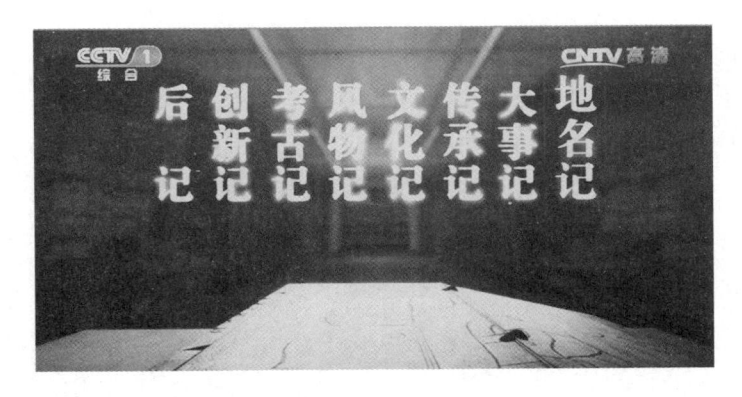

图6　灵宝篇目录

模块内容具体分为引言、地名记、历史记（大事、考古、红色革命等)、地理记(自然奇观、名胜古迹等)、人物记(历代著名人物)、文化记(教育、非遗、民俗、手工等)、美食记、当代记(农业、经济、环保、交通、扶贫、创新等)、后记等,每个模块时长不等,从两分钟到六分钟均可,具体时长根据内容来确定。其中引言、地名记、当代记、后记为必选模块,其他模块根据各地的历史文化特点各自选择。因为文化核心地区与边疆地区的历史文化资源有很大不同,比如有的县历代名人众多只能优中选优,而有的县历史上可能连一个状元都没有出过,就不可能选择人物记。每一集节目中的模块数量不能少于八个,以保证节目内容的丰富性。之所以要规定必选模块,是因为引言、后记可以保持节目体例的统一,并起到提纲挈领、总结提炼地方文化精神的作用;地名记用于交代当地的位置与建置,让观众知道此地在中国的位置和历史由来(如图7)。进一步细化,地名记则必须具备三个要素:地名由来、建置历史、地理位置,同时要用三维动画地图在中国版图上标示出该县域的具体位置,这样可以在短时间内让观众对该县域有清晰的了解;而当代记则是节目的重中之重,因为修志就是为了记录当代,《中国影像方志》的意义也正是要以影像记录当地当代的面貌,记录改革开放以来尤其是党的十八大以来的变革和发展,给后人留下奋斗的影像。

图7 灵宝得名

在总体结构上，大型纪录片《中国影像方志》设置了四层架构，分为志（总目）、卷（省份）、篇（县域）、记（内容），比如《中国影像方志·河南卷·灵宝篇》，《灵宝篇》又由引言、地名记、创新记、后记等"记"组成，模块清晰，结构分明。

内容故事化是要求各模块内容尽量避免简单陈述，要以人物引领、以故事切入、以细节表现，用揭秘的手法打造节目的可视性和贴近性，用具体细节体现宏大叙事，以充沛情感打动观众、感染观众，从而达到以小见大、以情感人、见微知著的传播效果。而各模块所选择的人物应以专家学者、文化名人、非遗传人、普通劳动者为主，他们要有专长有故事，真实可信。其实只要深入挖掘、精巧构思，即便最不容易故事化讲述的地名记，也可以通过当地文史爱好者对地名的追根问底、艺术家的采风创作来讲述地名由来的故事，吸引观众。再比如在对当地当代精神进行挖掘呈现时，人物故事的感染力要远超一般的陈述，《河南卷·灵宝篇》中的一个模块可以作为一个例证。

在拍摄制作《中国影像方志》首轮样片时，作为执行总导演，我专程到河南省三门峡市灵宝市和节目组一起进行前期拍摄。期间出现一个突发事件，前期调研时已经选定的一个人物因故不能继续拍摄，此时必须再补选一个故事，节目才能完整。我立即请当地宣传部人员推荐相关的人物和故事，因为他们对当地最为熟悉。他们马上推荐了两个故事：一个是立志香菇种植、几经磨难终于带动群众一起致富的年轻人，一个是获得多项国家专利、填补了某种高新产品国内生产空白的年轻团队。进一步了解后，我判断那个创新团队更有故事、更能体现当地精神，于是马上就去了解核实。此时天色已晚，工厂已经下班，节目组其他人还在另外的地方拍摄，我请当地同志马上联系相关人员，直接赶到现场看场地、挖故事。该单位负责人和团队主要成员赶到后，通过采访了解到，这个青年创新团队，全部由返乡大学生、研究生组成，都是土生土长的灵宝人，从在麦地里建厂开始，他们因陋就简，经过艰难的技术攻关，最后生产出了只有几微米厚的压延铜箔，并占领了70%以上的国内市场，还远销国外。在此之前，只有美国、日本的两家公司能够生产这种的产品，我国完全依赖于进口，而这种产品是制造手机、计算机的必需品，也是火箭、导弹离不开的材料，可以说是一种战略物资。在反复确认拥有国家专利、生产工艺领先等信息完全属实之后，我觉得这个一群小城青年攻克技术难关的故事特点非常明显：返乡大学生、团队创新、从零开始、屡屡失败、反复攻关、世界领先，而灵宝又是传说中黄帝铸鼎的地方，还是中国著名的黄金产地，有着久远的冶金历史。这些都体现了当代年轻人热爱家乡、勇于创新、团结协作的精神，也体现了灵宝人的文化传承和敢于担当的性格。于是我连夜跟节目组开会，布置拍摄任务、敲定拍摄细节（见图8）。最终这个节目段落受到了领导和专家们的好评，而这种青年群像式的表现手法也被其他节目借鉴。

图8　灵宝创新团队群像

内容故事化的讲述方式还解决了先前历史与当代生活的比重问题。因为每个模块都可以用当代人物故事带入，模块内容既是在讲往昔，也是在展现当代。比如通过当地文物管理所退休老所长几十年钟情于文物的故事，通过他讲述当年珍贵文物出土时的情景（见图9），再借助出土文物讲述当地的历史变迁，最后回到群众文物保护意识不断提高的当今，古今融合，传承有序，精神卓然。再比如可以通过一个原来被迫回来学习家族手艺的年轻人，经过对传统手艺的了解和对手艺传承脉络的研究，他发现手艺和当地的历史人文、环境物产密切相关，最终他爱上手艺，成为了年轻的非遗传承人。这样的故事既保持了方志记录当地物产和手艺的传统，又通过画面集中展现了手艺作品的精美，还体现了当代人的生活和追求。如此这般，一石多鸟，可举一反三，灵活运用。

图 9　灵宝文物保护所老所长接受采访

但在内容故事化的创作时，却必须把握好一个度，那就是人物故事与内容主题的平衡关系。要知道每个模块的主题都是记录表现当地的历史发展，人物故事只是手段。虽然在创作中要求注重细节、故事要有起伏，但如果对人物和故事用力过度，则会把此模块做成单个人物的纪录片或小团队的纪录片，那就背离了《中国影像方志》的主旨；但如果仅仅把人物故事作为简单的过场，只是飘飘而过，则无法迸发出故事化讲述的力量。这种分寸把握和平衡能力，需要创作者具有高超的驾驭本领和反复推敲的创作态度。

有些模块可以选取当今甚至过去发生的著名新闻事件、具有影响力的活动等等作为切口，引出具体内容，表现节目主题，实现创作目的。

史料视觉化是要求在创作中一定要体现影像特点、电视规律，一方面尽可能运用多种技术手段用影像讲述过往历史，更重要的是，要尽力寻找当地的影像资料，比如照相术传入中国后外国人拍的当地照片和电影，最早可能是 100 多年前的作品，即便是 20 世纪五六十年代中央新闻电影制片厂拍摄的《新闻简报》等影片,也已经有60来年的历史。这些影像本身就是难得的历史资料,是凸显影像修志特点的珍贵文献和有力手段,而新旧影像结合,更能突出影像方志的特点优长,多少年之后,这些影像会越来越有价值。

  创作精品化是对创作多方面的要求。首先是文字解说稿要反复锤炼、精而又精,既要体现史志语言的传统,又要具有人文纪录片的特质,既温暖又理性,高度凝练,表达精准,能打动感染观众,又经得起历史的考验。其次是拍摄画面要意境开阔、庄重大气、细节生动、唯美精致。现代科技高速发展,摄像器材不断更新,新设备层出不穷,画面越来越清晰,原来耗费巨大的航空拍摄,现在可以用遥控无人机轻松实现,因而在拍摄时要充分拍摄精美的航拍、延时、移动、微距等画面,多使用两极镜头,采用高清格式,有条件时可考虑4K格式,以表现当地风光的壮美和生活的美好。同时,在新媒体蓬勃发展的今天,还需考虑新媒体传播特点,在构图、景深等方面做全面规划和调整,以适应移动端的影像需求。第三是后期制作要剪辑流畅、质量精良,运用音乐、音效、动画、抠图等多种视听手段,使节目声画俱佳。同时必须进行全方位的包装设计,专门设计创作片头、音乐、模板、海报、宣传片等,把《中国影像方志》打造成纪录片精品(如图10)。

图10 赤壁后记的影像化处理

经过反复研究，从节目形态到创作要求，大型纪录片《中国影像方志》确立了自己的特点和标准。

在策划阶段，根据当时民政部的权威信息，全国共有县和县级市2320多个，每个县域拍摄制作一集节目，《中国影像方志》的总集数就将超过2320集。虽然近年来各地行政区划不断调整，不少县域已变身为市区，县域总数有所减少，但节目规模依然接近2300集，如此庞大的纪录片项目虽不敢说后无来者，但肯定前无古人，这是一个超大型的文化影像工程。人文纪录片《中国影像方志》正式立项并实施，体现了中央电视台各级领导的胸怀和气魄，我无比钦佩。

从节目创新角度来说，《中国影像方志》是我国传统方志在修志方法上的一大创新，从传统的以文字为主到以影像为主，前所未有。同时，《中国影像方志》也是纪录片题材上的一大创新，这是第一个专门以地方志为主题的大型系列纪录片，前所未有。而且，《中国影像方志》也是纪录片体量规模上的一大创新，2300集的系列节目，可谓鸿篇巨制，前所未有。

修志方式的创新，可以让广大观众对方志文化产生浓厚兴趣，但我知道，影像方志却永远无法取代文字版地方志，因为传统方志的内容十分丰富，因为电视纪录片的创作方式有自己的局限，传统方志的内容不可能得到全部呈现。我认为，影像方志只是方志文化的一个支脉，是我们在信息时代用影像工具和新型媒介对传统方志的延展探索，是对传统方志的二次传播和表现形式的丰富。而那些无法在纪录片《中国影像方志》中表现的内容，也是无法替代的宝贵资源，地方政府和文化宣传部门应该继续挖掘、充分展示。

虽然传统方志是地方文化珍贵的史料和数据库，但在纪录片《中国影像方志》的创作过程中，合理的质疑批判是不可或缺的态度，创作者不能盲目地对方志内容全部采信，因为在修志过程中，修志人基于各种动因比如家乡情结等，会收录许多有利于当地的资料或野史传说，而不管这些资料是否属实。比如多地对赤壁所在地的争抢、许多历史名人的故里之争，不少都源于这样的问题。还有一种情况当然也会导致方志中很多材料不准确，那是因为修志人学养不够，他们无法判断资料的真伪。因此，在创作中一定要敢于质疑、反复验证，以保证节目的史志品质。

图11　王立群先生在讲述灵宝历史

从中华文明的高度解读地方志，从地方志的角度彰显中华文明，这是策划之初的目标。虽然大家非常努力，但几年来的实践还远未达到这个创作要求。节目文稿的语言和风格还需继续锤炼，创作中的遗憾也多有存在，创新探索之路仍然任重而道远。

希望所有人的努力都有应有的回响，希望《中国影像方志》能够真正成为一部记录中国县域历史发展、文化传承、当代精神的影像史诗。

以地方表达中国，为时代讴歌，为人民立传，修志问道，用影像记录当代，是我们的初心。希望大型人文纪录片《中国影像方志》能成为一部经得起时间考验的优秀作品。

调查分析

电视历史剧对当代青年历史认知影响探究

——一个跨学科研究的探索

调查人：

黄　　山：中国人民大学历史学院2017级本科生；

余稷荣：中国人民大学历史学院2017级本科生；

崔　　童：中国人民大学历史学院2017级本科生；

张亦琪：中国人民大学历史学院2017级本科生；

李祎凝：中国人民大学历史学院2017级本科生。

摘要：随着现代传媒的兴起，历史剧逐渐成为各大播出平台的重要内容。其历史性和艺术性的双重内涵，及其与国民教育的联系也引发了史学界的思考。那么，历史剧在何种程度上影响了青年的历史知识，进而对其历史观念予以了重塑？从这种思路出发，本调查希望综合运用历史学、社会学、戏剧学理论，运用实证研究定量方法研究历史剧的影响力与性别、专业等因素间的关系，以期对历史剧之于青年的影响进行具体分析。此外，我们对该影响产生的原因予以考察，并基于对研究成果与当前政策的调研，从受众层面对现阶段历史传播工作的利弊得失进行探讨，希望对国民历史教育有所助力。

关键词：历史剧　青年　历史认知　国民教育

一 引言

"忘记历史就等于背叛",2014年,习近平主席在南京大屠杀死难者国家公祭仪式上的讲话,强调了历史的重要性。钱穆先生也认为:"任何一国之国民,对本国以往历史,应当略有所知。否则最多只算一有知识的人,不能算一有知识的国民。"[1] 可见,一国民众如何认知本国的历史是非常重要的。

考察电视历史剧对青年人历史认知的影响具有重要意义。观看电视剧是我国国民日常生活的重要内容:从供给上看,我国每年生产完成并获得发行许可证的电视剧数量在300部以上;从需求上看,2018年,我国电视剧收视比重为32%,是收视比重最高的节目类型。其中,电视历史剧的地位格外突出:2018年,历史题材电视剧占到了全年度电视剧生产总量的36%。[2] 因此,电视历史剧如何影响国民的历史认知是值得我们关注的问题。在国民之中,青年人尤为重要。十九大报告强调:"青年兴则国家兴,青年强则国家强。"因此,研究青年的历史认知问题又别具意义。本文即以当代青年人为研究对象,考察电视历史剧如何影响其历史认知。

对于当代历史研究者来说,电视剧在历史认知塑造中扮演的角色也十分值得关注。2019年1月,中国历史研究院成立。研究院副院长李国强表示:近年来随意的、胡编乱造的戏说作品大量充斥在电视电影之中,带给民众不真实、不科学甚至是歪曲的历史知识。而中国历史研究院的职责之一就是"将专业史学与大众史学有机结合起来"[3]。这就意味着,历史研究者应当承担起引导大众历史认知的社

---

[1] 钱穆:《国史大纲》,商务印书馆2015年版,第1页。
[2] 首都影视发展智库、首都广播电视节目制作业协会、清华大学影视传播研究中心、CC-Smart新传智库:《中国电视剧产业发展报告2019》,http://www.ttacc.net/a/news/2019/0328/56143.html。
[3] 新华社"半月谈"微信公众号:《培养一流史学大师,产出一流史学成果!中国历史研究院将这样办》,2019年1月21日。

会责任。

综合来看，电视历史剧对当代青年历史认知的影响是一个重要的时代命题。我们应当回答这个亟待解决的问题，以期推动电视剧产业的良性发展、发挥电视历史剧对青年群体历史认知的良性引导作用。

二 研究现状

（一）概念界定

1. 电视历史剧

中国历史剧是一种通过演员扮演历史角色来演绎中国历史的戏剧形式。中国历史剧根据剧种可以划分为中国历史戏剧（戏曲、舞台剧）和中国历史影视剧。中国历史影视剧因电影和电视剧两种艺术形式可进一步划分为电视历史剧和电影历史剧。电视历史剧即我们进一步研究的对象（除非特别说明，下面历史剧均指电视历史剧）。

文艺理论界基本达成了对电视历史剧两大类型的划分。中国传媒大学曹凯中、杨婕对其做了以下的概括整理：其一，尊重历史真实的"正剧"类历史剧，这类历史剧以历史人物、历史事件为素材，尊重基本的历史事实，运用艺术性的表现手法，真实再现当时社会的政治、经济、风俗、情感等场景；其二，为忽略真实历史的"戏说"类历史剧，这类历史剧主要是以历史人物、历史事件为由头，充分运用艺术想象，从编导及演职人员的现代理念出发，叙述理想中的故事。这类历史剧也就是普遍意义上的戏说剧。这也意味着，历史性和艺术性是历史剧的两个基本属性，历史剧是历史性和艺术性的统一。[①]

学界关于历史戏说剧争论不断，"历史戏说剧"这一概念下的各种历史剧并不能达成类型学上的统一，各种所谓"历史戏说剧"间仍存在着差异。本文运用划分历史正剧和历史戏说剧的根本性原

---

① 曹凯中、杨婕：《戏剧化的历史与历史化的戏剧——戏说历史剧的艺术特征研究》，《中国电视》2018年第3期。

则——历史剧与历史真实关系的紧密度——对"历史戏说剧"这一概念统属下的各种历史剧进行了进一步划分，分离出了"历史故事剧"和"历史古装剧"两个概念。

历史故事剧指：保证了历史背景和部分历史事件的真实性，在真实历史人物的基础上进行艺术加工改造和故事创作，在剧中展现历史人物在历史记录之外的人格、言行和经历的历史剧类型。以历史剧《神探狄仁杰》为例，剧中年代、主角都是真实存在的，但剧的主体情节是以"神探"狄仁杰的事迹展开的，是艺术产物。

历史古装剧指：以历史时空作为叙事场景，在服饰、语言、器物等方面明显具有中国古代的文化特征，剧中角色大多仿照历史人物虚构或者完全是剧组的创造。例如《琅琊榜》虽然有着南北朝时期的一些文化因素，事件和各种剧中设定多借鉴历史，但人物均为虚构。

这样的划分将更加有利于厘清不同种类历史剧对受众造成的复杂的历史认知影响，便于深化研究。

特别说明：本文凡"正剧""古装剧""故事剧"的说法，均指历史正剧、历史古装剧、历史故事剧。

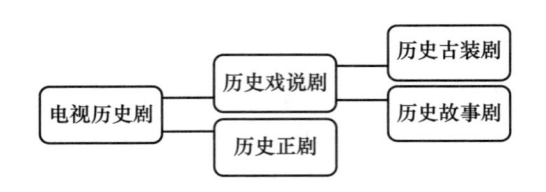

图1　电视历史剧概念划分

2. 历史认知

历史认知是个人或社会群体对历史产生的全部认识，可以划分为历史知识（即史实）与历史观念（即史观）两部分进行研究。

历史认识是对历史事实、历史人物、历史时空等客观历史存在产生的知识，具有客观性。例如秦统一中国的时间等知识；而历史观念则包括对历史事件与历史人物的评论，以及在历史知识基础上抽象产生的各种观念性认识，例如英雄史观、唯物史观等概念，具有主观性。

(二) 研究现状

1. 当今历史剧的问题

针对当今历史剧的问题，学界主要从两个角度展开了批判：剧情设计层面与价值观层面。在剧情设计层面，黄朴民在《依违于历史与艺术之间》[①]一文中指出，当今历史剧主要存在着题材偏狭、史实错讹、艺术虚构超过底线、史观错位（颠倒黑白）等问题。

价值观层面，龚书铎的《历史题材电视剧随想》[②]认为现今历史剧的主要弊端在于未能反映历史的本质、体现时代精神，且仅停留于历史表面，对青少年的历史价值观会产生歪曲混淆等不良影响。

针对历史剧为何产生上述弊端，龚书铎的《历史剧与影视史学》[③]认为这是由于当今历史剧创作过度关注经济效益之故。罗怀臻在《新时期戏曲历史剧创作之我见》[④]一文指出，新锐史剧作家人才出现频率的放缓和史剧作品力量的减弱，以及戏曲历史剧创作理论发展的缓慢是历史剧出现上述弊端的根本原因。

2. 当今历史剧的发展建议

针对如何实现当今历史剧的良性发展，学界主要的论述角度是从如何实现历史性与艺术性的统一这一方面展开的。《依违于历史与艺术之间》[⑤]一文提出，当今历史剧欲实现良性发展，需尊重基本史实、传递正确史观、适当发挥艺术性。

孟宪实在《历史剧与历史学散论》[⑥]一文中指出：历史维度和艺术维度可以并存，历史剧需尊重历史事实，历史学家亦须允许历史的艺术加工。历史研究为历史剧提供框架；历史剧则为历史研究提供想象力。历史维度和艺术维度之间应是相互尊重、相互支持、相互合作

[①] 黄朴民：《依违于历史与艺术之间》，《中国人民大学学报》2007年第2期。
[②] 龚书铎：《历史题材电视剧随想》，《中国人民大学学报》2007年第2期。
[③] 龚书铎：《历史剧与影视史学》，《中国人民大学学报》2007年第2期。
[④] 罗怀臻：《新时期戏曲历史剧创作之我见》，《中国戏剧》2009年第4期。
[⑤] 黄朴民：《依违于历史与艺术之间》，《中国人民大学学报》2007年第2期。
[⑥] 孟宪实：《历史剧与历史学散论》，《中国人民大学学报》2007年第2期。

的关系。

3. 历史剧在历史传播和国民教育中的角色

李楷的《历史剧的非历史化现象评述》① 认为，历史剧担当着历史知识与受众间"二级传播"的角色，其影响通过电视等二级平台被进一步放大。唐卓的《流行历史类电视剧的受众满足及传播学分析》② 一文认为，历史剧不仅传递信息，也传递理念。

对于历史剧在国民教育中角色的讨论，秦静的《历史题材影视信息作为课程资源在历史教学中的运用研究》③ 指出，历史题材影视资源可以转化为教学资源，但戏说历史剧因其存在的史实错误不仅无法作为教学资源，而且有极大的反作用。龚书铎认为历史剧是在基础历史教育缺环的现实下的重要传播手段，但我们不可对其过于苛求，不必要求其承担起主要责任。④

4. 对现有研究的反思

对于历史剧的本质问题，即历史维度与艺术维度的关系问题，学界已达成了基本共识：历史维度与艺术维度二者皆不可偏废。同时，历史剧的社会功能亦受到关注，不可对历史事实随意篡改。

然而，学界研究中存在的问题亦不可忽视，其主要不足在于：一，过度看重理论层面的分析，实证研究稍有不足，针对历史剧存在的问题多采用"颠倒黑白""违背史实""混淆善恶"等抽象词汇予以描述；二，在论述历史剧对大众产生的影响时，忽视了对受众的具体分析，往往停留于传播者的层面进行理论探讨，可以说是"自上而下"的考察，却很少从"自下而上"的角度进行探究。在这种背景下，我们试图从历史学、社会学、戏剧学的理论出发，借鉴实证研究定量方法深入把握历史剧在受众层面的影响，从而对历史

---

① 李楷：《历史剧的非历史化现象评述》，《中国电视》2007年第7期。
② 唐卓：《流行历史类电视剧的受众满足及传播学分析》，《电视指南》2017年第5期。
③ 秦静：《历史题材影视信息作为课程资源在历史教学中的运用研究》，硕士学位论文，宁波大学，2008年。
④ 龚书铎：《历史题材电视剧随想》，《中国人民大学学报》2007年第2期。

剧的现状与未来展开更为细致的考察，这亦是我们本次研究课题的旨趣所在。

三　内容与方法

（一）研究对象

本研究的主要目标是探究电视历史剧对当代青年人历史认知的影响。由于革命历史的复杂性，本文选择的电视历史剧样本，其年代设定均在1919年（新民主主义革命）以前。此外，本文所指电视剧、电视历史剧均指只在电视平台播放或台网同播类剧目，不包括只在网络端进行播放的剧集。我们将青年群体作为研究人群。联合国教科文组织将"青年"的年龄划定为16—45周岁，中国共青团将"青年"定义为14—28岁。一方面，中国历史影视剧是在20世纪90年代进入高速发展阶段，并显著影响人民大众，另一方面，我国青少年在18岁之前还在接受中学教育，历史认知还在形成中，且较少有时间看电视。因此，我们选取了18—38岁的青年群体作为研究对象。

（二）研究内容与过程

1. 研究内容

我们把历史剧向观众传达的历史信息划分为历史知识和历史观念两个层面。将通过文献阅读、访谈、问卷调查等形式探究以下三个层次的问题：第一，历史剧是否对青年人的历史认知造成影响；第二，历史剧给不同类型的青年观众带来了怎样的影响；第三，不同类型历史剧给青年观众带来了怎样的影响。

此外，本文结合对中国人民大学的历史学者（尤其是一些曾以顾问等身份参与历史剧制作过程的学者）的访谈内容和国内相关研究，针对管理部门、学界和历史剧制作方三个参与历史剧创作的相关方，提出了一些改进建议。

2. 研究过程

首先，通过对现有文献的分析，本组成员发现，涉及历史剧的讨论，各方普遍认为历史剧在大众历史认知的形成中起重要作用，故决定从历史剧入手探究大众历史认知的形成过程。

其次，进行第一轮调研，调查历史剧受众的观影喜好和主观感受。

再次，进行第二轮调研，对历史剧影响受众历史认知的效果与其影响机制进行研究，并对比两次调研。

最后，根据数据分析结果、半结构访谈和文献分析如何发展历史剧，让历史剧在国民历史教育中更好地发挥作用。

四 第一轮调研

（一）本次调研思路

1. 调研目的

验证研究假设。本研究的假设是电视历史剧对青年人的历史认知没有影响，第一轮调研考察青年观众是否感到自己的历史认知受到电视历史剧的影响，进而从主观层面验证研究假设是否成立。

考察各因素与受电视历史剧影响之间的具体关系。

为第二轮调研电视剧样本的选择提供数据基础。我们需要选择有关注度、有代表性的电视历史剧作为第二轮调研的样本，第一轮调研考察观众的观看兴趣可以为此提供基础。

2. 调研方法

第一轮调研的首要目的是验证我们的研究假设，即验证电视历史剧是否对青年人的历史认知形成影响。为此，我们采用了问卷法与半结构访谈法相结合的方法进行第一轮调研。在调研中，我们采取了单纯随机抽样的方法，以保证样本的代表性。

3. 问卷设计

我们综合收视率、点击量、豆瓣评分、微博讨论等多种因素，选出了受到高度关注的电视剧样本。每部剧入选的具体理由如表1。

表1　　　　　　　　　　　第一轮调研电视剧样本

	电视收视率	网络播放量	其他意义
琅琊榜		据优酷联合艺恩发布的"2015大剧琅琊榜"，该剧播放量超过100亿	
延禧攻略	收视率曾高达4%，雄踞实时排行榜第二。在香港平均收视率达31.8%	曾在爱奇艺创造单周播放量达到24.9亿的纪录，以极大优势超过第二名	
甄嬛传	平均收视率一直排在同期前十，后期长居榜首	2013年，播放量累计达68亿	具备海外影响：剧集在美国播放，孙俪提名艾美奖最佳女主角
步步惊心	开播后收视率一路飙高，成为全国卫视同时段第一名	网络史上第一部点击破亿的大剧，网络史上首个单集播放量破亿的电视剧	具备海外影响：在韩国首尔国际电视节获得"最受欢迎海外电视剧"大奖和"亚洲最具人气演员"大奖，在"2012年韩国人气电影与电视剧"评选中居"best海外电视剧"首位
楚乔传	平均收视率在2%左右，是我国第一部全国收视率破2%的非假期档周播剧	网络播放量超过400亿，是史上首部网络播放量超过400亿的电视剧	
康熙王朝	最高收视率达13%		曾获中国电视剧产业二十年"百部优秀电视剧"奖
芈月传	平均收视率超过2%	网络播放量破百亿	
大明王朝1566		据报道，该剧在优酷重播24小时后就获得超过400万播放量	电视剧类豆瓣评分第一
三国演义			电视剧类豆瓣评分第二
铁齿铜牙纪晓岚			各大卫视经常重播的经典
宫	收视率2.5%左右，收视份额长期维持在12%以上，同时段排名第一	早在2011年即获得1.24亿网络播放量，在土豆网内地电视剧排行中稳居榜首	清宫穿越剧鼻祖
走向共和			电视剧类豆瓣评分第一
大秦帝国			电视剧类豆瓣评分第三

续表

	电视收视率	网络播放量	其他意义
女医明妃传	自开播收视率便一直保持在同档电视剧前五名，之后一直稳居黄金时段收视率第一	网络播放量2016年3月第一	
神探狄仁杰			观众覆盖数个年龄层的经典剧目

统计数据来自相关网站。

（二）样本描述性统计分析

1. 样本数量

本次调研收回问卷736份，有效问卷共622份。

2. 基本信息统计

2.1 性别

样本分布情况如图2。

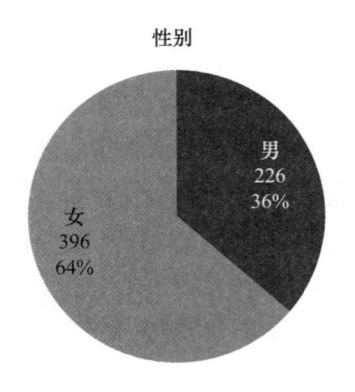

性别

男 226 36%
女 396 64%

图2 第一轮调研有效样本性别比例

2.2 地域

在第一轮调研数据分析中，我们按照各省、直辖市的人均GDP排名将全国分为三类地区：发达地区、较发达地区和较不发达地区，以衡量受访者常住地的经济发展状况。样本分布情况如图3。

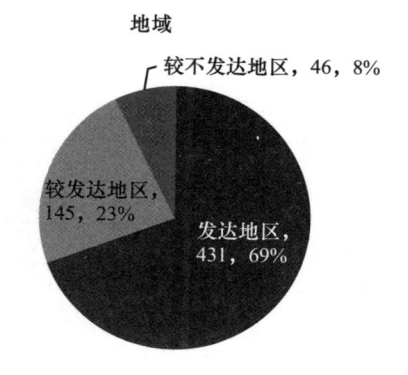

图3 第一轮调研有效样本地域比例

2.3 学科背景

按照教育部公布的一级学科分类以及通行的学部分类法，我们将受访者的学科背景分为三类：人文类、社科类和理工类。在本次有效的622位受访者中，学科背景为人文类的共244人，社科类的256人，理工类的106人。

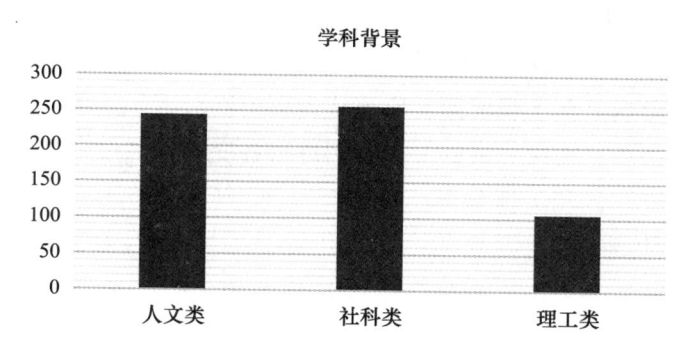

图4 第一轮调研有效样本学科背景分布

3. 变量选取

在第一轮调研数据分析中，我们将8个变量设为自变量，将"受历史剧影响主观感受强度"设为因变量，进而可以探讨各因素与青年观众受历史剧影响之间的具体关系。各变量具体情况如表2。

表 2　　　　　　　　　　第一轮调研结果分析变量选取表

变量类型	变量名称	变量解释
自变量	年龄/age	1 = 18—25 岁，2 = 26—30 岁，3 = 31—38 岁
	性别/gender	1 = 男，2 = 女
	地域/location	1 = 发达地区，2 = 较发达地区，3 = 较不发达地区
	受教育水平/edu	1 = 高中及以下，2 = 本科，3 = 硕士及以上
	学科背景/major	1 = 人文类，2 = 社科类，3 = 理工类
	喜欢正剧程度/sum_serious	0 = 完全不看，1 = 看得极少，2 = 看得较少，3 = 看得一般，4 = 看得较多，5 = 非常爱看
	喜欢故事剧程度/sum_story	0 = 完全不看，1 = 看得极少，2 = 看得较少，3 = 看得一般，4 = 看得较多，5 = 非常爱看
	喜欢古装剧程度/sun_fiction	0 = 完全不看，1 = 看得极少，2 = 看得较少，3 = 看得一般，4 = 看得较多，5 = 非常爱看
因变量	受历史剧影响主观感受强度/influence	1 = 基本没有，2 = 比较小，3 = 一般，4 = 比较大，5 = 非常大

4. 性别、地域与"受历史剧影响主观感受强度"的相关关系

4.1　定性描述

在 622 位受访者中，89.4% 的受访者表示自己的历史认知受到了历史剧的影响。在主观层面，应该认为历史剧对青年人的历史认知确实产生了影响。在这一基础上，我们进行各变量与"受历史剧影响主观感受强度"的相关性分析。

4.2　性别

在统计学分析中，衡量两组变量是否相关时一般要建立研究假设，进而通过方差分析、卡方检验等检验研究假设发生的概率。用来衡量研究假设发生概率的指标称为 P 值（P value），P 值的大小代表了研究假设发生的概率。当 $P < 0.05$ 时，一般认为研究假设不会发生，即两组变量存在显著相关关系；当 $P < 0.01$ 时，则认为两组变量在更明显的级别呈显著相关关系。

性别与因变量显著相关。研究假设：性别与是否受历史剧影响无关。由表 2 可得：$P = 0.027 < 0.05$，两组变量在 $P < 0.05$ 的级别

呈显著相关关系，研究假设错误（本研究利用 SPSS 软件的相关性分析测算 P 值，下文相关性检验原理与此相同，因此不再列出详细比较过程）。

男性受历史剧影响的主观感受强于女性，图 5 反映了这种差异。以"比较大"一级为例："24%"代表受历史剧影响主观感受强度为"比较大"的男性占所有男性数量的 24%；同一级的女性数据为 18%，两性差异达到 6%。而在"比较小"一级，女性数据则远大于男性，差异达到 11%。在主观层面，男性历史认知受历史剧的影响强于女性。

表 3　　　　　　　　　　性别与影响相关性检验表

		影响
影响	皮尔逊相关性	1
	显著性（双尾）	—
	个案数	859
性别	皮尔逊相关性	-.076*
	显著性（双尾）	0.027
	个案数	859

*. 在 0.05 级别（双尾），相关性显著。

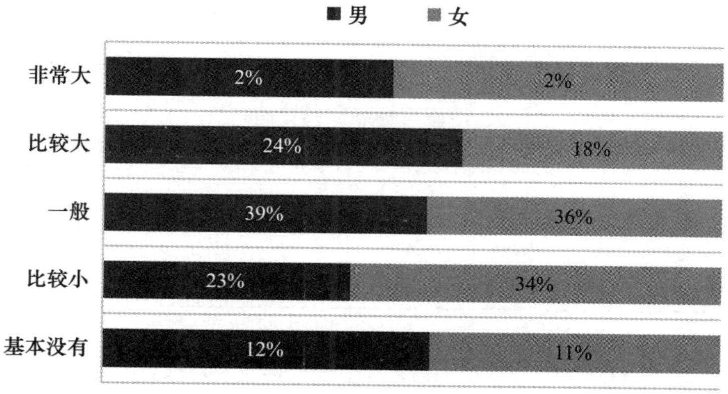

	男	女
非常大	2%	2%
比较大	24%	18%
一般	39%	36%
比较小	23%	34%
基本没有	12%	11%

图 5　性别与影响关系图

4.3 地域

地域与因变量显著相关。在地域与"受历史剧影响主观感受强度"的相关性检验中 P = 0.038 < 0.05，因此二者呈现显著相关关系。

表 4　　　　　　　　　地域与影响相关性检验

		影响	地域
影响	皮尔逊相关性	1	.071 *
	显著性（双尾）		0.038
	个案数	859	859
地域	皮尔逊相关性	.071 *	1
	显著性（双尾）	0.038	
	个案数	859	859

*. 在 0.05 级别（双尾），相关性显著。

在较不发达地区，青年的历史认知更容易受到历史剧的影响。在图 6 中，左部黑色条形代表经济发达地区，中部浅灰色代表较发达地区，右部深灰色代表较不发达地区。在发达地区，"基本没有"受到历史剧影响的人数占总人数的 13%，在三类地区中为最高。而在较不发达地区，受历史剧影响程度"非常大"的人数占 4%，这是另外两类地区的数据之和。由此可知，经济较不发达地区的青年更容易受到历史剧影响。

表 5　　　　　　　　　地域与影响回归分析

模型	未标准化系数 B	标准误差	标准化系数 Beta	t	显著性
（常量）	2.592	.080		32.365	.000
地域	.092	.044	.071	2.077	.038

当下人们主要通过网络端观看电视剧，而我国网民以中低等教育水平的青年为主。根据《第 42 次中国互联网络发展状况统计报告

电视历史剧对当代青年历史认知影响探究

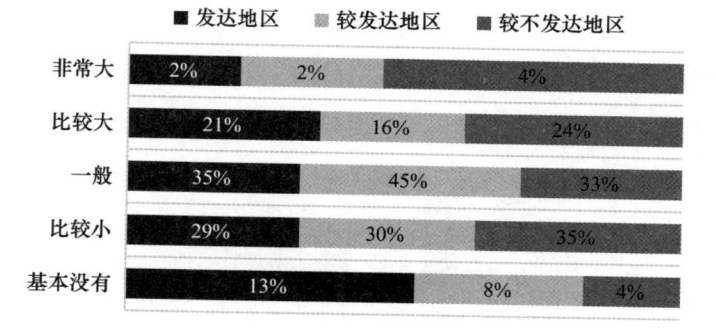

	发达地区	较发达地区	较不发达地区
非常大	2%	2%	4%
比较大	21%	16%	24%
一般	35%	45%	33%
比较小	29%	30%	35%
基本没有	13%	8%	4%

图 6 地域与影响关系

（2018）》，年龄在 20—39 岁之间的网民占我国网民的一半以上。其中，20—39 岁与本文对青年人（18—38 岁）的划分基本一致，可以认为我国网民以青年人为主。此外，根据该报告可知，我国网民中有本科及以上教育水平的仅占 10%，我国网民以拥有中低等教育水平的群体为主。综合来看，我国网民以具有中低等教育水平的青年人为主体。

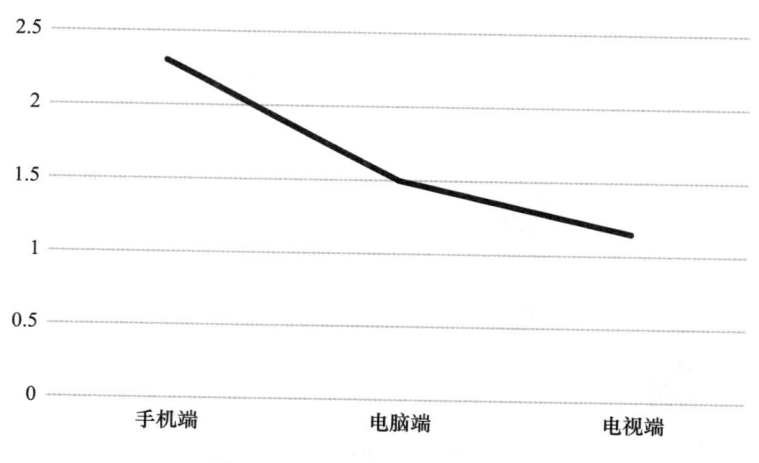

图 7 观众电视剧观看渠道偏好

这可能解释了我们的结论：经济发展水平越低的地区，其教育、文化发展水平就越低，低学历青年的占比就越大，而这类人群对历史相关信息的辨别力相对较低，其历史认知也就更容易受到历史剧的影响。在第二轮调研中，我们将进一步检验受教育水平与受电视历史剧影响之间的具体关系。

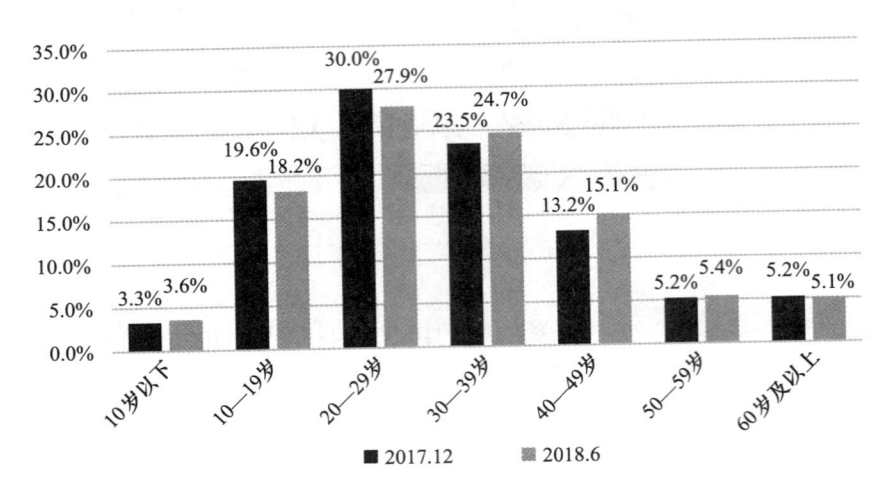

图8 中国网民年龄结构

资料来源：《第42次中国互联网络发展状况统计报告（2018）》，http://www.cac.gov.cn/2018-08/20。

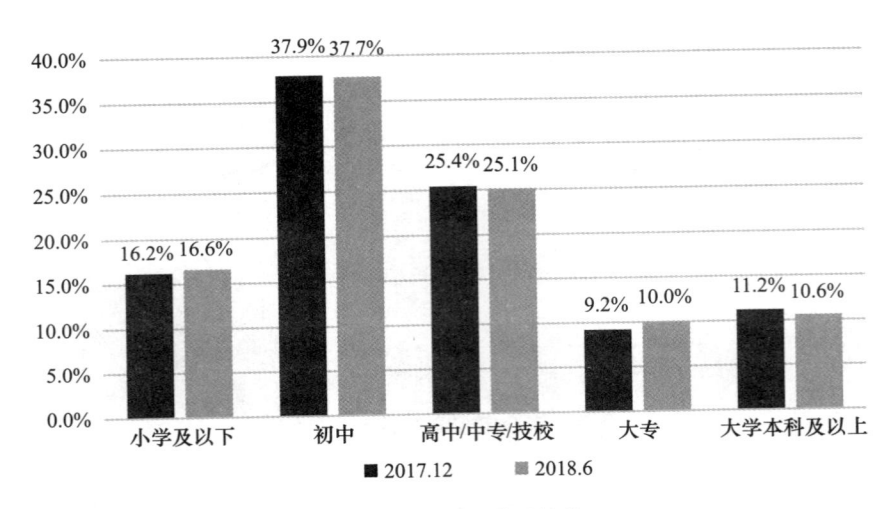

图9 中国网民学历结构

资料来源：《第42次中国互联网络发展状况统计报告（2018）》，http://www.cac.gov.cn/2018-08/20。

(三) 半结构访谈

1. 访谈过程与结果

通过问卷，我们初步得出结论：我们的研究假设不成立；这意味着电视历史剧确实对青年人的历史认知存在影响。为了验证这一结论，我们选择了 9 名受访者进行深度访谈。9 名受访者的性别、学科背景与年龄段均涵盖了我们在问卷分析中所划分的所有类别，具有代表性。其中，3 名受访者的学科背景为历史专业或戏剧专业，这有助于我们考察专业与电视历史剧相关的青年，其历史认知是否仍会受到电视历史剧的影响。

深度访谈的结果支持了我们的结论。在 9 名受访者中，有 8 名受访者表示自己的历史认知不同程度地受到了电视历史剧的影响，这与问卷调查的结果是一致的。其中，一名学科背景为历史专业的受访者表示，自己之所以会选择历史专业，就是因为从小非常爱看与历史有关的电视剧，从而对历史产生了浓厚的兴趣。另一名受访者表示，由于自己的学科原因，平时不会接触到太多专业性的历史知识，其对于历史的了解很大程度上来自与历史有关的影视剧。值得关注的是，专业与电视历史剧相关的 3 名受访者均表示自己的历史认知受到了电视历史剧的影响，这值得我们进一步的关注。总之，深度访谈的结果与问卷调研所得出的结论是高度匹配的。

2. 本轮调研对进一步调研的启示

验证、确认研究假设与研究意义。本研究的假设是：历史剧不会对青年的历史认知产生影响。第一轮调研有效的 622 位受访者中，89.4% 表示自己的历史认知受到了历史剧的影响，这一数据证明了本研究的假设不成立。此外，第一轮调研还显示青年观众对历史剧的热情高：在"2018 年最符合你观看兴趣的 5 部电视剧"与"你获取历史知识的主要途径"两题中，电视历史剧的排名均相当靠前，这进一步验证了我们的选题意义。

为第二轮调研的电视剧样本提供数据参考。我们需要选择符合观众需求、具有关注度的电视剧作为第二轮调研的样本，而第一轮调研中"下列电视历史剧中最符合您观看兴趣的是"一题的数据则提供了基础的参考。

五 第二轮调研

(一) 调研思路

1. 方法、目的

在大范围问卷调查基础上，结合典型受访者访谈、专家访谈与文献分析，探究不同类型的电视历史剧对不同特点人群的历史认知之影响。在此基础上，进一步提出相关建议。

2. 问卷设计与发放

在第一轮调研的数据基础上，出于剧种数量平衡、剧目代表性等考量，我们选择了6部电视历史剧作为电视剧样本。正剧：《康熙王朝》《三国演义》；故事剧：《甄嬛传》《神探狄仁杰》；古装剧：《琅琊榜》《延禧攻略》。

每部电视剧设置一组题，共6道题。每组中第2题是客观史实题，可以反映受访者本身的历史知识水平；第3、4、5题的选项中，有且仅有一个与电视剧的情节一致，且该情节只在该剧中可见，可以衡量受访者是否受到该电视剧的影响。

以《神探狄仁杰》为例，第2题考察狄仁杰的生活年代。如果受访者没有选择"唐朝"，证明受访者不具备该历史知识。第3题中受访者需选择"最符合狄仁杰形象的一项"。如受访者选择"机智敏锐的神探"，则证明他受到了该电视剧的影响。

我们通过"问卷星"程序在网络端发放并收回了842份问卷，街头随机发放并收回了84份问卷，两者相加共收回了926份问卷。

(二) 样本描述性统计分析

1. 样本数量

本次调研共收回问卷926份，有效问卷803份。

1.1 性别

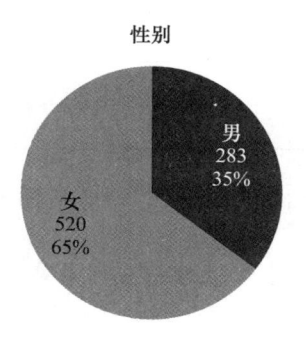

图 10 第二轮调研有效样本性别比例

1.2 学科背景

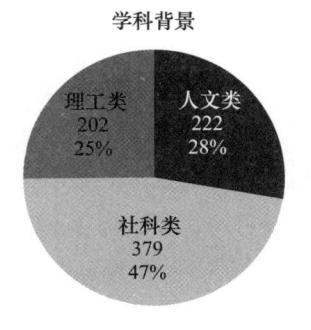

图 11 第二轮调研有效样本学科背景比例

1.3 受教育水平

高中及以下 28 份，本科 720 份，硕士及以上 55 份。本科样本占到绝大多数，样本分布有一定不足。

表6　　　　　　　　受教育水平频次分布

受教育水平	频次	占比
高中及以下	28	3.5%

续表

受教育水平	频次	占比
本科	720	89.7%
硕士及以上	55	6.8%
总计	803	100%

1.4 历史知识水平

如前所述，我们通过每组的第1题考察受访者的历史知识水平。综合6组题的得分，我们将受访者的历史知识水平分为4档。

表7　　　　　　　　　历史知识水平分布

历史知识水平	频次	占比
非常好	496	61.8%
比较好	121	15.1%
好	69	8.6%
一般	35	4.4%
总计	803	100%

2. 变量选取

表8　　　　　　第二轮调研结果分析变量选取

变量类型	变量名称	变量解释
自变量	年龄/age	1＝18—25岁，2＝26—30岁，3＝31—38岁
	性别/gender	1＝男，2＝女
	受教育水平/edu	1＝高中及以下，2＝本科，3＝硕士及以上
	学科背景/major	1＝人文类，2＝社科类，3＝理工类
	历史知识水平/sum_serious	1＝一般，2＝比较好，3＝很好，4＝非常好

续表

变量类型	变量名称	变量解释
因变量	受历史正剧影响程度/influence_ serious	1 = 非常小，2 = 比较小，3 = 一般，4 = 比较大，5 = 非常大
	受历史故事影响程度/influence_ story	0 = 非常小，1 = 比较小，2 = 一般，3 = 比较大
	受历史古装剧影响程度/influence_ fiction	0 = 基本没有，1 = 比较小，2 = 一般，3 = 比较大

3. 相关性分析

3.1 受历史正剧影响程度

性别、受教育水平与受历史正剧影响程度显著相关。在性别与"受正剧影响程度"相关关系检验中 P = 0 < 0.01。在受教育水平与"受正剧影响程度"相关关系检验中 P = 0.008 < 0.01。两对变量均呈相当显著的相关关系。进一步对性别与受教育水平两变量进行相关性检验，P = 0.451 > 0.05，二者无显著相关关系。因此，两组变量与因变量之间的关系应分开讨论。

表9　　　　　性别、教育和影响程度相关性检验

		影响程度	性别	教育
影响程度	皮尔逊相关性	1	.184**	.128**
	显著性（双尾）		0	0.008
	个案数	427	427	427
性别	皮尔逊相关性	.184**	1	−0.027
	显著性（双尾）	0		0.451
	个案数	427	803	803
教育	皮尔逊相关性	.128**	−0.027	1
	显著性（双尾）	0.008	0.451	
	个案数	427	803	803

**. 在 0.01 级别（双尾），相关性显著。

表10　　　　　　　　性别、教育和影响线性回归结果

自变量	性别	教育
系数	0.476	0.375
常量	1.141	0.729
显著性	0.000	0.008

女性更容易受到历史正剧影响。在性别与因变量的线性回归中，系数>0，证明二者呈正相关关系，图12反映了这种关系。图中，上方灰色柱形代表女性，下方黑色柱形代表男性。在男性中，受历史正剧影响"非常小"和"比较小"的分别占男性总数的20.9%和38.3%，均远高于同级女性数据。而在女性中，受影响程度为"比较大"和"非常大"的则分别占22.1%和6.6%，亦均远高于同级男性数据。综合来看，在受历史正剧影响程度上，两性差异表现得相当明显，女性明显更容易受到历史正剧的影响。

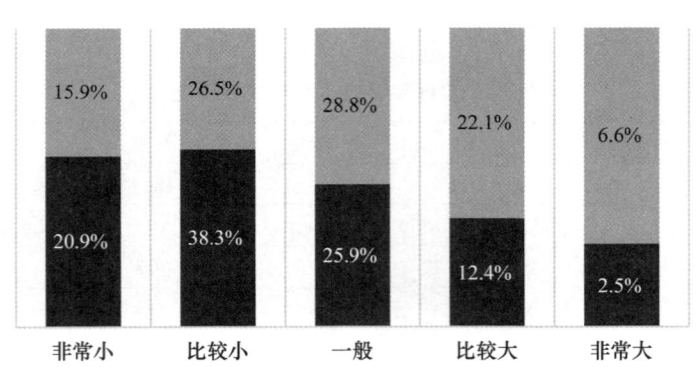

图12　性别与受历史正剧影响程度关系

受教育水平为硕士及以上的青年更容易受到历史正剧影响。图13中，左部黑色条形代表高中及以下受访者群体，中部浅灰色条形代表本科，右部深灰色样本代表硕士及以上。在硕士及以上学历群体中，受正剧影响程度为"非常小"的占4.9%，而本科群体、高中及以下

群体中该数据均超过 15%。而硕士及以上受访者中受正剧影响程度为"比较大"和"非常大"的分别占到了 31.7% 和 9.8%，两个数据均远高于同级本科、高中及以下数据。

历史正剧题材相对严肃，对历史还原度高，但在接受上有一定难度，因此更能吸引、影响高学历层次青年。如果要优化对高学历青年历史认知的引导，则应格外关注历史正剧的发展。此外，历史正剧对历史认知的塑造性强，应在历史性的基础上更加注重艺术性，以期贴近观众的观看兴趣、拓展历史正剧的受众。

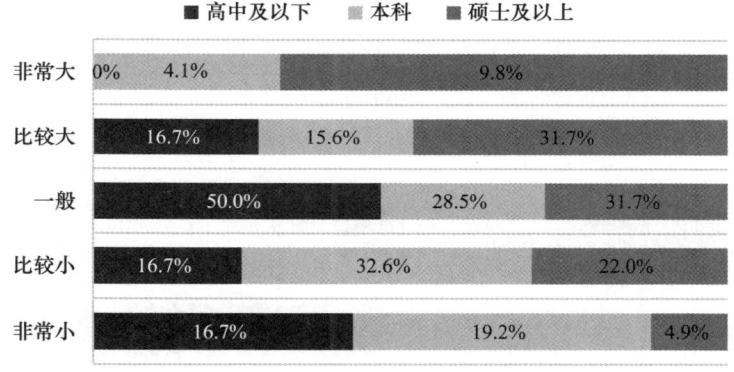

图 13　受教育水平与受历史正剧影响程度关系

3.2　受历史故事剧影响程度

历史知识水平、学科背景和受教育水平与"受历史故事剧影响程度"显著相关。在历史知识水平与"受历史故事剧影响程度"相关性检验中 $P = 0 < 0.01$。在学科背景与"受历史故事剧影响程度"相关性检验中 $P = 0.032 < 0.05$。在受教育水平与"受历史故事剧影响程度"相关性检验中 $P = 0.04 < 0.05$。进一步对三个自变量进行相关性检验，三者互相均无显著相关性，其与因变量之间关系应分别讨论。

通过线性回归，可知三对变量之间的关系：

（1）历史知识水平与"受历史故事剧影响程度"回归中系数 <

0,二者呈负相关关系;

(2) 学科背景与"受历史故事剧影响程度"回归中系数 >0,二者呈正相关关系;

(3) 受教育水平与"受历史故事剧影响程度"回归中系数 <0,二者呈负相关关系。

表11　知识水平、学科背景、教育水平和影响线性回归

自变量	知识水平	学科背景	教育水平和影响
系数	-.199	0.036	-.064
常量	.573	0.332	.595
显著性	0.000	0.032	.040

图14　历史知识水平与受历史故事剧影响程度关系

历史知识水平越高,受历史故事剧影响程度越低。图14中,从左至右柱形依次为历史知识水平为一般、比较好、很好、非常好样本的数据。在历史知识水平为"非常好"的群体中,受历史故事剧影响程度为"比较小""一般""比较大"三级的人分别占总数的41.3%、29.3%、7.9%。影响程度越深,人数越少,证明历史知识

水平高的人不容易受到历史故事剧较大的影响。

而在历史知识水平为"比较好"的群体中,受影响程度为"非常小""比较小""一般"的人分别占总数的 16.4%、32.8%、34.4%。受影响程度越深,人数越多,证明历史知识水平较低的人比较容易受到历史故事剧较大的影响。

理工科背景青年最容易受到故事剧影响,社科类背景青年次之,人文类背景青年不容易受到故事剧影响。相较于历史正剧,历史故事剧中艺术虚构与历史真实的结合更紧密且更复杂,这要求观众具有较好的艺术分辨力才能辨别历史故事剧中真实与虚构的差别。因此,一般而言,学科背景与人文类越相近的青年,其历史认知就越不容易受到历史故事剧的影响。

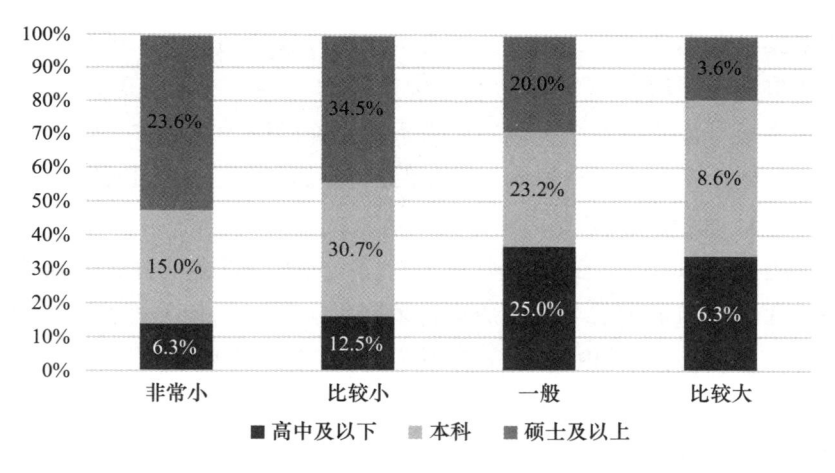

图 15 受教育水平与受到历史故事剧影响程度关系

受教育水平越高,越不容易受到历史故事剧影响。图 16 中,上部深灰色柱形代表硕士及以上群体,中部浅灰色柱形代表本科,下部黑色柱形代表高中及以下。由图可知:硕士及以上群体在受影响程度从"非常小"到"比较大"递增横轴上的数据分别为 23.6%、34.5%、20%、3.6%。这反映出:在硕士及以上青年群体中,受历史故事剧影响越大,其人数也就越少。而在同一横轴上,受教育水平在高中及以下群体的数据为6.3%、12.5%、25%、6.3%，基本呈现递增态势。这反映出：高中及以下教育水平群体比较容易受到故事剧的影响。综合来看，受教育水平与"受历史故事剧影响程度"呈现较明显的反相关关系。

值得关注的是，历史正剧对高学历群体的影响强于中低学历群体，而历史故事剧对高学历群体的影响弱于中低学历群体，两类电视剧的影响呈现相反的特点。历史正剧的历史性更强，但艺术性弱于历史故事剧。因此，历史正剧更容易吸引高学历群体观看。历史正剧的历史真实感强，在观看的基础上，观众很容易将其理解为真实历史。这就是为什么正剧很容易影响、塑造高学历群体的历史认知。相应地，历史故事剧艺术性更强，因此受众更广，对各学历层次群体均有较强吸引力。但是，历史故事剧的历史性较弱，高学历群体能较好地区别其中的艺术虚构，因而其历史认知不容易受到故事剧影响。中低学历群体区分历史真实与艺术虚构的能力较弱，在欣赏艺术性的同时，很容易被故事剧中看似历史真实的因素影响。在这种机制的作用下，历史正剧和历史故事剧对青年的影响呈现出截然不同的特点。

3.3 受历史古装剧影响程度

历史知识水平、受教育水平与"受历史古装剧影响程度"显著相关。在历史知识水平与"受历史古装剧影响程度"相关性检验中 P = 0.008 < 0.01。在受教育水平与"受历史古装剧影响程度"相关性检验中 P = 0.017 < 0.05。两个自变量间无显著相关关系，二者与因变量的关系应分别讨论。

表12　　知识水平、教育水平和受影响程度相关性检验

		影响程度	知识水平	教育水平
影响程度	皮尔逊相关性	1.	-.128**	-.114*
	显著性（双尾）		.008	.017
	个案数	436	436	436

续表

		影响程度	知识水平	教育水平
知识水平	皮尔逊相关性	-.128**	1	.049
	显著性（双尾）	.008		.187
	个案数	436	721	721
教育水平	皮尔逊相关性	-.114*	.049	1
	显著性（双尾）	.017	.187	
	个案数	436	721	803

**. 在 0.01 级别（双尾），相关性显著。

*. 在 0.05 级别（双尾），相关性显著。

历史知识水平与受教育水平与"受历史故事剧影响程度"均呈反相关关系：在历史知识水平与"受历史古装剧影响程度"线性回归中系数<0。在受教育水平与"受历史古装剧影响程度"线性回归中系数<0。

表 13　　知识水平、教育水平和影响逐步回归结果

（自变量）	知识水平	教育水平
系数	-.115	-.059
常量	.285	0.37
显著性	.008	0.017

高学历青年不容易受到历史古装剧较大影响。图 16 中，下部黑色柱形为高中及以下样本数据，中部浅灰色柱形为本科样本数据，上部深灰色柱形为硕士及以上样本数据。在硕士及以上群体中，受古装剧影响程度"比较大"的仅占总数的 4.9%；而在高中及以下群体中该比例为 16.7%。这反映出高学历青年不容易受到古装剧较大影响，而低学历青年相对更容易受到古装剧的较大影响。

与历史故事剧的影响机制同理，古装剧历史性较弱，高学历群体对其中的艺术虚构辨别能力较强，因而其历史认知不容易受到影响；

■ 高中及以下　本科　■ 硕士及以上

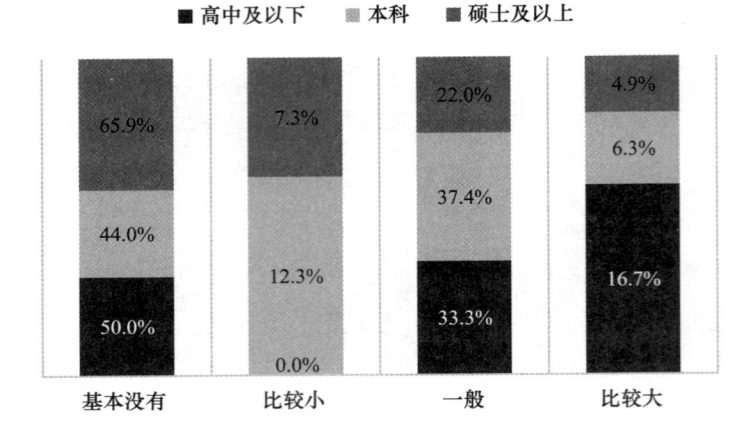

	基本没有	比较小	一般	比较大
硕士及以上	65.9%	7.3%	22.0%	4.9%
本科	44.0%	12.3%	37.4%	6.3%
高中及以下	50.0%	0.0%	33.3%	16.7%

图 16　受教育水平与受古装剧影响程度关系

而中低学历群体辨别力较弱，易混淆艺术虚构与历史真实之间的差异，因此呈现出中低学历群体更易受到古装剧影响的特点。

但是，我们应当关注到：总体上，古装剧对青年观众历史认知的影响是最弱的。无论什么学历层次的群体，"基本没有"受到古装剧影响的均占到约一半甚至以上。从历史古装剧方面看：首先，历史古装剧本身的艺术虚构性较强而历史真实性较弱，其对于观众历史认知的影响基础也就较弱。其次，历史古装剧在制作与宣传时往往不明确指明其设定的朝代。以《琅琊榜》为例，这部电视剧是基于原书的改编，而《琅琊榜》原书是一部架空年代的小说。因此，与其他剧种相比，观众在观看时就倾向于不将剧中情节与真实历史相联系。在《琅琊榜》剧中，制作方也并未将剧目背景与任何具体朝代挂钩，这就进一步降低了观众将其与真实历史相联系的可能性。从观众方面看：在三种电视历史剧类别中，历史古装剧是最为轻松的。因此，观众更倾向于将其作为娱乐消遣的方式，而不会期待从中获取真实可靠的历史知识。以《延禧攻略》为例，有受访者表示自己会在健身或者做饭时播放《延禧攻略》，且不会将主要精力投入观剧，只是将其作为"背景音"。观众对待历史古装剧的这种态度可能是其历史认知不易受到历史古装剧影响的原因之一。

同时需要看到，古装剧对低学历层次群体的历史认知影响更强。值得注意的是，在高中及以下学历群体中，受历史故事剧影响程度为"比较大"的占6.3%，而受历史古装剧影响程度为"比较大"的则占16.7%，二者差异较大。这说明：相比于历史故事剧，历史古装剧更容易影响中低学历群体的历史认知。而历史正剧对中低学历群体的影响不显著，因此，需要高度重视历史古装剧对中低学历青年群体历史认知的影响。如前所述，观看电视历史剧的青年主要是中低学历群体。因此，从整体上讲，如何通过电视历史剧培养、塑造青年的历史认知，应格外关注古装剧的质量。

4. 两轮调研比较

两轮调研分别从主观、客观层面确认了本研究之前提。第一轮调研中，约90%的受访者表示自己的历史认知受到了电视历史剧的影响，从主观层面确认了研究前提。而在第二轮调研中，我们从客观层面考察青年群体历史认知是否受到电视历史剧的影响，结论与第一轮调研相同。两轮调研结论一致，充分说明电视历史剧确实对青年的历史认识产生了影响。

电视历史剧对中低学历青年群体历史认知影响显著。第一轮调研数据显示：中低学历群体对于自身受历史剧影响的主观感受较强烈。也就是说，中低学历青年认为自己的历史认知很大程度上来自于电视历史剧。同时第二轮调研数据显示：总体而言，中低学历青年在客观上更容易受电视历史剧影响。综合来看，应格外注意电视历史剧，尤其是古装剧和故事剧对中低学历青年群体历史认知的引导和塑造作用。

六　建议

（一）对管理部门的建议

1. 现有政策分析

2018年，历史剧获得的政策支持力度较小。4月4日《全国电视创作规划会提出的工作任务书》（以下简称为《任务书》）[①] 指出，电视剧创作明确支持近代、特别是新时代以来"普通人追梦中国、追求幸福生活的平民叙事"，导致各项计划加大了对现实主义题材电视剧的扶持力度，而对历史剧重视不足。在"2018 年度优秀网络视听作品推选活动"之中，共有 6 部作品入选"年度优秀电视剧"，但仅有《虎啸龙吟》这一部电视剧为历史类题材。"2018 年度电视剧引导扶持专项资金"评选中，8 部重点扶持项目中没有历史剧入选，可见政策支持力度偏弱。

但是，管理部门对历史剧的引导作用依旧不可否定。政策导向层面，《任务书》提出，"坚决反对历史虚无主义、随意戏说曲解历史、贬损亵渎经典传统、篡改已形成共识和定论的重要历史事件和历史人物"。实际执行层面，总局在 10 月《对收视率的回应》之中，明确提出了限制演员片酬、防止虚报收视率等要求，纠正了存在于大量电视剧，尤其是易产生高热度大 IP 的历史剧之中的问题。

总之，2018 年历史剧政策主要偏向规范和引导，而激励和扶持相对不足。若想大幅度提高历史剧质量，将其转化为传达中国精神的载体，还需要更积极的努力。

2. 基于现状的政策改进

相关部门应加大对优秀历史剧的表彰和支持力度。总体而言，首先要对原有的"规范—引导"型政策做出调整。通过扶持现实题材剧目来限制历史剧的展播这种措施，本身无法解决当下历史剧之中存在的问题；只有更积极地推广、激励优秀历史剧的创作，才能向历史剧生产者展现出积极的政策导向，从而促进更多优秀历史剧的诞生。具体而言，在历史剧拍摄过程中，拍摄地政府应给予充分配合，在场景选取等方面为剧组提供便利。在剧目播出时，若电视剧能够获得观众和市场的双重认可，主流媒体便应及时给予肯定，并利用微博、微信等新媒体平台加以推广。此外，在政府部门组织

---

① 引自国家广播电视总局官方网站。http://www.sapprft.gov.cn/sapprft/govpublic/6605/363668.shtml。

的优秀电视剧评选活动中，（例如上文提到的"2018年度优秀网络视听作品推选活动"），应适当增加历史剧的评奖配额，以激励制片方的信心。评选时，综合考虑收视率、口碑和历史还原程度，重视学界专家意见，特别要支持真实反映宏大历史图景以及其中人物命运变迁的佳作。

与此同时，历史剧的管理制度也需要相应的改进。首先，有关部门应当积极促进制片方与管理方之间的沟通。据2016年修订的《电视剧内容管理规定》，大陆上映的电视剧的审核阶段需要"较高学术水平、良好职业道德的专家"参与。[①] 但曾参与电视剧审核的宋史专家包伟民教授在采访中表示，制作方对专家意见采纳率极低，其原因在于制作方希望节省时间和成本，减少修改量。因此，在选题策划、剧本创作等最初阶段，就应要求片方与相关领域专家学者合作，保证场景、人物和情节的相对真实。在制作过程当中，也可以试行同步审核制度，遇见"硬核"问题，制片方应立即向专家咨询，为历史剧的真实性保驾护航。此外，上文提到，历史古装剧对青年历史认知影响总体较弱，因此，应适当放宽管控力度，给剧目以更多的艺术表现空间。

（二）对学界的建议

1. 现状分析

一方面，大众对历史剧中的错误辨识能力有待提升。在历史剧制作之中，势必需要为了艺术效果对史实进行一定的技术与艺术处理，这本身无可非议。但根据之前的量化分析，越是低学历、低年龄段的观众越倾向于将历史剧之中的艺术展示视为历史真实，不加判断地加以接受。

另一方面，大众接受的历史教育相对薄弱。基础教育阶段，历史课时数量少，内容简单且偏向历史事件的记忆，缺乏批判意识的引导。在高等教育阶段，现代学科体系导致知识割裂，加之高校对通识

---

① 引自国家广播电视总局网站。http://www.sapprft.gov.cn/sapprft/govpublic/6682/672.shtml。

教育重视程度不够，大学生掌握的历史知识基本处于停滞不前的状态。至于工作阶段，大众接触历史信息的主要途径局限于电视片和新媒体平台，相关作品质量又良莠不齐，对历史认知的影响也不一定都是良性的。

面对以上两种现象，学界的反应比较消极。即使2018年8月已经出台《关于高等学校加快"双一流"建设的指导意见》，明确提出"不唯头衔、资历、论文作为评价依据，突出学术贡献和影响力"，但该意见的出台对历史学界服务社会的态度转变影响不大。面对有限的时间和职称晋升的压力，青年学者极少主动参与历史普及工作，对担任历史剧顾问的热情普遍低迷。这对当下历史剧史实失实、史观失当的现象是有一定影响的。

2. 基于现状的建议

制度层面，应对当下的学科和荣誉评价标准做出调整。根据2018年2月《关于创新职称制度改革的意见》，高校历史研究者的评价重点在其学术能力、成果创新质量和贡献、学科建设效果等。但是，为了增强国民历史素养，历史学界也应综合考虑学科知识普及和社会服务（电视剧、纪录片、科普文章等）方面的贡献，以增强学科的大众影响力。

学者自身也应承担社会责任，在治学之余为社会提供知识科普。在这一方面，英美学界的经验值得我们借鉴。比如美国史家娜塔莉·戴维斯（Natalie Davis）应邀担任电影《马丁·盖尔归来》的历史顾问，从而生发了对16世纪法国乡村的兴趣，以及对档案和想象之间关系的思考。由此可见，历史作品的学术性和普及型、趣味性并非不可兼顾，在制度鼓励的前提下，学者自身也需要发挥创造性，探索新的转变。

历史学者自身在参与通俗作品撰写和历史剧的制作时还应考虑到历史性与艺术性的平衡。历史剧不是史家发表历史研究成果的平台，不能过度苛求真实性，忽略电视剧制作的市场规律和观众的观看体验。应尊重历史剧创作者的创意，在良性合作的基础上为观众奉献史观正确、史实恰当，大众喜闻乐见的优秀作品。

（三）对历史剧制作方的建议

1. 现状分析

历史剧的制作方对历史事实的忽视是当下历史剧"瞎编""戏说"井喷的原因之一。一方面，历史剧编者历史认知水平相对粗浅，对历史真实和历史剧之间的关系缺乏基本的考量；另一方面，影视剧制作行业很少主动与学界沟通交流，对历史剧场景、人物的设置往往凭借想象而非材料。历史顾问在剧中仅起到咨询作用，且通常在制作开始后一段时间才参与进来，对实际拍摄几乎没有什么发言权。

此外，历史剧制作方对于历史资源的挖掘还停留在表面。制作方通常一味迎合文化水平较低、但数量庞大的消费者，复制大量题材相似的作品，而缺乏历史和审美等方面的正向引导。近年穿越、宫斗和大女主历史剧成堆出现，就是当前影视行业缺乏原创性和核心竞争力的表现。

2. 基于现状的建议

在史剧的制作过程中，片方应充分发挥历史顾问的专业指导作用。从剧本编写、场景建模到道具制作、艺术加工，都应听取专业建议，并对作品的思想性、真实性进行反复论证。同时，跳出当下历史类型剧的框架，提高自主创新能力。此外，应充分挖掘历史之中的戏剧性成分，展示历史时代变迁，或者宏大历史背景之中人物命运的跌宕起伏。在此，可以借鉴欧美高水平剧集的经验。例如《波吉亚家族》（*The Borgias*）就是基于1492—1503年教皇亚历山大六世在位时期的意大利史，从战争、联姻等方面勾勒出当时的社会现状。该剧以诡谲的历史事实作为剧中戏剧冲突的基础，加之兼具历史感与美感的人物造型，吸引了大量观众的好评。还比如英国BBC所拍摄的《王冠》（*The Crown*），全剧剧情以对英国女王伊丽莎白二世个人生活的细致考证为基础，通过细节刻画塑造立体的人物，表现伊丽莎白二世面对国家责任时的内心抉择。该剧在IMDB上获8.7的高分，伊丽莎白女王自己也对其大加赞赏。可见，增加剧集的节奏感和可观赏性，有利于提高观众的观看体验，亦有益于历史知识的传播和普及。

七　不足与展望

（一）研究不足

本研究的样本代表性仍可提高：本研究主要通过网络途径发放问卷，对经济较不发达地区的覆盖度有限。问卷设计可更合理：由于当前没有相关调研的成熟问卷或量表，我们只能"白手起家"，因此问卷设计必然存在不足。数据分析尚嫌简单：我们在统计学院同学的帮助下，对样本数据进行了尽可能完备的分析，但我们的专业水平有限，因此数据分析仍然比较简单。

（二）未来展望

电视历史剧对观众历史认知的影响是一个涉及多学科内容的研究课题。然而，现有研究未能很好地融合多学科知识，且侧重理论探讨、缺乏实证研究。我们在这一遗憾之上，尽可能地融合历史学、社会学、戏剧学的理论视角，并借鉴统计学的计量方法，在实证基础上探讨电视历史剧对青年群体历史认知的影响。但是，我们的专业水平有限，力量尚且薄弱，因此呈现出的研究结果是粗糙的、稚嫩的。我们期待着学力深厚的学者能够关注到多学科融合对这一课题的重要性，在理论研究的基础上注重实证探讨，更好地回答"电视历史剧应如何更好创作"这一重要的时代命题。

TV History Drama's Influence on Historical Perception of Contemporary Youth：A Cross-disciplinary Exploration

Huang Shan　Yu Jirong　Cui Tong　Zhang Yiqi　Li Yining

Abstract：With the rise of modern media，History Drama has gradually become a focal point of all mass communication platforms. Its double combination of historicity and artistry, and its connection with education of the general public has also aroused historians' consideration. To what extent does TV History Dramas impact the social cognition of historical knowledge, therefore reconstructed the historical perception of the young people? To answer this question, we employed theoretical frameworks which included history, sociology and dramaturgy. Then, we adopted empirical methodologies, especially quantitative analysis, to examine the correlations between TV History Drama's influence with factors like gender and major, in order to concretely represent the influence of TV History Drama. In addition, we investigated the reasons of the influence. Based on research results and current policies in cultural industry, we discussed the pros and cons of the current stage public communication of history, with the hope to help national history education.

Keywords: History Drama; Youth; Historical Perception; National Education

资料整理

中国影像史学研究论著篇目汇编(续)

(大陆部分,1949—2020)[*]

【编撰者】 楼文婷:中国人民大学历史学院2013级本科生,法学院2017级硕士研究生。

【订补者】 姜萌:中国人民大学历史学院教授。

(三)历史纪录片

书籍类

肖平:《纪录片历史影像的制作基础及实践理论》,中国广播电视出版社2005年版。

任远编:《影像中的历史——世界纪录片精品档案》,中国国际广播出版社2005年版。

周兰:《纪录片——影像对历史的传播》,四川大学出版社2010年版。

孙莉:《记录影像与历史再现:史态纪录片研究》,陕西师范大学出版社2014年版。

---

[*] 本篇主要包括历史纪录片、图像史学、影像史学与历史教育三部分。影像史学理论、历史剧两部分已在《中国公共史学集刊》第二集以"中国影像史学研究论著汇编(一)"为题刊出。篇目汇编以"中国知网"和"读秀"数据库为主要信息来源,会存在个别遗漏现象。

张晓卉：《让历史说话——论中国文献纪录片的创作》，花城出版社 2014 年版。

陶涛：《影像书写历史——纪录片参与的历史写作》，中国电影出版社 2015 年版。

杨光海：《中国民族社会历史科学纪录片文本汇编》，云南人民出版社 2015 年版。

毛明华主编：《再现与重构：大型历史纪录片〈血铸河山〉评析》，中国传媒大学出版社 2016 年版。

包新宇：《文献纪录片研究》，知识产权出版社 2016 年版。

颜敏：《口述历史纪录片创作与发展》，吉林大学出版社 2017 年版。

郭本敏、李艳主编：《新时期文献纪录片创作研究》，中国电影出版社 2017 年版。

期刊论文

陈锐锋：《千秋功过自有人民评说——观看大型文献纪录片〈少奇同志，人民怀念你〉有感》，《电影评介》1980 年第 5 期。

李文斌：《中华民族新文化的方向——评大型文献纪录片〈鲁迅传〉》，《电影评介》1981 年第 9 期。

北莓：《香港制作的历史纪录片——〈末代皇帝——溥仪〉》，《电影评介》1981 年第 12 期。

任远：《论纪录片创作》，《现代传播》1983 年第 3 期。

戚方：《论纪录电影》，《电影艺术》1984 年第 2 期。

韩健文：《对记录电影价值的再认识》，《北京电影学院学报》1988 年第 2 期。

丁群：《历史纪录片的可信性与可看信——说说"中山寻梦"的拍摄和制作》，《电视研究》1996 年第 10 期。

龚育之：《从一个人看一部党史——评大型电视文献纪录片〈邓小平〉》，《电视研究》1997 年第 2 期。

刘效礼、汪恒：《走近邓小平——文献纪录片〈邓小平〉创作谈》,《电视研究》1997 年第 2 期。

钟大年:《人的历史与历史的人——看大型文献纪录片〈邓小平〉》,《中国电视》1997 年第 2 期。

艾存斋:《史料选择与运用上的成功之笔——观大型文献纪录片〈邓小平〉有感》,《理论学习与探索》1997 年第 2 期。

华越:《从真实的细节透视历史的真实——大型文献纪录片〈邓小平〉拍摄手记》,《电视研究》1997 年第 4 期。

华越:《以史学研究者的态度拍摄〈邓小平〉——大型文献纪录片〈邓小平〉采摄体会》,《新闻三昧》1997 年第 5 期。

谭云、王海平:《电视片的文献历史意识——执导大型文献纪录片〈周恩来〉所得》,《采写编》1998 年第 4 期。

丁一红:《电视文献纪录片初探》,《电视研究》1998 年第 9 期。

申生、周京昱:《如椽巨笔绘史诗——电视文献纪录片〈共产党宣言〉的创作特色》,《电视研究》1999 年第 2 期。

司徒兆敦:《历史怎样走过——评电视文献纪录片〈共产党宣言〉》,《电视研究》1999 年第 2 期。

阎东:《把"文献纪录片"做成"文献"——〈李大钊〉创作体会》,《中国广播电视学刊》2000 年第 1 期。

司徒兆敦:《一段胶片和一个生命——评电视文献纪录片〈李大钊〉》,《现代传播》2000 年第 1 期。

王海平:《重要的是使人发现——谈历史文献纪录片创作的几个问题》,《采写编》2000 年第 1 期。

刘江、远方:《多讲故事——浅谈电视文献纪录片叙事方式的发展趋势》,《采写编》2000 年第 2 期。

廖心文、熊华源、安建设:《倾听历史巨人的足音——看大型电视文献纪录片〈新中国从这里走来〉》,《党的文献》2000 年第 2 期。

贾秀清:《电视文献纪录片创作难点浅析——从电视文献纪录片〈李大钊〉谈起》,《电视研究》2000 年第 3 期。

陈晓卿:《影像中的 20 世纪中国》,《中国广播电视》2000 年第 3 期。

丁华东：《电视文献纪录片：文献公布新视野》，《山西档案》2000年第4期。

李向前：《我眼中的文献纪录片》，《电视研究》2000年第4期。

吴建宁：《走过〈风雨钟山路〉——大型文献纪录片〈风雨钟山路〉的创作》，《视听界》2000年第5期。

傅红星：《写在胶片上的历史——谈新中国文献纪录片的创作》，《当代电影》2000年第5期。

[美] 埃里克巴尔诺：《寻访人类文明之源——当代历史纪录片概观》，单万里译，《当代电影》2000年第5期。

史博公：《还原历史的原生状态——论近期中国的文献纪录片》，《电视研究》2000年第8期。

李继锋：《〈百年中国〉：历史现场的还原》，《现代传播》2001年第1期。

黄会林：《〈百年中国〉的文化意蕴》，《现代传播》2001年第1期。

肖同庆：《影像历史——叙述什么与怎样叙述》，《现代传播》2001年第1期。

孙玉平、孙振虎：《历史文献纪录片的责任与功能》，《电视研究》2001年第1期。

阎东：《追忆"幽灵"——电视文献纪录片〈共产党宣言〉创作谈》，《现代传播》2001年第3期。

陈菱：《"口述历史"在电视文献纪录片中的价值》，《电视研究》2001年第11期。

陶永祥：《文献纪录片拍摄中的档案与档案工作》，《档案》2002年第1期。

陈菱：《跨越纪实与历史之间的时空鸿沟——电视文献纪录片中纪实手法的运用》，《电视研究》2002年第5期。

王列：《文献纪录片表现手法管窥》，《电视研究》2002年第11期。

郭西昌：《十集文献纪录片〈新四军〉编导阐述》，《电视研究》

2002 年第 12 期。

蔡元：《真实再现与历史纪录片》，《安徽广播电视大学学报》2003 年第 2 期。

阴建白：《影视资料在文献纪录片中的运用》，《电视研究》2003 年第 5 期。

谢勤亮：《唤起远去的记忆——文献纪录片〈宋庆龄〉美学风格浅析》，《电视研究》2003 年第 6 期。

王秀云：《文献纪录片的表现手法探析》，《理论观察》2004 年第 1 期。

周迅、孙丽华：《海棠花开别样红——电视文献纪录片〈邓颖超〉的艺术特色》，《电视研究》2004 年第 10 期。

方立霏：《展示档案瑰宝　揭示历史真实——大型文献纪录片〈清宫秘档〉主创人员访谈录》，《北京档案》2004 年第 10 期。

胡智锋、张国涛：《〈百年小平〉对文献纪录片的新探索》，《中国电视》2004 年第 11 期。

姜依文：《让历史照亮今天——大型文献纪录片〈清宫秘档〉的多重价值》，《电视研究》2004 年第 11 期。

刘海波：《〈清宫秘档〉：历史纪录片的成功探索》，《当代电视》2004 年第 11 期。

阎东：《现实镜像与历史话语——六集口述历史纪录片〈百年小平〉创作感悟》，《电视研究》2004 年第 11 期。

肖平：《历史影像与影像历史——评〈浩劫〉的叙事策略》，《电视研究》2004 年第 12 期。

杨少伟：《真实形态与影视纪实性特征》，《河南教育学院学报》（哲学社会科学版）2005 年第 2 期。

程佳宏：《浅议历史文献纪录片的表现手法》，《电视研究》2005 年第 2 期。

邵斌：《人文历史类纪录片的话语分析》，《江西财经大学学报》2005 年第 3 期。

王庆福：《文献纪录片：意识形态下的话语重建——中国大型电

视纪录片系列批评之一〉》,《艺术广角》2005 年第 3 期。

潘洪莲:《细节构筑整体——历史文献纪录片〈百年小平〉创作谈》,《当代电视》2005 年第 3 期。

朱宏展:《失落的历史与影像的记忆——从〈圆明园〉看历史纪录片中的真实再现》,《电视研究》2005 年第 5 期。

王一夫:《"特技镜头语言"在历史文献纪录片中的运用》,《当代电视》2005 年第 5 期。

单万里:《中国文献纪录片的演变》,《电影艺术》2005 年第 6 期。

王庆福:《口述历史:一种纪录片类型》,《电视研究》2005 年第 7 期。

余辉:《历史纪录片结构的分析——〈复活的军团〉与〈晋商〉观感》,《电视研究》2005 年第 7 期。

甘霖:《美国 DCI 公司探索频道的历史纪录片》,《电视研究》2005 年第 7 期。

邵斌:《历史文献纪录片的三种话语方式》,《声屏世界》2005 年第 8 期。

张侃:《历史文献纪录片电视话语方式的思考》,《中国广播电视学刊》2005 年第 8 期。

张侃:《让历史焕发光彩——关于丰富与发展历史文献纪录片电视话语方式的思考》,《电视研究》2005 年第 9 期。

甘霖:《情节重构和叙事视点转换手法在 DISCOVERY 历史纪录片中的运用》,《中国电视》2005 年第 10 期。

汤文靖:《谈文献纪录片〈陈云〉中历史资料的运用》,《电视研究》2005 年第 11 期。

肖平:《历史影像的"意义阐述"》,《中国电视》2006 年第 1 期。

国雯、李萌等:《从〈1405:郑和下西洋〉宣传片获奖谈大型历史纪录片的整体包装与特效制作》,《现代电视技术》2006 年第 2 期。

江宁:《历史纪录片的创作空间——历史文献纪录片〈万隆 1955〉创作感想》,《中国电视》2006 年第 2 期。

高有祥：《把这段壮烈的历史告诉后人——陕西电视金鹰奖一等奖作品、大型历史纪录片〈浴血中条〉解读》，《今传媒》2006年第8期。

姜贵欣：《文献纪录片的类型化研究》，《电影评介》2006年第20期。

周振华：《话语、面孔与记忆——论口述历史纪录片的制作》，《新闻界》2007年第1期。

刘宁：《历史纪录片中的"真人秀"》，《青年记者》2007年Z1期。

周振华：《口述历史纪录片的制作》，《新闻界》2007年第4期。

崔莉：《影视媒介作用下的历史文本》，《记录影视》2007年第5期。

王瑞林：《跨越时空的影像美：历史纪录片在当下的发展——以〈复活的军团〉为例》，《重庆邮电大学学报》2007年第5期。

刘忠波：《人物文献纪录片的素材开发》，《现代视听》2007年第5期。

陈旻乐：《形象符号与抽象符号的完美结合——人文历史纪录片的符号学解读》，《东南传播》2007年第6期。

朱乐贤：《寻找历史的质感——文献纪录片〈一个时代的侧影〉创作谈》，《中国电视》2007年第6期。

孟坚：《让我们与历史同行——关于地方台文献纪录片创作的几点思考》，《视听纵横》2007年第6期。

常仕本：《〈见证·影像志〉：对历史的影像化解读》，《中国电视》2007年第8期。

阎东：《用影像为历史人物立传——八集电视文献纪录片〈杨尚昆〉创作谈》，《电视研究》2007年第10期。

陈佑荣：《电视文献纪录片〈杨尚昆〉的叙事策略分析》，《电视研究》2007年第10期。

王甫：《谈电视文献纪录片〈杨尚昆〉的三个亮点》，《电视研究》2007年第10期。

骆志伟：《历史纪录片〈大唐西游记〉美学意蕴分析》，《电视研究》2007 年第 11 期。

李忠杰:《探索历史性、政论性与艺术性相结合的道路——电视文献纪录片〈杨尚昆〉创作体会》,《百年潮》2007 年第 11 期。

张宗伟:《新历史主义思潮与当代中国文献纪录片的叙事策略》,《艺术评论》2007 年第 12 期。

张同道:《文献纪录片:比较视野与发展困境》,《艺术评论》2007 年第 12 期。

肖平:《"献"说者的言说与"行为传达"的意旨——当代文献纪录片三题》,《现代传播》2008 年第 1 期。

邹军:《〈记录中国〉的叙事结构和叙事策略》,《中国电视》2008 年第 2 期。

李燕:《口述历史在纪录片中的应用》,《现代视听》2008 年第 3 期。

许行明:《历史文本与影像文本》,《现代传播》2008 年第 3 期。

石宏伟、马志红:《影像真实性的探讨》,《电影媒介》2008 年第 6 期。

邓启耀、谢勤亮:《人类学视野下的影像记录》,《东南传播》2008 年第 7 期。

李春英:《一样的历史 不一样的呈现——〈故宫〉"珍妃投井"片段视听语言解读》,《电影评介》2008 年第 8 期。

任学安:《用纪录片的语法重现历史——影视史学在〈大国崛起〉、〈复兴之路〉中的实践》,《电视研究》2008 年第 8 期。

莫畏:《历史文献纪录片的创作理念》,《记者摇篮》2008 年第 9 期。

周珏:《浅谈人物纪录片的包装——关于口述历史纪录片〈百年小平〉和文献纪录片〈杨尚昆〉的节目包装》,《现代电视技术》2008 年第 10 期。

曾一果、张春雨:《当代历史纪录片的"新历史叙事"》,《电视研究》2008 年第 12 期。

王镇富:《触摸历史诠释历史——影像史学在历史记录中的"意

义阐述"》,《长白学刊》2009年第1期。

常仕本:《影视史学对纪录片创作的影响》,《现代传播》2009年第2期。

陈大立:《文献纪录片〈北京〉的创作思考与实践》,《当代电视》2009年第5期。

王玺:《在艺术的名义下:从历史文献纪录片的新发展思考纪录片的真实性》,《大众文艺》2009年第7期。

张凌云:《近30年电视类历史纪录片研究的梳理和思考》,《东岳论丛》2009年第9期。

郑晓华:《当代历史纪录片的叙事策略》,《新闻世界》2009年第9期。

梁雪松:《为历史文献纪录片增加"感性"》,《中国电视》2009年第10期。

陈光忠:《真实与真情的穿透力——文献纪录片〈情归周恩来〉感言》,《求是》2009年第12期。

吴建宁:《讲述胜利之城的英雄史诗——四集文献纪录片〈人间正道〉的创作》,《中国电视》2009年第12期。

张芊芊:《"口述历史"的电视化呈现——解读〈我和我的祖国〉的纪实叙事》,《电视研究》2010年第1期。

何苏六:《充满质感的影像历史——文献纪录片〈澳门十年〉价值的多重解读》,《中国电视》2010年第2期。

李黎:《文献纪录片创作中的"意境"——〈毛泽东1949〉创作随笔》,《中国电视》2010年第3期。

孙武军:《历史纪录片中的艺术交叉》,《视听纵横》2010年第3期。

薛颖:《用影像传达历史:纪录片〈敦煌〉对影视史学理论的创新实践》,《现代传播》2010年第5期。

张帅:《数码特效在历史纪录片包装中的应用》,《民营科技》2010年第5期。

唐宁:《中国文献纪录片的价值发掘》,《现代传播》2010年第

7 期。

江氤：《文献纪录片公共性建构》，《电视研究》2010 年第 7 期。

刘效礼：《展示历史镜头　诠释三峡精神——央视文献纪录片〈大三峡〉观后感》，《中国电视》2010 年第 8 期。

张慧瑄、李勇峰：《让历史照亮未来——文献纪录片〈中原雄师〉创作手记》，《中国电视》2010 年第 9 期。

潘镱方：《新"激流三部曲"——文献纪录片〈中原雄师〉创作浅谈》，《中国电视》2010 年第 10 期。

肖灿：《思想主流与市场边缘的尴尬——国内文献纪录片发展现状与困境》，《今传媒》2010 年第 11 期。

谢勤亮：《倾听"过去的声音"：影像口述史的中国实践与发展路向》，《现代传播》2010 年第 12 期。

于荣健：《"再现"于历史人文类纪录片的意义》，《青年记者》2010 年第 14 期。

高家慧：《想象在历史人文类纪录片配音中的作用》，《青年记者》2010 年第 24 期。

唐晨光：《纪录片与历史——如何用纪录片来研究和考证历史》，《电影评介》2011 年第 2 期。

吴承林：《以活动影像为民族和国家立传——文献纪录片的价值分析》，《中国电视》2011 年第 2 期。

金震茅：《文献纪录片宏大叙事的内涵、价值与意义》，《视听》2011 年第 2 期。

吴丽：《"小人物"也在书写历史：历史观视野下的纪录片〈四万万人民〉》，《贵州大学学报》（艺术版）2011 年第 3 期。

韩燕君：《在时间碎片中打捞历史——纪录片〈绍兴·一座名城的 2500 年〉创作谈》，《视听纵横》2011 年第 3 期。

杜娟娟：《历史文化纪录片创作分析》，《北方经贸》2011 年第 5 期。

王克曼：《军事历史题材纪录片的创作思考》，《南方电视学刊》2011 年第 5 期。

杜娟娟：《运用"影视史学"来解读记录电影》，《北方经贸》2011年第6期。

孙欣：《留当他年诗史看——文献纪录片〈柳亚子〉创作手记》，《中国电视》2011年第6期。

邱秀聪：《人文历史类新闻纪录片表现手法探析》，《新闻世界》2011年第7期。

王慧敏：《中国历史题材纪录片的影像表意》，《吉林广播电视大学学报》2011年第7期。

李舒东：《凝练党史 托起希望 促进文明和谐——大型文献纪录片〈旗帜〉观后感》，《电视研究》2011年第7期。

俞虹、司达：《影像的历史守望——由〈旗帜〉看文献纪录片的创作》，《电视研究》2011年第7期。

朱旭红：《让心灵亲临历史——大型文献纪录片〈旗帜〉总编导闫东访谈》，《电视研究》2011年第7期。

何苏六、王大鹏：《文献纪录片的时代特征》，《艺术评论》2011年第7期。

王慧敏：《历史纪录片〈毛泽东〉的纪实品格追求》，《广东技术师范学院学报》2011年第8期。

闫东：《中国文献纪录片的历史观、国家观和艺术观——大型文献纪录片〈旗帜〉创作实践与思考》，《现代传播》2011年第8期。

牛慧清：《论文献纪录片〈旗帜〉观赏性的路径选择》，《现代传播》2011年第8期。

王心富：《努力做到五个统一——大型文献纪录片〈旗帜〉创作心得》，《中国电视》2011年第8期。

李树榕、苏都：《真实的红色历史纪录片——评内蒙古卫视特别节目〈回延安〉》，《当代电视》2011年第10期。

李洁：《试论文献纪录片的特质及创新之路》，《东南传播》2011年第10期。

沈芳：《〈回望百年辛亥〉——六集文献纪录片〈辛亥革命〉创作感》，《中国电视》2011年第12期。

王建军:《文献纪录片情感的传达——〈辛亥革命〉创作中的点滴体会》,《中国电视》2011 年第 12 期。

徐栋:《论文献纪录片的可视性》,《中国电视》2011 年第 12 期。

葛任海:《从〈狂飙〉〈铁血〉浅议历史纪录片的有效传播手段》,《中国电视》2012 年第 1 期。

易晓诚:《情+景,情景再现的合力——从〈为人民放歌〉浅析历史文献纪录片中情景再现的运用》,《中国电视》2012 年第 1 期。

孙莉:《试论历史纪录片中影像修辞的意义》,《海南大学学报》2012 年第 4 期。

鲁澧:《档案在文献纪录片中的作用——以大型文献纪录片〈丰碑〉的拍摄为例》,《湖北档案》2012 年第 4 期。

周广菊:《"情景再现"与纪录片的"真实性":以历史文献纪录片〈梅兰芳〉为例》,《中国电视》2012 年第 5 期。

刘昕:《从"口述历史"看纪录片叙事视角的变化》,《新闻采编》2012 年第 5 期。

李媛:《让文献纪录片生动起来——浅析纪录片〈梁思成林徽因〉》,《新闻世界》2012 年第 6 期。

邓向强:《活现历史:从〈旧街纪事〉看地方历史纪录片的创作》,《视听》2012 年第 7 期。

闫东:《口述体文献纪录片的再探索与思考》,《现代传播》2012 年第 7 期。

孙旭阳:《历史文献纪录片〈鏖战远东空军——抗美援朝高炮防空作战〉浅析》,《中国电视》2012 年第 7 期。

耿英华、王慧敏:《解构历史纪录片虚拟现实包装的意象表现》,《湖北广播电视大学学报》2012 年第 8 期。

詹庆生:《走向电影化——纪录片〈美国,我们的故事〉的艺术分析》,《现代传播》2012 年第 8 期。

王慧敏:《历史纪录片中环境音响和音效的作用》,《东南传播》2012 年第 8 期。

史芹:《情景再现在历史题材纪录片中的运用》,《中国电视》

2012 年第 8 期。

孙俨斌:《历史文献纪录片与电视视听语言》,《电视研究》2012 年第 9 期。

付春苗:《关照现实的历史记录——评大型口述体文献纪录片〈大鲁艺〉》,《今传媒》2012 年第 10 期。

常金生:《人文历史纪录片的探索——甘肃电视台〈沙漠化的省思〉创作后记》,《当代电视》2012 年第 11 期。

梁君健、雷建军:《时代精神的隐喻:纪录片〈大明宫〉中的影视史学问题》,《中国电视》2012 年第 12 期。

王慧敏、耿英华:《历史题材纪录片的受众调查研究》,《电影评介》2012 年第 14 期。

王一珂:《影像发觉真实回忆感知历史:〈共和国震撼瞬间〉读后》,《出版广角》2013 年第 2 期。

董鹏、王妍:《我国体育历史纪录片开发构想》,《体育文化导刊》2013 年第 2 期。

吴承林:《文献纪录片的主要特点》,《黑龙江档案》2013 年第 2 期。

许盈盈:《情景再现的样式和限度:文献纪录片创作的真实性初探》,《新闻大学》2013 年第 2 期。

张雅欣、李玥:《近年来文献纪录片创作分析》,《中国电视》2013 年第 2 期。

喻溟:《自然历史纪录片的大片逻辑——BBC 纪录片〈蓝色星球〉全案研究》,《中国电视》2013 年第 3 期。

韩靖:《关注细节和"小人物":文献纪录片如何还原历史真实》,《中国记者》2013 年第 3 期。

王顺:《站在时代与历史高点看教育——评历史文献纪录片〈圆梦百年〉》,《当代电视》2013 年第 4 期。

森茂芳:《历史纪录片的历史脉动、美学诗薮与创作艺术——以〈消失的古滇王国〉等电视历史纪录片为例》,《民族艺术研究》2013 年第 5 期。

陈海瑛：《从"口述历史"到"口述历史纪录片"》，《视听纵横》2013年第5期。

时统宇：《近代文献纪录片的双重使命》，《视听界》2013年第5期。

吴雪杉：《南京解放：历史、图像与媒介》，《文艺研究》2013年第6期。

杨梅：《历史纪录片："碎片"铸成的文化名片》，《视听界》2013年第6期。

安振国：《以理想信念引领受众　以红色历史昭示后人——大型电视文献纪录片〈西柏坡来电〉的创新和追求》，《领导之友》2013年第6期。

赵艳虹：《文献纪录片〈云冈石窟——刻在石头上的王朝〉创作谈》，《当代电视》2013年第6期。

毕秋晨、赵冠杰：《解构口述历史纪录片的发展历程》，《电影评介》2013年第7期。

徐培：《文献纪录片的现代成像——浅谈〈深圳解放〉的"三影"创意》，《媒体时代》2013年第7期。

王琦：《运用数字技术，融汇历史与现实：从〈大连往事〉看历史纪录片的创作》，《中国电视》2013年第7期。

王昔：《浅谈历史人文类纪录片的虚构表意方式》，《现代传播》2013年第7期。

杨青青：《立体与纵深　历史与现代：谈大型历史文献纪录片〈苦难辉煌〉声音设计》，《世界广播电视》2013年第8期。

姚伟：《历史文献纪录片与国家形象塑造》，《电影评介》2013年第8期。

王琦：《从"真实再现"到"虚拟现实"：论数字技术条件下国产历史纪录片的发展趋势》，《当代电影》2013年第10期。

李共伟：《历史纪录片塑造人物的三个维度》，《中国电视》2013年第10期。

朱旻钧：《记录历史——还原一个真实生动、意蕴深远的世界——

大型文献纪录片〈丰碑〉创作谈》,《中国电视》2013 年第 10 期。

陈栋:《从〈大同和平解放〉看文献纪录片史实的还原》,《当代电视》2013 年第 11 期。

陈默:《长歌一曲颂抗联——浅析八集文献纪录片〈东北抗联〉》,《中国广播电视学刊》2013 年第 11 期。

郭彦:《文献纪录片〈习仲勋〉的纪实风格》,《当代电视》2013 年第 12 期。

李娜:《南京大屠杀影像叙事研究述评》,《电影文学》2013 年第 20 期。

李勇强、关峥:《历史题材纪录片中"搬演"的运用及思考》,《现代传播》2014 年第 1 期。

孙闯:《史学观念的后现代转向对口述式纪录片创作的影响》,《中国广播电视学刊》2014 年第 1 期。

殷乐希:《试析口述史纪录片的叙事维度与时空再造》,《传媒与教育》2014 年第 1 期。

陈灿、高峰:《历史现场的还原——文献纪录片资料的存储记忆功能研究》,《当代电视》2014 年第 1 期。

秦沈:《让"过去"与"现在"和"未来"对话——文献纪录片〈延安延安〉创作解析》,《当代电视》2014 年第 2 期。

王霞、张丽:《换个视角说二战——从系列纪录片〈燃烧的太平洋〉看历史纪录片的创新》,《中国电视》2014 年第 2 期。

蒋茜茜:《〈对照记·犹在镜中〉的跨文化传播理念与效果》,《湖北职业技术学院学报》2014 年第 2 期。

高王珏:《历史回溯下的现实观照——评文献纪录片〈人民的胜利——淮海战役人民支前纪实〉》,《中国电视》2014 年第 2 期。

翁海勤:《影像史学背景下的历史纪录片创新》,《电视研究》2014 年第 3 期。

包新宇:《有体温的历史——纪录片中的"口述历史"》,《中国电视》2014 年第 3 期。

潘婷婷:《说出来的故事——口述历史纪录片再议》,《中国电视》2014 年第 3 期。

万彬彬：《口述历史纪录片的叙述层次探析——以〈我的抗战〉〈我的抗战Ⅱ〉为例》，《中国电视》2014 年第 3 期。

边巍：《与历史对话——口述历史纪实节目〈西藏往事〉创作谈》，《中国电视》2014 年第 3 期。

牛慧清：《让尘封的历史"生动"起来——文献纪录片〈习仲勋〉影像化表达的创新手法》，《中国电视》2014 年第 3 期。

陈灿：《文献纪录片资料的记忆属性研究》，《中国电视》2014 年第 4 期。

夏蒙：《浩气长存 光耀人生——文献纪录片〈习仲勋〉创作手记》，《中国电视》2014 年第 4 期。

李海：《历史文献纪录片的探索与实践》，《西部广播电视》2014 年第 5 期。

连颖：《历史纪录片创作需求视角下的声像档案管理问题探讨》，《档案学通讯》2014 年第 5 期。

王维：《口述历史电视纪录片的思考和实践》，《视听纵横》2014 年第 5 期。

刘兰：《浅析人文类纪录片解说的三种风格》，《新闻世界》2014 年第 6 期。

郭巍：《用现实手法关照历史：纪录片〈成本华：一个被遗忘的抗日女兵〉创作手法分析》，《当代电视》2014 年第 10 期。

王小松：《历史纪录片中"情景再现"的把握与处理》，《视听》2014 年第 10 期。

耿乔：《论人文历史纪录片中"情景再现"手法运用的合理性》，《东南传播》2014 年第 10 期。

马伟晶：《再现式：还原与解读历史——历史纪录片〈楚国八百年〉赏析》，《新闻传播》2014 年第 18 期。

彭鹏、孔燕子：《史的真实 诗的感染——电视文献纪录片的创作特点探究》，《西部电视》2014 年第 24 期。

王慧敏：《历史题材科教纪录片中历史资料的运用》，《青年记者》2014年第33期。

吴琼：《从文献到影像纪录——以〈周恩来外交风云〉为例看文献纪录片的史料价值》，《史学史研究》2015年第1期。

杨宝爱：《平凡中彰显正能量——评历史文献纪录片〈信仰〉》，《当代电视》2015年第1期。

陶甚健：《真实的力量：谈口述在历史文献纪录片创作中的地位》，《视听纵横》2015年第2期。

王跃：《新纪录视域下的〈消失的古滇王国〉》，《当代电视》2015年第2期。

刘永国：《通过路权争夺展现的国家主权的战争——评历史纪录片〈中东铁路〉》，《当代电视》2015年第3期。

吴琼：《从"记录"到"纪录"——以电影〈1942〉为例看历史影像中的史料问题》，《郑州大学学报》（哲学社会科学版）2015年第3期。

谭巧：《大型历史纪录片〈故宫〉的成功因素》，《湖南工业大学学报》（社会科学版）2015年第3期。

张蓉、刘淑贞：《框架理论视阈下的人文历史纪录片研究——以〈丝路，重新开始的旅程〉为例》，《陕西广播电视大学学报》2015年第4期。

黄慧、伍涛：《历史人文纪录片的现代化表达——兼谈〈楚国八百年〉的叙事策略》，《中国广播电视学刊》2015年第5期。

方乐莺：《档案影视编研产品的价值建构——以文献纪录片〈习仲勋〉为例》，《兰台世界》2015年第5期。

倪祥保、梁桂军：《历史纪录片的当代性构建：目标与方法》，《现代传播》2015年第6期。

陶涛、林毓佳：《口述历史：在回忆中制造过去》，《现代传播》2015年第6期。

安立国、陈曦：《我国文献纪录片的艺术特征分析》，《新闻研究导刊》2015年第6期。

杨树：《浅析历史纪录片〈美国，我们的故事〉的艺术价值》，

《艺术教育》2015 年第 7 期。

赵京梅:《用镜头展现"口述历史"的魅力》,《新闻与写作》2015 年第 7 期。

韩长江:《"情景再现"与历史纪录片创作》,《视听》2015 年第 8 期。

刘谦、张旭:《历史类纪录片的前期创作——以〈法租界·巡捕房〉为例》,《中国广播电视学刊》2015 年第 8 期。

马伟晶:《恰当运用再现手法增强历史纪录片的故事性》,《中国广播电视学刊》2015 年第 8 期。

权雅宁、郭勋亚:《中国梦与美国梦的纪录片呈现差异》,《新闻知识》2015 年第 9 期。

王春霞:《浅析人文历史题材纪录片的大赋特征》,《中国电视》2015 年第 10 期。

陶继波、崔思朋:《历史纪录片〈故宫〉观后的思考》,《文化学刊》2015 年第 10 期。

朱晓彧:《寻找民族复兴的历史密码——大型历史纪录片〈东方帝王谷〉评析》,《中国电视》2015 年第 10 期。

张欣:《近年来人文历史题材纪录片创作分析》,《中国电视》2015 年第 10 期。

汪帆:《丰碑:共和国的记忆——八集文献纪录片〈平山记忆〉观感》,《当代电视》2015 年第 10 期。

陈红艳:《论历史纪录片的无虚构艺术化手法》,《青春岁月》2015 年第 11 期。

郑重:《近二十年来抗战口述历史纪录片研究综述》,《金田》2015 年第 11 期。

刘玉琴:《值得尊敬的记忆——文献纪录片〈平山记忆〉简评》,《电视研究》2015 年第 11 期。

刘兰:《异域的文化视角与强劲的美学张力——从〈贝家花园往事〉看中国历史纪录片新趋势》,《电视研究》2015 年第 12 期。

朱婧雯、欧阳宏生:《民族气节的影像再现　抗战精神的当代表达——评大型历史文献纪录片〈东方主战场〉》，《电视研究》2015年第12期。

高磊：《历史文献纪录片话语中疑问句的功能——以〈复活的军团〉为例》，《电影评介》2015年第12期。

孙平、张国飞：《历史文献纪录片的表现及尺度——以〈砥柱中流——伟大的敌后抗战〉为例》，《青年记者》2015年第12期。

周凤姣、王怀春：《新历史主义视域下兵团纪录片的叙事研究》，《电影文学》2015年第18期。

葛任海：《从〈容闳〉谈"情景再现"在纪录片中的运用》，《中国报业》2015年第20期。

梁佳铭：《戍边精神 生生不息——评析人文历史纪录片〈天山忠魂〉》，《西部广播电视》2015年第21期。

李琳：《浅析纪录片〈圆明园〉的艺术特色》，《名作欣赏》2015年第32期。

杨晓军、李亚莉：《技术视阈下历史纪录片影像叙述的新探索——基于对〈楚国八百年〉影像文本的分析》，《新闻知识》2016年第1期。

王大鹏：《历史的映像——抗战时期的文献纪录片〈中国之战〉》，《齐鲁艺苑》2016年第1期。

郭泰、景秀明：《历史人文纪录片〈船政学堂〉叙述特点分析》，《东南传播》2016年第1期。

袁振宁、董成双：《口述历史纪录片研究》，《剑南文学》（下半月）2016年第1期。

邵泽宇：《历史思维与历史题材纪录片创作》，《西部广播电视》2016年第2期。

刘蒙之、刘战伟：《为历史真相见证——纪录片〈东方主战场〉的呈现、解释与反思性叙事》，《声屏世界》2016年第3期。

赵倩文：《浅析历史文献纪录片〈西藏〉叙事艺术》，《西藏艺术研究》2016年第3期。

吴勇：《试谈天津教育口述史的影像研究方法》，《天津市教科院学报》2016 年第 4 期。

温细鎚：《文献纪录片创作的三次审美转型》，《现代传播》2016 年第 4 期。

石小溪：《新时期以来文献纪录片制播主体的变化与发展策略研究》，《重庆邮电大学学报》（社会科学版）2016 年第 4 期。

许良：《让历史变得更有温度——谈口述历史纪录片的创作路径》，《当代电视》2016 年第 5 期。

张宏亮：《文献纪录片〈东方主战场〉创作风格浅析》，《传媒观察》2016 年第 5 期。

税莺：《以〈大后方〉为例谈历史文献记录片的叙事方式》，《西部广播电视》2016 年第 5 期。

郭泰：《在穿越当中重构民族的记忆——历史记录片〈我从汉朝来〉的叙事艺术》，《大众文艺》2016 年第 5 期。

王庆福：《走进历史的田野——评文献纪录片〈铁在烧——志愿军第 63 军铁原战记〉》，《电视研究》2016 年第 5 期。

陈枭枭：《历史题材纪录片的叙事手法探究》，《西部广播电视》2016 年第 6 期。

朱奕亭：《论口述历史的"影像转向"》，《现代传播》2016 年第 6 期。

董杰：《NHK 中国历史纪录片的创作特色》，《传媒》2016 年第 7 期。

王潇然：《新历史主义视角下口述历史纪录片的历史理性与叙事分析——以〈一寸山河一寸血〉为例》，《新闻研究导刊》2016 年第 7 期。

刘晓蔚：《刍议"情景再现"在电视文献纪录片中的运用》，《西部广播电视》2016 年第 8 期。

莫常红：《文献纪录片的历史维度》，《中国电视》2016 年第 8 期。

冯哲辉、匡景强：《铁血丹心照汗青——评文献纪录片〈铁血丹心——抗日英烈卢广伟〉》，《中国电视》2016 年第 8 期。

尹壮：《文献纪录片〈东北抗联〉"影像历史"的表达》，《当代电视》2016年第8期。

张宗伟：《论新时期以来重大题材文献纪录片的创作》，《中国电视》2016年第9期。

田维钢、张仕成：《历史的温度：纪录片〈旅顺记忆1904—1905〉的叙事张力》，《中国电视》2016年第9期。

杜建华、李旭：《悬念式片头在纪录片〈河西走廊〉中的应用》，《电视研究》2016年第9期。

李磊：《文献纪录片的历史书写与影像表达——由〈抗战日记〉谈史料价值挖掘与叙事创新》，《青年记者》2016年第9期。

姚冬梅：《历史文献纪录片中蒙太奇的运用》，《新闻传播》2016年第9期。

邵雯艳：《历史纪录片的当代性》，《中国电视》2016年第10期。

薛成成、王青：《影像足迹：追寻南宋百年历史——评大型人文历史纪录片〈南宋〉》，《中国电视》2016年第11期。

赵曦、史哲宇：《最大限度切近历史，呈现最真实的长征——文献纪录片〈长征纪事〉创作模式探究》，《中国电视》2016年第11期。

申宁宁：《城市文献纪录片的三维价值解读》，《当代电视》2016年第11期。

汪帆：《历史的力量——文献纪录片〈铁血丹心——抗日英烈卢广伟〉观感》，《当代电视》2016年第11期。

刘阳：《影像如何记忆——中国口述历史纪录片研究》，《声屏世界》2016年第12期。

时统宇：《近代人文历史纪录片所体现的"双重使命"——从〈中东铁路〉到〈五大道〉》，《现代传播》2016年第12期。

程子彦：《文献纪录片如何还原历史真实》，《新闻传播》2016年第13期。

颛孙张杰：《历史纪录片〈一座城市的记忆〉创作谈》，《西部广播电视》2016年第14期。

王庆、于悦：《口述历史纪录片的故事话表达》，《新闻传播》2016年第14期。

王华峰：《解析中外历史题材纪录片——以〈周恩来外交风云〉和〈细细的蓝线〉为例》，《新闻研究导刊》2016年第16期。

何志华：《移动互联网语境下的文献纪录片传播策略——以三集理论文献纪录片〈乙未殇思〉为例》，《新闻研究导刊》2016年第16期。

苏优优：《浅谈电视视听语言在人文历史类纪录片中的运用——以CCTV纪录片〈探秘历史〉系列为例》，《新闻研究导刊》2016年第19期。

刘晓蔚：《纪录片历史资料运用与剪辑技巧——以文献纪录片〈叶飞〉为例》，《中国报业》2016年第19期。

舒扬：《浅析历史题材纪录片的社会及人文价值》，《中国报业》2016年第20期。

张媛：《论口述历史纪录片的艺术特色——以〈世纪行过——张学良传〉为例》，《戏剧之家》2016年第22期。

史哲宇、王廷轩：《用影像触摸历史本真——文献纪录片〈长征纪事〉学院派纪录片创作模式探索》，《河南教育学院学报》2017年第1期。

王沛、高蒙河：《考古纪录片的类别和特性》，《南方文物》2017年第2期。

胡占凡：《历史文献纪录片要创新表达观照现实》，《中国广播电视学刊》2017年第2期。

郭晓伟：《浅析电视文献纪录片〈孙中山与南京〉》，《当代电视》2017年第2期。

孔祥新：《浅谈历史文献纪录片故事化表达的"5W"——以〈冒着敌人的炮火前进——广西抗战纪事〉为例》，《视听》2017年第3期。

张宏兵：《全球化背景下历史类纪录片的文化研究》，《新闻窗》2017年第4期。

王珏殷：《新时期主旋律电视文献纪录片的创作——〈红旗漫卷西风：红军长征在四川〉创作谈》，《文化创新比较研究》2017年第4期。

郭幼卿：《新闻影像资料在历史纪录片中的运用分析》，《电视指南》2017年第5期。

韩柳：《历史文献纪录片的空间叙事分析——以〈延安延安〉为例》，《西安交通大学学报》（社会科学版）2017年第5期。

祖敏：《构建故事化的口述历史纪录片》，《华北电业》2017年第5期。

张德明：《浅析三维动画在历史纪录片〈故宫〉中的"真实再现"》，《新闻研究导刊》2017年第5期。

［德］阿莱达·阿斯曼、陈国战：《历史、记忆与见证的类型》，《首都师范大学学报》（社会科学版）2017年第5期。

张弨：《论影视史学理论在纪录片中的实践应用——以〈大唐西市〉为例》，《视听》2017年第5期。

黄萍：《文献纪录片和档案可以融合发展——以〈筑梦路上——在历史中触摸未来〉为例》，《当代电视》2017年第6期。

朱晶：《历史文献纪录片创作新动向分析》，《新媒体研究》2017年第9期。

张宏、李有兵：《以人为本：重大题材文献纪录片的叙事策略解析》，《现代传播》2017年第9期。

孙林玉：《对历史类纪录片创作的几点思考》，《视听》2017年第9期。

陈曾：《论情景再现在历史纪录片中的运用——以大型历史纪录片〈楚国八百年〉为例》，《大观》2017年第9期。

余承璞：《历史文献纪录片与国家形象塑造》，《传播力研究》2017年第10期。

刘爽：《文献纪录片的嬗变与发展路径》，《当代电视》2017年第11期。

邱艳：《历史纪录片的社会现实意义》，《神州》2017年第11期。

黄琳惠：《从文化研究角度评历史纪录片〈永远的长征〉》，《电视指南》2017 年第 12 期。

张媛：《秦汉四百载兴盛存亡的影像表述——评历史纪录片〈帝国的兴衰〉》，《戏剧之家》2017 年第 12 期。

郭江山：《历史纪录片如何参与历史书写——以纪录片〈台湾1945〉创作为例》，《东南传播》2017 年第 12 期。

李慧欣、杨环宇：《关于口述历史纪录片运用到气象科技史研究中的意义与思考》，《科技传播》2017 年第 20 期。

高松：《论历史题材纪录片的影像呈现方式》，《西部广播电视》2017 年第 20 期。

封丽：《浅议历史文献纪录片的表现手法》，《新闻研究导刊》2017 年第 22 期。

范瑞利：《"渝派"历史文献纪录片创作风格的宏观梳理》，《戏剧之家》2017 年第 24 期。

余承璞：《论我国历史文献纪录片纪实性与艺术性的结合》，《电视指南》2017 年第 24 期。

王家乾：《历史在文本转译过程中的消解与重构——基于口述历史纪录片采访文本和剪辑脚本的对比研究》，《艺术评论》2018 年第 1 期。

张智宇、刘成新：《人文历史类纪录片的叙事分析——以〈记住乡愁〉第三季为例》，《现代视听》2018 年第 1 期。

梅云飞：《文献纪录片对社会记忆建构的价值——以文献纪录片〈长征〉为例》，《现代视听》2018 年第 2 期。

赵捷：《〈中国影像方志〉：为当代中国作传》，《电视研究》2018 年第 2 期。

熊晖：《穿越时空，感受生命的温度——历史纪录片〈寻找潘德明〉创作阐释》，《传媒观察》2018 年第 2 期。

白坤熹：《浅谈历史文化题材的纪录片在片中的表现手法》，《数码世界》2018 年第 2 期。

李茂华：《客观之"真"与主观之"实"——历史人文纪录片画

面造型语言的演变》,《四川戏剧》2018 年第 2 期。

谢珍、岳筱宁:《口述历史纪录片的历史真实与艺术创造》,《数字传媒研究》2018 年第 2 期。

孙本灵:《浅析纪录片的真实与审美》,《电视指南》2018 年第 3 期。

林颖、吴鼎铭:《纪录片〈过台湾〉的史学价值与传播价值》,《中国广播电视学刊》2018 年第 3 期。

鲁德民:《历史纪录片故事讲述方式探索》,《吉林艺术学院学报》2018 年第 3 期。

夏蒙:《纪录片〈中国:我们的故事〉策划简述》,《吉林艺术学院学报》2018 年第 3 期。

岳若冰:《历史纪录片对中国传统文化精神的宣扬》,《长江丛刊》2018 年第 4 期。

师帅:《论〈看鉴历史〉对历史纪录片拍摄的探索与启发》,《电影评介》2018 年第 4 期。

张有平:《价值·意义·手法——历史题材纪录片的当代阐释》,《当代电视》2018 年第 4 期。

彭国华、梁海鹏:《历史文化遗产类纪录片的发展新维度研究》,《电影文学》2018 年第 5 期。

赵卉心:《口述历史纪录片的历史价值——以〈"失落的历史"——南侨机工(1939)〉为例》,《文化产业》2018 年第 6 期。

刘月红:《文献内容电视化的技巧分析——以文献纪录片〈辛亥记忆〉的创作为例》,《新闻世界》2018 年第 7 期。

刘梦霞、谭炜彦:《浅析国内历史题材纪录片故事化的叙事技巧——以〈喋血长平〉和〈激变玄武门〉为例》,《西部广播电视》2018 年第 9 期。

魏纪奎:《谈文献纪录片〈震撼世界的长征〉的创作》,《当代电视》2018 年第 10 期。

马明杰、宋秉霖:《清醒的审视 深沉的思考——文献纪录片〈揭秘 731 部队〉叙事分析》,《当代电视》2018 年第 12 期。

范瑞利：《历史文献纪录片〈大后方〉的传播效应》，《青年记者》2018 年第 35 期。

李思璁：《"文化符号"在历史题材纪录片中的光泽——摄制〈红色胶州·支前〉的感悟》，《青年记者》2019 年第 2 期。

刘明：《口述历史纪录片〈我的抗战〉的叙事技巧》，《北方传媒研究》2019 年第 2 期。

陈瑜嘉：《〈苏东坡〉：多维度呈现苏轼的生活感悟与精神嬗变》，《当代电视》2019 年第 3 期。

王庆福：《用影像呈现中华文明进程中"他者"的身影——评六集纪录片〈中山国〉》，《吉林艺术学院学报》2019 年第 3 期。

周芳林：《历史文献纪录片〈向西 向远方〉叙事策略探析》，《教育传媒研究》2019 年第 3 期。

江海岸：《浅议历史性题材电视纪录片的画面呈现方式》，《新闻世界》2019 年第 4 期。

江海岸：《历史性题材电视纪录片的编导素养和创意技巧》，《传媒论坛》2019 年第 4 期。

李肇：《叙事心理学视角下的历史纪录片生产研究——以〈甲午〉为例》，《今传媒》2019 年第 4 期。

欧阳群：《〈国家记忆〉的故事化叙事分析》，《电视研究》2019 年第 4 期。

徐立：《口述历史的影像呈现——以纪录片〈二十二〉为例》，《当代电视》2019 年第 5 期。

庞博：《影像档案编研产品的社会记忆功能浅析——以文献纪录片〈燃烧的影像〉为例》，《档案学研究》2019 年第 5 期。

聂远征、邓淑文：《影像中的代际传播研究——以家族历史纪录片为例》，《中国电视》2019 年第 10 期。

江霄：《文献纪录片的真实与情感探究》，《西部广播电视》2019 年第 12 期。

刘丹阳：《口述历史在人文历史纪录片中的作用》，《传媒》2019 年第 15 期。

李羽：《历史文献纪录片的创作特点探析——以〈我们一起走过——致敬改革开放40周年〉为例》，《传媒》2019年第15期。

张高洁：《口述历史纪录片〈生于1978〉的记忆价值》，《电影文学》2019年第16期。

张媛、李嘉琪：《探寻历史纪录片的当代文化价值——〈凤凰大视野——西安事变〉读解》，《西部广播电视》2019年第20期。

顾青：《传统文化现代讲述的新路径——以人文历史纪录片〈城河〉为例》，《中国电视》2020年第1期。

翁小芹：《历史纪录片的创作策略分析——以抗战历史纪录片〈血铸河山〉为例》，《视听纵横》2020年第1期。

申江伟：《论文献纪录片的理念表达与价值构建——以纪录片〈中共六大纪事〉为例》，《新闻传播》2020年第1期。

范文婷：《从主旋律视角看文献纪录片〈守望家风〉》，《传媒论坛》2020年第1期。

赵江：《历史类纪录片的叙事研究——以纪录片〈西南联大〉为例》，《卫星电视与宽带多媒体》2020年第2期。

张潇：《历史·民族·国家——人文历史纪录片对于国家形象建构的新探索》，《视听》2020年第2期。

金胜、樊凯青：《从〈魂注浙西南〉看历史纪录片中的"回忆录"》，《视听纵横》2020年第2期。

侯京京、张羽：《大型人文历史纪录片〈过台湾〉的民族影像叙事研》，《闽台关系研究》2020年第2期。

廖丽美：《口述历史纪录片的记忆呈现——以〈上海的女儿〉为例》，《传播与版权》2020年第3期。

马云征：《历史文献纪录片的话语结构与意义构建》，《中国电视》2020年第3期。

王淑慧、李超：《〈林肯的最后24小时〉：历史纪录片中真实性的解构与重建》，《电影文学》2020年第4期。

张淑君：《口述历史纪录片的叙事特征分析——以〈我的抗战〉为例》，《视听》2020年第4期。

闫志勇、高宏飞:《浅析党史文献纪录片如何在真实基础上生动起来》,《新闻文化建设》2020年第4期。

张盼盼:《口述纪录片对方言的传播创新和价值回响》,《青年记者》2020年第5期。

王萍:《历史纪录片"真实虚构"的大众记忆基础——以〈从井冈山到闽西〉创作为例》,《中国广播电视学刊》2020年第5期。

徐娅妮:《开埠之史:纪录片〈城门几丈高〉的创作特色探析》,《视听》2020年第6期。

刘言武:《史实再现与媒介形象:BBC一战历史纪录片的社会历史分析》,《现代传播》2020年第6期。

白杨:《试论历史纪录片创作中的采访技巧》,《西部广播电视》2020年第7期。

罗丽娅:《口述历史纪录片中个体记忆的独特价值——以纪录电影〈他们已不再变老〉为例》,《西部广播电视》2020年第9期。

张雪梅:《塑造人物以构造时代感——历史文献纪录片〈容闳〉的叙事特色分析》,《声屏世界》2020年第10期。

学位论文

唐晨光:《影像中的20世纪中国——中国纪录片的发展与社会变迁》,硕士学位论文,南开大学,2001年。

王晓燕:《论纪录片影像素材对历史的重构——以〈凤凰大视野〉为例》,硕士学位论文,北京师范大学,2006年。

张文娟:《2000—2005年中国历史题材纪录片研究》,硕士学位论文,苏州大学,2006年。

周兰:《纪录片:影像对历史的传播》,硕士学位论文,四川大学,2007年。

张尧臣:《纪录历史:中国历史题材纪录片的兴起发展及其生存状况研究》,硕士学位论文,华东师范大学,2007年。

郎功勋:《新历史主义视阈中的当代纪录片》,硕士学位论文,兰州大学,2008年。

袁芳:《论中国历史题材纪录片中的"真实再现"》,硕士学位论文,东北师范大学,2008年。

李杨:《新世纪历史文化电视纪录片研究》,硕士学位论文,广西大学,2008年。

尚娜娜:《影像的国家史——重大历史事件电视纪录片研究》,硕士学位论文,中国艺术研究院,2009年。

朱亦萱:《〈探索·发现〉的叙事策略研究》,硕士学位论文,上海大学,2009年。

张彬:《历史题材纪录片(节目)的凤凰样本》,硕士学位论文,厦门大学,2009年。

付佳静:《口述历史纪录片真实感的构建》,硕士学位论文,河北大学,2009年。

杨晓军:《新世纪我国历史题材纪录片研究》,硕士学位论文,西北师范大学,2010年。

王润田:《论大型历史考古纪录片〈巴人之谜〉与〈远祖之谜〉对"渝派纪录片"的建构作用》,硕士学位论文,西南大学,2010年。

简泽菲:《纪录片中历史事件现场重建研究》,硕士学位论文,南京航空航天大学,2010年。

强音:《论纪实主义在历史文化类纪录片中的表现》,硕士学位论文,中国人民大学,2011年。

王月:《基于美学角度的我国当代历史文化纪录片研究》,硕士学位论文,陕西师范大学,2011年。

赵俏妮:《新闻影像资料在历史纪录片中的使用研究:以纪录片〈台北故宫〉为例》,硕士学位论文,云南大学,2011年。

马昊莹:《2006至2010年中国历史文化纪录片叙事探析》,硕士学位论文,兰州大学,2011年。

王艳萍:《论我国大型历史文献纪录片纪实性与艺术性的结合》,硕士学位论文,南昌大学,2011年。

李敏敏:《作为"社会记忆"的中国历史文献纪录片分析:兼谈〈探索·发现〉栏目(2008—2010)》,硕士学位论文,安徽大学,

2011 年。

欧阳夕：《口述历史纪录片中的主流意识形态建构——以〈凤凰大视野〉为例》，硕士学位论文，华中科技大学，2011 年。

马遥：《新历史主义视野下 21 世纪中国历史纪录片研究》，硕士学位论文，南京师范大学，2011 年。

仇蓓蓓：《影视修史——中国文献纪录片发展历程暨美学特征分析》，博士学位论文，南京师范大学，2012 年。

王宇：《用影像再现历史：历史类纪录片栏目〈发现长春〉的再现手法研究》，硕士学位论文，东北师范大学，2012 年。

朱伟：《从文字文献到影像口述：论历史纪录片中口述对"历史记忆"的视听重建》，硕士学位论文，东北师范大学，2012 年。

吴琳：《一种记录历史的方式——中国电视口述历史纪录片研究》，硕士学位论文，辽宁大学，2012 年。

颜辉：《21 世纪以来我国人文历史纪录片故事化叙事探析》，硕士学位论文，陕西师范大学，2012 年。

张丽：《2005—2010 年我国大型历史题材纪录片叙事研究》，硕士学位论文，曲阜师范大学，2012 年。

张青：《中国新记录历史影片中剧情元素的应用》，硕士学位论文，上海师范大学，2012 年。

吴甜：《口述历史纪录片的叙事研究》，硕士学位论文，陕西师范大学，2013 年。

刘瑶：《"渝派"历史文献纪录片创作论》，硕士学位论文，西南大学，2013 年。

孙庆：《"荧幕历史"初探：以历史剧为主，兼论历史纪录片、历史讲坛及戏说剧》，硕士学位论文，华东师范大学，2013 年。

陈权：《新历史主义影响下的新世纪历史文化纪录片研究》，硕士学位论文，南京师范大学，2013 年。

郭伟清：《新世纪中国历史题材纪录片的文化解读》，硕士学位论文，南昌大学，2013 年。

唐崇维：《影像记忆：口述历史的介入——〈我的抗战〉研究》，

硕士学位论文，华中师范大学，2013年。

雷昊霖：《周兵导演历史文化电视纪录片研究》，硕士学位论文，西北师范大学，2013年。

谢易桐：《口述历史纪录片〈大鲁艺〉的叙事研究》，硕士学位论文，西北大学，2013年。

赵蕊：《论口述史纪录片构建的历史真实与政治诉求》，硕士学位论文，东北师范大学，2014年。

黄丹：《论人文历史纪录片对主流文化价值观的隐性表达》，硕士学位论文，东北师范大学，2014年。

陈枭枭：《国内历史题材纪录片的叙事研究》，硕士学位论文，福建师范大学，2014年。

赵璟一：《新历史主义视角下的口述历史纪录片研究——以〈我的抗战〉为例》，硕士学位论文，华中师范大学，2014年。

李蒙：《基于文化差异的中西方历史纪录片创作研究》，硕士学位论文，上海师范大学，2014年。

余传友：《历史镜像、城市境语与文化形象——纪录片中的南京影像》，硕士学位论文，浙江师范大学，2014年。

朱晓彧：《全球化视野下中国历史文化纪录片及其传播境遇研究》，硕士学位论文，陕西师范大学，2014年。

李汇瑶：《论新世纪中国历史题材纪录片叙事策略与价值内涵》，硕士学位论文，南昌大学，2014年。

张婉莹：《屏幕上的历史：真实叙述与现实叙事之间——由历史题材纪录片创作看当前我国电视纪录片现实性缺失》，硕士学位论文，中国传媒大学，2014年。

张彤：《NHK历史纪录片的审美研究》，硕士学位论文，河北大学，2014年。

赵玲玉：《金铁木纪录片研究》，硕士学位论文，兰州大学，2014年。

张恬：《近十年来我国历史文化纪录片创作与传播研究》，硕士学位论文，湖南大学，2014年。

曹政：《〈凤凰大视野〉历史纪录片的叙事框架研究》，硕士学位论文，湖南大学，2014 年。

相雯：《电视纪录片〈我的抗战〉叙事研究》，硕士学位论文，辽宁大学，2015 年。

李斌：《历史文化纪录片〈京剧〉的叙事方式研究》，硕士学位论文，重庆工商大学，2015 年。

姜祥男：《文学视域下的中国历史文化纪录片研究》，硕士学位论文，江南大学，2015 年。

王思洋：《我国新时期历史文献纪录片的视听语言研究》，硕士学位论文，重庆师范大学，2015 年。

王雅倩：《中国历史文化类纪录片声音艺术研究》，硕士学位论文，东北师范大学，2015 年。

王青：《人文历史类纪录片中的虚拟影像研究》，硕士学位论文，山东师范大学，2015 年。

吴洁：《论历史影像资料在社会公共机构的运用》，硕士学位论文，中国人民大学，2015 年。

周洁：《新世纪我国历史文化纪录片对中国传统文化诠释方式的研究》，硕士学位论文，东北师范大学，2015 年。

郭慧凝：《口述家族历史纪录片〈记得那时候〉创作分析》，硕士学位论文，辽宁大学，2015 年。

叶嵘：《我国历史人文纪录片对中国传统文化精神的隐性传播——以 2011—2013 年获奖历史人文纪录片为例》，硕士学位论文，吉林大学，2016 年。

孙佳琳：《历史文化纪录片视听修辞研究》，硕士学位论文，东北师范大学，2016 年。

张沁怡：《新世纪西北历史文化遗址类纪录片研究》，硕士学位论文，陕西科技大学，2016 年。

刘思萌：《论注释在历史类纪实文学翻译中的应用——以〈珍珠港事件：日本的致命错误〉汉译为例》，硕士学位论文，北京外国语大学，2016 年。

刘晨辉：《我国历史文化纪录片故事化影像研究》，硕士学位论文，湘潭大学，2016 年。

杨传民：《历史纪录片对凝聚中国梦共识的价值及实现路径研究》，硕士学位论文，南京信息工程大学，2016 年。

梁桂军：《历史记忆与视觉政治：中国抗日战争纪实影像研究》，博士学位论文，苏州大学，2017 年。

方敏：《中日两版纪录片〈新丝绸之路〉之比较研究》，硕士学位论文，新疆大学，2017 年。

刘煜：《文学视镜下的人文历史类纪录片研究》，硕士学位论文，西北师范大学，2017 年。

邹崇：《历史文化纪录片创作研究》，硕士学位论文，山东师范大学，2017 年。

宋艳娜：《历史人文类微纪录片的艺术特征研究》，硕士学位论文，山东师范大学，2017 年。

皮永伶：《中国历史题材纪录片（1979—2016）的叙事研究》，硕士学位论文，山东艺术学院，2017 年。

张亚煜：《山西口述历史纪录片发展研究》，硕士学位论文，山西大学，2017 年。

谢维杨：《抗战题材纪录片的历史记忆再现与国族认同研究》，硕士学位论文，云南师范大学，2017 年。

周芳：《试析历史题材纪录片解说词的口语化——以作品〈特殊部队〉为例》，硕士学位论文，新疆艺术学院，2017 年。

李红：《历史文化类纪录片的创作探析——以毕业作品〈春园堂〉为例》，硕士学位论文，曲阜师范大学，2017 年。

朱晓彤：《非物质文化遗产纪录片创作研究》，硕士学位论文，山东师范大学，2017 年。

薛斐月：《人文历史类纪录片娱乐化倾向研究——兼论个人作品〈探秘临洮寨〉》，硕士学位论文，西北师范大学，2018 年。

靳瑜辰：《历史影像传播对国家形象的塑造路径研究——以"国家相册"为例》，硕士学位论文，河南大学，2018 年。

雷深：《历史人文纪录片中微纪录片形式的表达研究——兼论个人作品〈丝路新"晋"界〉》，硕士学位论文，西北师范大学，2018 年。

张增军：《文献类纪录片历史影像再现方法研究——以〈柯麟医生〉为例》，硕士学位论文，浙江师范大学，2018 年。

李霜芹：《新媒体环境下历史文化类纪录片表现形式研究》，硕士学位论文，西北师范大学，2018 年。

商铭：《历史文化纪录片解说技巧研究》，硕士学位论文，河南大学，2018 年。

禹倩文：《地方性历史人文纪录片的纪实性表达——以纪录片〈长岗坡纪事〉为例》，硕士学位论文，广州大学，2018 年。

王丹：《文化遗产保护视域下的中国考古纪录片研究》，硕士学位论文，郑州大学，2018 年。

王玮锴：《中国当代历史文献纪录片表现手法的研究——以〈旗帜〉等六部作品为例》，硕士学位论文，西安建筑科技大学，2018 年。

李锦暄：《新世纪以来中国历史题材纪录片的叙事特色》，硕士学位论文，吉林艺术学院，2018 年。

秦建海：《纪录片〈河西走廊〉叙事研究》，硕士学位论文，新疆大学，2018 年。

李美航：《国产历史题材纪录片真实性展现的研究》，硕士学位论文，广西师范学院，2018 年。

索瑞：《金铁木作品叙事分析》，硕士学位论文，河北师范大学，2018 年。

王雨茜：《口述历史纪录片创作实践及其理论解析——以〈筑路成渝〉为例》，硕士学位论文，西南交通大学，2019 年。

李秀婷：《口述史纪录片〈老兵回忆录〉的创作路径与省思》，硕士学位论文，西南交通大学，2019 年。

李思缘：《从〈筑路成渝〉探索口述历史纪录片的制作》，硕士学位论文，西南交通大学，2019 年。

王瑾雯：《口述历史方法在纪录片中的运用——以纪录片〈映山

红〉为例》，硕士学位论文，西北大学，2019年。

王晨光：《新世纪以来山西文献纪录片研究》，硕士学位论文，山西大学，2019年。

刘昊：《关于历史性纪录片人物采访方法的研究——以纪录片〈特殊部队〉创作实践为例》，硕士学位论文，新疆艺术学院，2019年。

吴诗凡：《人文历史类纪录片叙事视角研究——以〈龙朱记〉为例》，硕士学位论文，四川师范大学，2019年。

刘阳：《历史文化类纪录片〈岱庙〉的影像叙事研究》，硕士学位论文，辽宁大学，2019年。

王真：《我国口述历史纪录片的创作瓶颈》，硕士学位论文，华中师范大学，2019年。

田丹丹：《口述历史类题材纪录片的叙事策略与作品价值探析——以毕业作品〈老兵回忆录〉为例》，硕士学位论文，西南交通大学，2019年。

党韦琪：《浅析历史文化纪录片的叙事策略》，硕士学位论文，河北大学，2019年。

赵子薇：《NHK士兵证言系列口述历史纪录片叙事研究》，硕士学位论文，河北大学，2019年。

郑向阳：《文化认同视域下历史文化纪录片表征研究——以央视播出（2014—2018）为例》，硕士学位论文，河北大学，2019年。

陈奕帆：《浅探历史类纪录片资料处理技巧——以〈与天山同在〉第七集为例》，硕士学位论文，新疆艺术学院，2019年。

费园：《电视纪录片〈下南洋〉的空间书写与历史重构》，硕士学位论文，浙江师范大学，2019年。

梁慧超：《口述史学视野下人物纪录片的创作研究》，硕士学位论文，曲阜师范大学，2019年。

田禾青：《影视人类学视阈下历史人文纪录片的创作手法研究——以毕业作品〈蜀中坊鉴·土司〉为例》，硕士学位论文，四川师范大学，2020年。

李依蓝：《历史文化纪录片板块式叙事结构探析——以毕业作品〈雁迹〉为例》，硕士学位论文，四川师范大学，2020 年。

王青青：《网络历史纪录片〈历史那些事〉的陌生化研究》，硕士学位论文，四川师范大学，2020 年。

孙伟：《口述历史在文献纪录片中的叙事手法探析——以毕业创作〈特殊部队〉为例》，硕士学位论文，新疆艺术学院，2020 年。

刘雪华：《历史文献纪录片动态图示研究——以〈特殊部队〉动态地图制作为例》，硕士学位论文，新疆艺术学院，2020 年。

敬娜：《历史资料在文献纪录片〈特殊部队〉中的呈现形式研究》，硕士学位论文，新疆艺术学院，2020 年。

刘春晓：《人文历史纪录片多元价值及表现手法》，硕士学位论文，山东师范大学，2020 年。

赵一绿：《口述历史纪录片的视听语言研究》，硕士学位论文，山东师范大学，2020 年。

刘佳文：《我国历史文化纪录片与国家文化形象传播研究——以央视纪录片为例（2000—2019）》，硕士学位论文，上海师范大学，2020 年。

刘春景：《央视〈中国影像方志〉节目的历史叙事研究》，硕士学位论文，河北大学，2020 年。

（四）图像史学

书籍类

曹意强：《艺术与历史：哈斯克尔的史学成就和西方艺术史的发展》，中国美术学院出版社 2001 年版。

陈平原、夏晓虹编注：《图像晚清：点石斋画报》，百花文艺出版社 2001 年版（2006、2014 年再版）。

陈平原：《看图说书——小说绣像阅读札记》，生活·读书·新知三联书店 2003 年版。

［美］巫鸿：《武梁祠：中国古代画像艺术的思想性》，柳扬、岑

河译,生活·读书·新知三联书店2006年版(2015年再版)。

杨念群主编:《新史学》第1卷(感觉·图像·叙事),中华书局2007年版。

[英]彼得·伯克:《图像证史》,杨豫译,北京大学出版社2008年版(2018年再版)。

中国国家博物馆编:"文物中国史"系列,中华书局2009年版。

袁行霈:《陶渊明影像——文学史与绘画史之交叉研究》,中华书局2009年版。

郑先兴编:《民间信仰与汉代生肖图像研究》,河南大学出版社2012年版。

黄雅峰:《汉画图像与艺术史学研究》,中国社会科学出版社2012年版。

中国社会科学院历史研究所文化史研究室编:《形象史学研究·2011》,人民出版社2012年版。

中国社会科学院历史研究所文化史研究室编:《形象史学研究·2012》,人民出版社2013年版。

张中闻:《婴戏图历史与艺术研究》,江西美术出版社2013年版。

中国社会科学院历史研究所文化史研究室编:《形象史学研究·2013》,人民出版社2014年版。

陈平原:《图像晚清——〈点石斋画报〉之外》,东方出版社2014年版。

王倩:《神话学文明起源路径研究》,中国社会科学出版社2015年版。

朱渊请、汪涛主编:《文本·图像·记忆》,华东师范大学出版社2015年版。

刘茜:《汉画像石图像艺术与汉代生死观》,中国社会科学出版社2015年版。

中国社会科学院历史研究所文化史研究室编:《形象史学研究·2014》,人民出版社2015年版。

中国社会科学院历史研究所文化史研究室编:《形象史学研究·

2015 年/上半年》，人民出版社 2015 年版。

韩丛耀、赵迎新主编：《中国影像史》（10 卷本），中国摄影出版社 2015 年版。

蓝勇：《中国图像史学》，科学出版社 2015 年版。

蓝勇主编：《中国图像史学》第 1 辑，科学出版社 2016 年版。

韩丛耀主编：《中华图像文化史》（百卷本），中国摄影出版社 2016—2020 年版。

中国社会科学院历史研究所文化史研究室编：《形象史学研究·2015 年/下半年》，人民出版社 2016 年版。

中国社会科学院历史研究所文化史研究室编：《形象史学研究·2016 年/上半年》，人民出版社 2016 年版。

中国社会科学院历史研究所文化史研究室编：《形象史学研究·2016/下半年》，人民出版社 2017 年版。

刘中玉编：《形象史学》总第 9 辑，社会科学文献出版社 2017 年版。

李淞主编：《"宋代的视觉景象与历史情境"会议实录》，广西师范大学出版社 2017 年版。

中国国家博物馆编：《藏在文物里的中国史》，二十一世纪出版社集团 2017 年版。

吴果中：《左图右史与画中有话——中国近现代画报研究（1874—1949）》，北京大学出版社 2017 年版。

刘中玉编：《形象史学》总第 10 辑，社会科学文献出版社 2018 年版。

刘中玉主编：《形象史学》总第 11 辑，社会科学文献出版社 2018 年版。

［英］弗朗西斯·哈斯克尔：《历史及其图像——艺术及对往昔的阐释》，孔令伟译，商务印书馆 2018 年版。

陈平原：《左图右史与西学东渐：晚清画报研究》，生活·读书·新知三联书店 2018 年版（香港三联书店 2008 年曾出版该书）。

李翎：《鬼子母研究：经典、图像与历史》，上海书店出版社 2018

年版。

［英］柯律格：《大明：明代中国的视觉文化与物质文化》，黄小峰译，生活·读书·新知三联书店2019年版。

李德生编：《禁戏图像存录》，中国社会科学出版社2019年版。

崔岩：《敦煌五代时期供养人像服饰图案及应用研究》，中国纺织出版社有限公司2019年版。

杨瑾：《唐代墓葬胡人形象研究》，人民出版社2019年版。

赵斌：《汉唐胡服研究》，西安交通大学出版社2019年版。

刘中玉编：《形象史学》总第12辑，社会科学文献出版社2019年版。

刘中玉编：《形象史学》总第13辑，社会科学文献出版社2019年版。

刘中玉编：《形象史学》总第14辑，社会科学文献出版社2019年版。

期刊论文

洪再新、曹意强：《图像再现与蒙古旧制的认证——元人〈元世祖出猎图〉研究》，《新美术》1997年第2期。

章鹿：《"文物考古通论"——用图像和实证演绎历史文化》，《紫禁城》1998年第3期。

曹意强：《图像与历史——哈斯克尔的艺术史观念和研究方法（二）》，《新美术》2000年第1期。

曹意强：《介于历史与艺术史之间——哈斯克尔的艺术史观念和研究方法（三）》，《新美术》2000年第2期。

周世辟：《图像的勃兴：一种值得重视的文化现象》，《图书馆论坛》2000年第5期。

葛兆光：《思想史研究视野中的图像》，《中国社会科学》2002年第4期。

魏泉：《为历史打开一扇奇妙小窗 从〈触摸历史〉到〈图像晚清〉》，《博览群书》2002年第7期。

曹意强：《可见之不可见性——论图像证史的有效性与误区》，《新美术》2004 年第 2 期。

陈平原：《从左图右史到图文互动——图文书的崛起及其前景》，《学术界》2004 年第 3 期。

雷虹霁：《历史中的"性别"解读——以孝子图像中女性形象为例》，《广西民族学院学报》（哲学社会科学版）2004 年第 6 期。

曹意强：《"图像证史"——两个文化史经典实例》，《新美术》2005 年第 2 期。

陈平原：《学院的"内"与"外"——答〈读书时报〉记者熊彦清问》，《社会科学论坛》2005 年第 2 期。

赵明：《关于历史的图像》，《美苑》2006 年第 1 期。

赵珩：《也说左图右史》，《读书》2006 年第 5 期。

鲁明军：《理论·图像·叙事——论哈斯克尔的艺术与历史观》，《南京艺术学院学报》2007 年第 2 期。

吴昊：《图像与文学关系的历史考察——兼谈文学在"图像时代"的生存策略》，《文艺评论》2007 年第 3 期。

沙武田：《供养人画像与唐宋敦煌世俗佛教》，《敦煌研究》2007 年第 4 期。

杨小彦：《图像证史的可能性——蒋少武与他的视觉见证》，《中国摄影家》2007 年第 5 期。

林茨：《关于历史影像的图像学解释》，《中国摄影家》2007 年第 7 期。

叶舒宪：《二里头铜牌饰与夏代神话研究——再论"第四重证据"》，《民族研究》2008 年第 4 期。

孔令伟：《"新史学"与近代中国美术史研究的兴起》，《新美术》2008 年第 4 期。

任悦：《一个历史学家的图像观》，《中国摄影家》2008 年第 8 期。

陈平原：《左图右史与西学东渐》，《书城》2008 年第 8 期。

郭建平、杜汭：《图像文献的文献价值——以中国古代书画史作品为例》，《艺术百家》2009 年第 2 期。

袁宙飞：《清代民间木版年画女性人物图像的历史变迁》，《装饰》2009 年第 5 期。

冀运鲁：《文言小说图像传播的历史考察——以〈聊斋志异〉为中心》，《兰州学刊》2009 年第 6 期。

冯鸣阳：《图像与历史——美术史写作中的"图像证史"问题》，《美与时代》2009 年第 6 期。

林科吉：《图像：历史记忆与文化表征——论图像作为第四重证据的效用》，《求索》2009 年第 9 期。

李源：《图像·证据·历史——年鉴学派运用视觉材料考察》，《史学理论研究》2010 年第 4 期。

尹德辉：《新世纪以来国内"图像"研究述评》，《文艺争鸣》2010 年第 10 期。

赵世瑜：《图像如何证史：一幅石刻画所见清代西南的历史与历史记忆》，《故宫博物院院刊》2011 年第 2 期。

储兆文：《图像记史的可能性与复杂性》，《新闻知识》2011 年第 5 期。

尹绍亭、尹仑：《生态与历史——从滇国青铜器动物图像看"滇人"对动物的认知与利用》，《云南民族大学学报》（哲学社会科学版）2011 年第 5 期。

孔令伟：《图像证史，还是一个视觉童话?》，《中国图书评论》2011 年第 6 期。

沙丹：《精铁熔成经百炼：秋瑾影像传奇》，《当代电影》2011 年第 10 期。

吕小川：《图像证史——解读〈三才图会〉》，《泉州师范学院学报》2012 年第 1 期。

邓菲：《图像与思想的互动——谈跨学科研究中的图像艺术》，《复旦学报》（社会科学版）2012 年第 1 期。

黄鹤：《图像证史——以文艺复兴时期女性的性别建构作为个案研究》，《世界历史》2012 年第 2 期。

王晓玲：《中亚草原石人之图像证史及艺术观念》，《新美术》

2012 年第 2 期。

余其彦：《中国美术考古史上的古琴艺术》，《湖北师范学院学报》（哲学社会科学版）2012 年第 3 期。

史晓雷：《图像证史：运河上已消失的"翻坝"技术》，《长沙理工大学学报》（社会科学版）2012 年第 4 期。

姚霏：《从图像看晚清上海女性与城市空间——兼论图像学在历史研究中的运用》，《上海师范大学学报》（哲学社会科学版）2012 年第 4 期。

安琪：《图像的历史叙事——以〈南诏图传〉中的"图文关系"为例》，《民族艺术》2012 年第 4 期。

李荣有：《图像学的历史传统及其与现代的接轨》，《艺术百家》2012 年第 6 期。

洪畅：《从杨柳青戏曲年画看清代京津演剧》，《戏剧文学》2012 年第 7 期。

郑金霞：《挖掘背景，关注细节——读〈图像证史〉有感》，《历史教学》2012 年第 12 期。

朱浒：《山东地区汉代胡人石像研究》，《贵州大学学报》2013 年第 1 期。

王青：《从"图像证史"到"图像即史"：谈中国神话的图像学研究》，《江海学刊》2013 年第 1 期。

陈仲丹：《图像证史功用浅议》，《历史教学》2013 年第 1 期。

陆涛：《文学与图像——兼论图像时代的文学命运》，《东方论坛》2013 年第 1 期。

安琪：《图像的"华夷之辨"：清代百苗图与苗疆历史的视觉表述》，《云南社会科学》2013 年第 2 期。

陈琳：《图像证史之证解》，《东南学术》2013 年第 2 期。

李根：《图像证史的理论与方法探析——以卡罗·金兹堡的图像研究为例》，《史学史研究》2013 年第 3 期。

葛承雍：《文物图像与艺术历史》，《美术研究》2013 年第 3 期。

王笛：《图像与想象：都市历史的视觉重构》，《学术月刊》2013

年第 4 期。

贺旻旻：《图像与史：关于"安源大罢工"》，《神州》2013 年第 10 期。

沈伟棠：《图像证史：毛泽东时代视觉文化中的鲁迅图像》，《齐鲁艺苑》2014 年第 1 期。

刘中玉：《形象史学：文化史研究的新方向》，《河北学刊》2014 年第 1 期。

李明哲、陈百龄：《图像文化的转向与历史叙事》，《南开学报》2014 年第 2 期。

周志强：《文化研究：图像史与图像政治》，《文学与文化》，2014 年第 4 期。

窦浩哲：《图像里的历史——以抗战宣传漫画为中心》，《濮阳职业技术学院学报》2014 年第 5 期。

王政、陈乃平：《巫术交感与魇制：战国前考古学图像的典型特征》，《民族艺术》2014 年第 6 期。

蓝勇：《中国古代图像史料运用的实践与理论建构》，《人文杂志》2014 年第 7 期。

沈伟棠：《作为历史的美术——试论鲁迅的"图像证史"观念及其实践》，《鲁迅研究月刊》2014 年第 9 期。

邰杰：《从〈图像证史〉到"艺术图像史"——明清戏曲小说版刻插图的园林图像研究现状、价值与思路》，《西部学刊》2014 年第 11 期。

刘涤宇：《从历史图像到建筑信息——以 1930—1950 年代两位学者以敦煌壁画为素材的建筑史研究成果为例》，《建筑学报》2014 年 Z1 期。

曾玲：《以数字实录华人社会的历史图像：华人社团账本与"二战"前东南亚华校研究》，《文史哲》2015 年第 1 期。

吴钩：《图像证史：对宋代跪礼的两点澄清》，《中国艺术时空》2015 年第 2 期。

刘祥辉：《"车马出行"图像的早期历史考察》，《美术研究》

2015 年第 2 期。

刘跃进、周忠强：《"左图右史"的传统及图像在古代社会生活中的运用》，《苏州大学学报》（哲学社会科学版）2015 年第 3 期。

冯春术：《图像背后的历史——从〈步辇图〉看文成公主入藏后初唐王朝与吐蕃的关系》，《艺术教育》2015 年第 4 期。

尹德辉：《图像研究的历史渊源与现实语境》，《百家评论》2015 年第 6 期。

赵小华：《图像：饶宗颐文化史研究的灵动因素》，《暨南学报》（哲学社会科学版）2015 年第 7 期。

姜永帅：《学科交叉研究如何成史——以艺术史和文学史为中心》，《中国图书评论》2015 年第 10 期。

刘杨：《"左图右史"在晚清："世界图像的时代"与晚清的图绘复兴》，《美与时代》2015 年第 10 期。

华立群、李征宇：《汉代文图关系的历史定位》，《江汉论坛》2015 年第 12 期。

张利娟：《图像史料的开发与利用》，《教学与管理》2015 年第 22 期。

陈明：《一角仙人故事的文本、图像与文化交流》，刘新成主编：《全球史评论》，中国社会科学出版社 2015 年版。

南无哀：《东方学影像再反思——以约翰·汤姆森的中国照片为例》，《中国艺术时空》2016 年第 3 期。

贺华：《艺术史的图像学——浅析布雷德坎普的德国新图像学》，《美术观察》2016 年第 3 期。

赵国权：《"教育活动史"专题研究：图像史料：教育活动场景的别样诠释——以两汉图像为例》，《河南大学学报》（社会科学版）2016 年第 5 期。

邹凌凤：《图像在历史学研究中的应用》，《文化学刊》2016 年第 5 期。

杨频：《图像学视角与书法史学研究中的"文献图像化"问题——以袁安碑袁敞碑系列问题新考为例》，《中国书法》2016 年第 10 期。

李云煌:《试论地区博物馆与社区文化图像构建》,《大众文艺》2016年第10期。

王晓春:《图像证史——以十九世纪中国外销通草水彩画艺术为例》,《荣宝斋》2016年第10期。

朱浒:《历史真实与异域想象——汉代胡人图像札记》,《读书》2016年第10期。

曹意强:《图像证史与图像撰史——关于历史画创作中几个理论问题的思考》,《美术》2016年第11期。

贾登红:《从历史中的图像到图像中的历史——评大型文化通史丛书〈中华图像文化史〉》,《新闻界》2016年第20期。

叶舒宪:《神话历史与神话图像》,《民族艺术》2017年第1期。

王海洲:《图像学的政治维度:兼论文艺理论中的"政治"概念》,《文艺研究》2017年第1期。

郑工:《文本与图像——论绘画语境建构中的历史想象》,《美术》2017年第1期。

韩丛耀:《中国图像史学的世界性叙述》,《艺术百家》2017年第2期。

李制:《"图史并传":品读一种独特的苏轼图像》,《艺术百家》2017年第2期。

饶宗颐:《展现图像主体下的中华文化史研究重要意义——〈中华图像文化史〉》,《中国编辑》2017年第2期。

赵博文:《图像证史:亨利八世形象塑造与宗教改革政治》,《历史教学问题》2017年第4期。

陈平原:《图像叙事与低调启蒙——晚清画报三十年》,《文艺争鸣》2017年第4期。

孔艺冰:《从"舍身饲虎"探索图像研究在历史领域的方法》,《文物鉴定与鉴赏》2017年第7期。

陆小波:《图像历史——近代南通城市道路网的形成与变迁》,《建筑与文化》2017年第8期。

周邓燕:《影像史学的实践案例:〈从东北到华北〉摄影展览》,

《中国摄影家》2017 年第 9 期。

张作舟：《历史故事的图像解读：梁武帝、唐太宗与岳飞》，《中华文化论坛》2017 年第 10 期。

刘恒武：《图像观识与海上丝绸之路史》，《学术月刊》2017 年第 12 期。

张长虹：《亦真亦幻：图像与文献的交错》，《学术月刊》2017 年第 12 期。

孙英刚：《移情与矫情：反思图像文献在中古史研究中的使用》，《学术月刊》2017 年第 12 期。

周勇：《从历史影像中深化新闻史研究——以抗战大后方影像史料搜集整理为基础的思考》，《新闻研究导刊》2017 年第 24 期。

聂富莲、谭华明：《图像史学与高中历史教学》，《学校教育研究》2017 年第 26 期。

吴琼、危文瀚：《影像史学视野下的城市形象——以北京（1949—1966）纪实影像为中心的考察》，《史学理论与史学史学刊》总第 17 卷，2017 年。

贾登红：《以图读史：图像史研究中"碎与通"问题的探讨》，《史学理论与史学史学刊》总第 17 卷，2017 年。

孟祥笑：《图像史学与〈唐墓壁画演剧图〉研究的若干问题》，《文艺研究》2018 年第 1 期。

郑骥：《西游先声：论唐宋图史中玄奘"求法行僧"形象的确立》，《明清小说研究》2018 年第 2 期。

唐培豪：《从历史故事到墓葬图像——汉代画像砖石上的"泗水捞鼎"图及其研究》，《南阳理工学院学报》2018 年第 3 期。

李冠燕：《图像和革命史——新中国革命历史题材美术创作的探索》，《艺术探索》2018 年第 4 期。

何国梅：《21 世纪以来国内图像叙事研究述评（上）》，《湖北美术学院学报》2018 年第 4 期。

曲丹儿：《古希腊瓶画的历史叙事与图像叙事》，《南京理工大学学报》（社会科学版）2018 年第 4 期。

陈朝云：《考古学视野下历史时期图像资料漫谈——访刘庆柱先生》，《中国史研究动态》2018 年第 4 期。

巩家楠：《浅析汉画像历史人物图像中的儒家思想》，《牡丹江大学学报》2018 年第 6 期。

赵智霞：《图像的再思考——彼得·伯克〈图像证史〉书评》，《天津美术学院学报》2018 年第 8 期。

邹建林：《作为文化史征候的"图像证史"》，《美术观察》2018 年第 9 期。

刘冠：《图像中的"多维"历史》，《美术观察》2018 年第 9 期。

梁伟：《中国近代的月份牌图像》，《新美术》2018 年第 9 期。

缑梦媛：《"图像证史"的陷阱与价值》，《美术观察》2018 年第 9 期。

徐子英：《生物图像时代的"光晕"回归——关于"图像证史"问题的另一种思考》，《大众文艺》2018 年第 19 期。

刘轩：《历史图像中的山水城市——明代抚州府城解析》，《城市建设理论研究》（电子版）2018 年第 22 期。

邓绍根：《中国近现代画报的历史书写——兼评〈左图右史与画中有话：中国近现代画报研究（1874—1949）〉》，《青年记者》2018 年第 31 期。

卫纯：《从图像研究看文化史建构的一种可能——以三联版〈左图右史与西学东渐〉为例》，《名作欣赏》2019 年第 1 期。

袁一丹：《陈平原以图"演"史的可能与限度》，《博览群书》2019 年第 3 期。

王书林：《左图右史　图史相因——〈河南志〉对唐宋洛阳城研究价值的再认识》，《中国地方志》2019 年第 4 期。

郑珊珊：《文化史的观照与文学研究的另一学术进路——陈平原〈左图右史与西学东渐——晚清画报研究〉》，《中国现代文学研究丛刊》2019 年第 8 期。

李公明：《作为图像史料的"日常摄影"对历史研究的影响》，《美术观察》2019 年第 9 期。

王汉:《〈图像证史〉中的"三省"法》,《读书》2019 年第 10 期。

葛兆光、白谦慎:《思想史视角下的图像研究与艺术史的独特经验》,《探索与争鸣》2020 年第 1 期。

郭子睿:《图像·历史·信仰——五个庙石窟第 1 窟弥勒经变研究》,《西夏研究》2020 年第 1 期。

芮文浩:《正史与小说观照下的刘备图像分析》,《西华师范大学学报》(哲学社会科学版)2020 年第 1 期。

孙雨晨:《形象的史料 历史的留存——清代琉球册封图像〈南台祖帐图〉探微》,《美术学报》2020 年第 1 期。

王海涛:《从文本到史境:舞蹈图像的辨识、互证与形象阐释》,《北京舞蹈学院学报》2020 年第 1 期。

何国梅、蒋圣芹:《维度、释词、限度及方法:"图像证史"之解读》,《出版科学》2020 年第 1 期。

吴赟頔:《图像与历史想象:米什莱的〈文艺复兴〉》,《艺术工作》2020 年第 2 期。

崔霞:《历史记忆与图像建构——对欧阳修画像的一种考察》,《国学学刊》2020 年第 2 期。

伍金加参:《文本与图像——阿里噶尔本甘丹才旺有关史料的历史人类学解读》,《西藏大学学报》(社会科学版)2020 年第 2 期。

张礼永:《"村童闹学图"究竟反映了什么?——兼谈图像、谣谚、小说及传记材料在教育史研究中的运用》,《教育史研究》2020 年第 2 期。

唐睿:《女娲图像的历史演变及当代建构》,《贵州大学学报》2020 年第 2 期。

孔令伟:《"礼器瑞物图"与"礼图"》,《美术大观》2020 年第 3 期。

唐宏峰:《"图像—历史":"历史 3"何以可能——对图像证史的反思》,《探索与争鸣》2020 年第 3 期。

李军:《图像本身就是历史:图—文关系不对应的四个案例》,

《美术大观》2020 年第 3 期。

崔莹莹：《图像革命史——陕西地区革命历史题材美术创作研究》，《大众文艺》2020 年第 9 期。

学位论文

陈丹蓉：《图像化的历史——张乐平系列漫画探析》，硕士学位论文，华南师范大学，2007 年。

吴永君：《来华英人约翰·汤姆森晚清摄影作品研究》，硕士学位论文，福建师范大学，2011 年。

李曼：《中国当代图像文化背景下绘画的审美特征》，硕士学位论文，上海师范大学，2012 年。

马宁：《鸦片战争前西方汉学书籍插图研究》，硕士学位论文，中国人民大学，2012 年。

曾玮：《儿童社会史的图像证史方法研究——以〈绘画中的儿童社会史〉为中心》，硕士学位论文，上海师范大学，2013 年。

黄佳音：《历史的图像和图像中的历史——从月份牌看现代设计在中国的出现及发展》，硕士学位论文，北京印刷学院，2013 年。

赵晟：《论读图者的观念与历史感——影响图像阐释的两个首要因素》，硕士学位论文，安徽师范大学，2013 年。

孟庆忠：《解析城市空间尺度与传统建造特征——基于即墨历史图像的解读》，硕士学位论文，南京大学，2014 年。

李磊：《〈良友〉画报刊载的中国历史文化图像简析》，硕士学位论文，湖北大学，2014 年。

陈文婷：《历史与图像——论 19 世纪末 20 世纪初"月份牌"的发展》，硕士学位论文，中国艺术研究院，2015 年。

马林叶：《图像证史——川版新年画"敬爱的元帅"研究》，硕士学位论文，重庆大学，2015 年。

刘振：《明清雅集图像研究史料述评》，硕士学位论文，华中师范大学，2015 年。

张孜文：《图像历史与战争动员：抗日战争时期〈晋察冀画报〉

研究》,硕士学位论文,安徽大学,2016 年。

周弘杨:《图像证史—对话南京西善桥"竹林七贤与荣启期"画像砖》,硕士学位论文,沈阳师范大学,2016 年。

庄嘉其:《基于历史图像分析的清代苏州古城的城市空间研究——以桃花坞年画为例》,硕士学位论文,苏州大学,2018 年。

周围:《历史地图和影像中的汉口华界城市空间要素演变研究》,硕士学位论文,华中科技大学,2019 年。

杨建秋:《照片中的晚清——论晚清史书写中的照片使用问题》,硕士学位论文,中国人民大学,2020 年。

(五) 影像与历史教育

书籍类

项福库、易彪:《近现代中国历史影视剧作品中的思想政治教育研究》,西南交通大学出版社 2012 年版。

期刊论文

董玉梅:《浅谈小学历史图像的教学》,《江西教育》1990 年第 1 期。

赵恒烈:《历史图像与历史思维》,《历史教学》1993 年第 6 期。

张赤:《"左图右史"在世界史教学中的重要作用》,《历史教学》1995 年第 2 期。

林俊荣:《谈如何利用历史图像教学开展爱国主义教育》,《福建教育学院学报》2004 年第 5 期。

沈敏华:《历史教学中的图像史料及其运用》,《历史教学问题》2005 年第 5 期。

翁坚:《浅谈历史图像资源在学生情感教育中的运用》,《中学历史教学》2005 年第 6 期。

王咸丰:《图像教学——历史教学的新手段》,《宁波大学学报》(教育科学版) 2006 年第 1 期。

柏晴：《浅谈影视史学领域里的中国历史影视剧创作》，《滁州学院学报》2007年第4期。

胡庆明：《影视史学与历史教育的思考》，《新西部月刊》2007年第6期。

王世光：《历史教科书的"想象"之维》，《课程·教材·教法》2007年第10期。

申建英：《论历史记录片在〈中国近现代史纲要〉教学中的运用》，《怀化学院学报》2008年第5期。

李友东、王静：《影像史学与历史教学》，《历史教学》（中学版）2008年第8期。

卢青梅：《从现今历史剧的热播谈历史教学的创新》，《中学文坛》2008年第9期。

林俊辉：《开发利用历史图像教育资源，培养学生爱国主义情感》，《内蒙古师范大学学报》（教育科学版）2009年第8期。

张健：《历史教学中图像史料的选择原则》，《科教文汇》2009年第8期。

吴树国：《试析大学历史学专业影像资源教学实验中心建设》，《黑龙江教育学院学报》2009年第9期。

闫玉侠：《认知心理学视角下的中学历史教学中的图像史料教学》，《文教资料》2009年第9期。

魏伟：《浅谈"影视史学"在中学历史课堂教学中的运用》，《湖南中学物理》2009年第14期。

王潇彬：《图像史料在历史教学中的运用研究》，《教育教学论坛》2010年第29期。

余香莲：《有效实施图像教学，返璞归真讲究实效》，《文教资料》2011年第1期。

祖宇：《透过"真实"看"史实"——对纪实摄影创作本源的探讨》，《包装世界》2011年第3期。

车双艳、史风春：《不同图像史料在高中历史教学中的运用策略》，《内蒙古师范大学学报》（教育科学版）2011年第4期。

李继平：《论历史剧对历史教学的影响》，《阅读与鉴赏（上旬）》2011 年第 5 期。

叶新建：《合理开发影视资源，提高历史课堂教学的有效性——以人教版必修二第 5 课〈开辟新航路〉为例》，《黑河学刊》2011 年第 8 期。

王国强：《初中历史课堂中历史剧的运用》，《新课程改革与实践》2011 年第 23 期。

敖雪峰、杨共乐、曾淑媛、吴琼：《关于历史学科影像史学实验室建设的思考》，《实验室研究与探索》2012 年第 1 期。

陈顺安：《浅谈图像资料在历史教学中的运用》，《科学咨询》2012 年第 2 期。

周新征：《新课程下高中历史教学中影视史学的运用》，《中学历史教学》2012 年第 8 期。

胡尧兴：《试论新课程视角下历史剧资源的开发》，《学校党建与思想教育》2012 年第 11 期。

盛恒：《初中历史教学中不同图像史料运用的实践探讨》，《江苏教育研究》2012 年第 18 期。

杨芷郁：《影视史学的社会功用：红色经典电影与大学生思想教育关系刍议》，《电影评介》2012 年第 23 期。

罗志平：《影视史学用于历史通识教育之思考》，《通识学刊》2013 年第 2 期。

乔敬：《影视史学与高中历史教学》，《高考》（综合版）2013 年第 10 期。

童桦：《"左图右史"——浅议地图在高中历史教学中的应用》，《中国教师》2013 年第 10 期。

仇红玉：《浅谈历史影视作品应用于高中历史教学的研究》，《软件：教育现代化》2013 年第 11 期。

孔丽芳：《讨论、编演历史剧让历史生本课堂更精彩》，《中学课程辅导》2013 年第 13 期。

冯李媛、高峰：《影视史学理论在高中历史教学中的运用》，《山西师大学报》（社会科学版）2014 年第 A1 期。

陈静：《试论当代历史剧视域下的中学历史教学》，《重庆电子工程职业学院学报》2014 年第 3 期。

唐培芝：《关于初中历史教学"看图说史"的思考》，《辽宁教育》2014 年第 9 期。

骆琴琴：《浅谈历史剧在中学历史教学中的应用》，《青春岁月》2014 年第 18 期。

杨晓燕：《历史题材影视作品在教学中的应用》，《教育》2014 年第 27 期。

李秀珍：《浅议初中历史课堂教学中历史影视作品的作用及应用》，《中学政史地》2015 年第 5 期。

李顺洪：《"穿帮"的历史剧及其在教学中的运用》，《中学课程辅导》2015 年第 5 期。

叶少勇：《高中历史教学如何运用不同图像史料》，《当代教研论丛》2015 年第 11 期。

焦贺言：《论文献纪录片的思想政治教育功能》，《当代电视》2015 年第 12 期。

黄志华：《略论历史剧对中学历史教学的影响》，《中学教学参考》2015 年第 19 期。

范迎春：《浅谈历史剧在初中历史教学中的积极作用》，《教育》2015 年第 26 期。

刘洪华：《浅谈历史题材影视剧在历史教育中的作用》，《中学课程辅导：教学研究》2015 年第 26 期。

丰华琴：《历史研究与教学中的图像阐释》，《南京晓庄学院学报》2016 年第 2 期。

陈仲丹：《中学历史教学图像史料信息解读方法浅议》，《历史教学月刊》2016 年第 2 期。

庄金丽：《快乐学历史——浅谈历史剧编演在历史教学中的应用》，《中学课程辅导：教学研究》2016 年第 2 期。

苏静：《影视课程资源在中学历史教学中的运用与实践》，《文史博览》2016 年第 4 期。

施如怡：《用图像证史，让证据说话》，《中学历史教学参考》2016 年第 5 期。

张志远：《不同图像史料在历史教学中的运用策略》，《甘肃教育》2016 年第 5 期。

王家茂：《高中历史教学运用图像史料的策略》，《中学历史教学参考》2016 年第 6 期。

刘尚秀：《基于历史学科核心素养的图像资源的运用初探》，《中学历史教学》2016 年第 7 期。

张萌：《论新课标背景下的历史图片教学》，《陕西学前师范学院学报》2016 年第 8 期。

伍雪容：《浅谈影视史料在初中历史课程资源的开发与利用》，《作文成功之路旬刊》2016 年第 8 期。

张波：《例谈"图像史学"在中学历史教学中的意义和运用》，《中学历史教学参考》2016 年第 9 期。

曹文燕：《论图像史料在高中历史教学中的运用策略》，《新课程·中学》2016 年第 10 期。

陈承：《历史纪录片在高中历史教学中的运用——以〈大国崛起·海洋时代〉为例》，《中学历史教学参考》2016 年第 10 期。

王葵红：《历史与社会图像教学中的问题与对策》，《教学月刊·中学版》2016 年第 11 期。

曾淑贤：《揭开古籍文献与历史图像神秘面纱——谈古籍资源创意教育推广及文创加值》，《新世纪图书馆》2016 年第 11 期。

韩继影：《浅析不同图像史料在高中历史教学中的运用》，《课程教育研究》2016 年第 11 期。

冯秀秀：《影视资料在历史教学中运用的价值辨析》，《读与写》2016 年第 13 期。

孙云斌：《"左图右史"在历史课堂教学中的作用》，《中学历史教学参考》2016 年第 20 期。

冯贵德：《浅析不同图像史料在高中历史教学中的运用策略》，

《内蒙古教育》2016年第32期。

王存胜：《试论数字影像技术与高校历史课程教学改革》，《陕西广播电视大学学报》2017年第2期。

余传友：《浅析纪录片在高校口述历史教育中的实践与路径选择》，《湖北师范大学学报》（哲学社会科学版）2017年第2期。

柳尧杰、谭红玉：《浅谈历史教学运用影视史学资源的基本策略》，《当代教育实践与教学研究》2017年第1期。

钱英：《影视史学理论在高中历史教学中的应用研究》，《中华少年》2017年第4期。

曹文垒：《初中历史新授课课堂教学中图像史料运用探析》，《课程教育研究》2017年第4期。

徐嵘嵘：《图像史料在高中历史课堂的丰富引用》，《文理导航旬刊》2017年第5期。

韩亚洲：《试分析如何在高中历史教学中运用不同的图像史料》，《读与写》2017年第7期。

牟文君：《历史纪录片与中学历史教育》，《都市家教》（下半月）2017年第8期。

江雪：《浅谈历史剧展演在高校历史教学中的特点及作用——以西华师范大学历史文化学院举办"读史年华"活动为例》，《山西青年》2017年第11期。

王延庆：《图像史料在高中历史教学中的运用策略》，《中学历史教学参考》2017年第12期。

魏龙环：《形象史学带给中学教学的新思考》，《中学历史教学参考》2017年第16期。

陈永亮：《基于课程改革的高中历史图像史料教学研究》，《中学历史教学参考》2017年第22期。

陈永亮：《不同图像史料在高中历史教学中的运用策略》，《中学历史教学参考》2017年第24期。

鲁玉琴：《图像史料在历史教学中的运用和意义》，《中学历史教学参考》2017年第24期。

聂富莲、谭华明：《图像史学与高中历史教学》，《学校教育研究》2017年第26期。

张娜：《"三史"课堂视界下历史图像的价值审度与教学应用》，《文教资料》2017年第28期。

邹懿臻、潘纮历：《历史电视剧对高中历史教育的影响及对策研究》，《北方文学》2017年第35期。

李慧：《图像说史：从家族纹章到国之象征——以"英国狮"为例的历史解读》，《中学历史教学参考》2018年第3期。

蔡金莲：《将历史影视剧与高中历史教学相联系》，《新课程导学》2018年第4期。

孙金丽：《历史剧在初中教学中的作用》，《教学管理与教育研究》2018年第5期。

王蕊、花琦：《史学发展的图像场域与本科历史教学的视觉化融合》，《文学教育》2018年第8期。

卓伟：《基于历史学科核心素养的图像资料运用策略研究》，《中学历史教学》2018年第8期。

李念：《左图右史，察古知今——论地图绘制在培养初中生历史时空观念中的作用》，《中学历史教学》2018年第8期。

马德义：《浅谈美国在历史教学研究中图像资料利用的特点》，《黑龙江教育》2018年第9期。

钟安忆、范英军：《浅析图像史料在历史教学中的应用——以"从盛唐女性看盛唐气象"一课为例》，《中学历史教学》2018年第10期。

何秀萍：《图像史料应用分析》，《中学历史教学参考》2018年第10期。

王志丹：《图像史料在历史课堂上的教与学》，《中学历史教学参考》2018年第10期。

张芬芳：《图像史料：历史教学的精彩诠释》，《中学历史教学参考》2018年第12期。

张永俊：《初中历史教学中历史图像资料的运用分析》，《学周刊》2018 年第 13 期。

李德刚：《论不同图像史料在高中历史教学中的运用》，《中国报业》2018 年第 18 期。

丁小芹：《刍议初中历史教学中历史图像资料的运用》，《中国新通信》2018 年第 18 期。

张宇：《中学历史教学图像史料的运用》，《中学历史教学参考》2018 年第 22 期。

谢云洁：《浅谈"读图时代"历史课中的图像使用》，《职业》2018 年第 24 期。

姚家山：《历史剧在教学中的作用》，《考试周刊》2018 年第 38 期。

陈宇：《论历史教学中历史图像资料的引入策略》，《成才之路》2019 年第 2 期。

李慧：《时政漫画在历史教学中的运用——以"美国的扩张与强盛"为例》，《上海课程教学研究》2019 年第 3 期。

宋常青：《历史纪录片在初中语文阅读教学中的应用探究》，《现代中小学教育》2019 年第 4 期。

袁学红：《浅谈漫画在历史教学中的价值——2018 年高考北京卷第 18 题引发的思考》，《中学历史教学参考》2019 年第 9 期。

徐月宝：《高中历史教学图像史料的应用分析》，《中学历史教学参考》2019 年第 16 期。

刘刚：《图像证史运用方法探析》，《中学历史教学参考》2019 年第 19 期。

姚芊：《影视史学理念助推新中国外交主题教学——以〈周恩来外交风云〉历史文献纪录片为载体》，《中学历史教学参考》2019 年第 23 期。

侯义康：《爱国主义教育的生动体现——电视文献纪录片〈解放之战〉热播引发的启示》，《思想政治工作研究》2020 年第 1 期。

许爱红：《历史纪录片在初中历史教学中的应用探索》，《文化创新比较研究》2020 年第 1 期。

袁锦兰：《"一花一世界，一图一历史"——历史学科核心素养下的图像史料教学》，《中学历史教学》2020 年第 5 期。

陈舒雨：《背景·构成·意义：历史教学视角的插图解读——以"五四运动"一课中"北京学生示威运动图"为例》，《中学历史教学参考》2020 年第 9 期。

学位论文

秦静：《历史题材影视信息作为课程资源在历史教学中的运用研究》，硕士学位论文，宁波大学，2008 年。

张健：《图像史料在历史教学中的意义和运用》，硕士学位论文，华东师范大学，2009 年。

车双艳：《图像史料在高中历史教学中的运用研究——以河北省高碑店市第一中学高一年级为例》，硕士学位论文，内蒙古师范大学，2011 年。

李莹莹：《影视史学与高中历史教学：以高中历史必修一〈鸦片战争〉为例》，硕士学位论文，东北师范大学，2012 年。

卢春花：《影视史学中的历史影视在中学历史教学中的应用研究》，硕士学位论文，北京师范大学，2012 年。

王子涵：《历史图片在高中历史教学中的运用》，硕士学位论文，首都师范大学，2013 年。

王琳琳：《图像史料在历史高考中的考查及备考策略——以新课程改革后 2010—2013 年高考试题为例》，硕士学位论文，四川师范大学，2014 年。

王洁：《图像史料在历史教学中的运用——基于近三年徐汇区公开课的研究》，硕士学位论文，上海师范大学，2014 年。

赵源：《图像资料在高中历史教学中的应用——以岳麓版教材必修一为例》，硕士学位论文，陕西师范大学，2014 年。

沈洁：《基于历史图像培养学生历史想象能力的作用与策略》，硕士学位论文，南京师范大学，2014 年。

张强：《利用影视资源优化高中历史教学研究——以人教版高中

历史必修一〈辛亥革命〉为例》，硕士学位论文，西北师范大学，2014年。

黄平：《高中生历史题材影视信息解读能力的有效培养》，硕士学位论文，华中师范大学，2014年。

杨文杰：《影视资源在中学历史教学中的运用研究》，硕士学位论文，山东师范大学，2015年。

张素芳：《课堂历史剧与中学历史教学》，硕士学位论文，福建师范大学，2015年。

肖敏：《影视史学与中学生历史意识培养》，硕士学位论文，华东师范大学，2015年。

刘阳：《高中历史教材图像史料中隐性知识的研究与应用——以人教版必修一为探讨对象》，硕士学位论文，天水师范学院，2017年。

卢柳杉：《影视史学与中学历史教育》，硕士学位论文，陕西师范大学，2017年。

柳尧杰：《"影视史学"视角下的世界史教学研究——以影视资料为探讨》，硕士学位论文，鲁东大学，2017年。

罗宁：《历史纪录片在初中历史教学中的应用研究》，硕士学位论文，渤海大学，2017年。

王玉倩：《历史题材影视资源在初中历史教学中的应用研究》，硕士学位论文，华中师范大学，2017年。

胡素敏：《历史题材影视资源在高中历史教学中的应用研究》，硕士学位论文，河南大学，2017年。

陆叶：《美国学校历史课实物与图像资料运用论析》，硕士学位论文，上海师范大学，2017年。

杜润润：《高中历史〈抗日战争〉一课中影视资源的有效运用研究》，硕士学位论文，华中师范大学，2018年。

王士尧：《百集历史纪录片〈中国通史〉在初中历史教学中的应用策略研究》，硕士学位论文，聊城大学，2018年。

翟婧：《高中历史阐释型知识的形象化教学》，硕士学位论文，内蒙古师范大学，2018年。

赵丹丹：《历史纪录片在初中历史教学中的运用研究——以〈中华文明〉为例》，硕士学位论文，河南大学，2019年。

徐远健：《影视教学法在初中历史教学中的应用》，硕士学位论文，河南师范大学，2019年。

刘雪：《高中历史教学影像资源应用研究》，硕士学位论文，淮北师范大学，2019年。

白维霞：《〈世界历史〉纪录片在高中历史教学中的应用研究》，硕士学位论文，聊城大学，2019年。

石玉洁：《图像史料在中学历史教学中的应用研究》，硕士学位论文，山东师范大学，2019年。

凌可可：《图像史料在高中历史教学中的应用研究》，硕士学位论文，河南大学，2019年。

何玲玲：《部编本七年级历史教科书中的历史人物图像研究》，硕士学位论文，湖南师范大学，2019年。

廖岩：《影像史料在高中历史教学中的应用研究》，硕士学位论文，哈尔滨师范大学，2019年。

王兴：《中学历史教学家国情怀的培育研究》，硕士学位论文，江西师范大学，2019年。

闫志净：《历史文献纪录片在初中中国近现代史教学中的运用》，硕士学位论文，内蒙古师范大学，2020年。

马雪：《影像史料在中学历史教学中的应用研究——以中国近现代史教学为例》，硕士学位论文，扬州大学，2020年。

张旭：《初中历史教科书中图像资料运用的探究》，硕士学位论文，天津师范大学，2020年。

> 学术编年

2019年中国公共史学发展编年

编纂者：韩晶晶：中国人民大学历史学院2019级硕士研究生；
审订者：姜萌：中国人民大学历史学院教授。

1月
4日
深圳市政协召开《深圳口述史》口述者代表谈改革座谈会。
15日
"发现乡村教师，助力乡村教育"主题研讨会暨《乡村教师口述史系列》丛书新书发布会在北师大举办。
国网浙江电力开展"浙电记忆"口述历史档案采集活动。
20日
口述历史与革命文化学术研讨会在徐州召开。
是月
【美】唐纳德·里奇著、邱霞译《大家来做口述史》（第3版）由当代中国出版社出版。

此版对国际互联网、数字化技术在口述历史实践中的应用等问题进行了更加深入的探讨，全面地介绍了数字音频和视频访谈记录技术的最新发展。内容包括：口述历史基础理论、设立口述历史项目、进行访谈、访谈后续工作、利用口述历史进行研究、制作影像记录、在档案馆或者图书馆保存口述历史资料以及口述历史教学和公众展示等主题。该书已成为美国口述历史学、公共史学、档案学等大学课程和公共历史"社区核心课程"的指定教材。①

滕乐在《新媒体研究》第 1 期发表《移动互联网环境下的公共史学传播——以得到 App"中国史纲 50 讲"为例浅谈知识付费类内容产品的生产运营》。

该文以新闻传播学的视角讨论公共史学在新媒体时代下的传播形式。通过对比"得到 App"平台的付费历史课程《施展·中国史纲 50 讲》与电视讲坛类节目《百家讲坛》，作者分析了在移动互联网时代，基于"拟态的人际传播"的新媒体传播形式如何克服传统媒体在历史知识传播层面的局限性。

［美］苏珊·波普、杨琪在《历史教学问题》第 1 期发表《公众史学与历史教育学》。

该文从历史教育学中的"历史文化"纬度对公众史学的理论建设和学科建设问题进行批判性讨论。其中，公众史学与"历史文化"有何联系？"历史文化"对公众史学的理论化与学科建设提供了哪些思考？作者提出四点质疑：一，大学和学校之外的历史文化与公众史学家所关注的历史文化范围并不重合，公众史学应如何看待；二，在新媒体时代，公众具有"接受"与"创造"的二元身份特征下，如何定义"公众"；三，历史话语传播中的"媒体化"问题；四，对"历史的通俗化"与公众史学的关系缺少理论建构。

武黎嵩在《档案与建设》第 1 期发表《略论口述历史的学术定位与口述史料的整理方法》。

该文总结了中国口碑史料的传统及其与口述历史在技术条件和语言书写习惯上的差异。口述历史不仅是史料收集的历史文献学，更是触及"历史记忆""历史性质"的学科。客观的口述史研究可通过规范口述历史文本的产生、整理来实现。作者介绍了两种口述历史文本整理形式、整理步骤和方法，强调了口述史后期整理以及知识产权问

---

① 邱霞：《"做"口述历史的时间规范与理论探讨》，《当代中国史研究》2019 年第 4 期。

题的重要性。

詹娜在《民俗研究》第 1 期发表《口述历史与正史：言说历史的两种路径——以辽宁满族民间叙事与区域史的建构为例》。

该文从区域文化史的角度分析了口述历史对理解正史记载的意义。作者将口述历史纳入新历史主义文化思潮和社会记忆理论中去认识，以辽宁满族的民间叙事为例，认为口述历史对正史记载起到补充及加深理解的作用。

赖素春在《高校图书馆工作》第 1 期发表《汇声聚史四十载——新加坡口述历史中心》。

该文围绕新加坡口述历史中心，介绍了新加坡口述历史的发展概况和研究定位。

全根先在《图书馆理论与实践》第 1 期发表《口述史采访需要注意的几个问题》。

该文从口述历史实践的角度上，较为全面地介绍了口述采访的环节及注意事项。

肖鹏、彭佳芳在《高校图书馆工作》第 1 期发表《口述历史如何融入图情教育：以图书馆史课程的教改实践为例——兼论口述历史教育在学科转型之际的积极意义》。

该文以中山大学图书馆学口述历史教育实践探索为例，分析图书情报与档案管理向数据科学的新范式转型下，引入口述历史的效果与在实际教学过程中出现的问题。

卢柳杉、徐锦博在《教育与教学研究》第 1 期发表《影像史学与中国教育史研究——以教育影像史料为中心的考察》。

该文梳理了影像史学理论的发展脉络，认为影像史学与历史教学的结合是近些年影像史学研究方向之一，借用影像史学研究法，可以进一步发挥教育史的功用和价值。

马卫东在《中学历史教学》第 1 期发表《"影像历史和史学"与历史教育——"影像历史与史学"跨学科应用的案例研究》。

作者认为亟须解决的主要问题是将影像史学视为一门独立学科，明确研究对象，进行影像语言建设。文章介绍了影像史学在历史教学中的应用实例，认为影像史学在跨学科应用上，尤其是历史教学领域具有积极意义。

曹兵武在《中国文化遗产》第 1 期发表《本体·信息·价值·作用——关于文化遗产保护传承的几个理论问题》。

  该文对文物和文化遗产的定义、价值和作用进行探讨。国内对文化遗产的认知经历了个人拥有、精英考究到全民守护的过程。遗产的核心价值在其存在、工艺技术、基于主体的符号象征性及衍生价值、经济价值。非遗保护要重视文化遗产所承载的信息价值而非实物保存的完整性，新时期非遗事业要构建人—物—事—理联动互通的理论体系和保护观念。

李鸿谷主编《光荣与道路——中国大时代的精英记忆》由现代出版社出版。

钱江、白贵著《摄影记者口述及亲历（人民日报口述历史）》由河北教育出版社出版。

袁畅著《传承与生长：当代琉璃厂艺匠口述史》由北京出版社出版。

2 月

是月

高小燕、段清在《人文杂志》第 2 期发表《传承与传播：物质文化遗产价值的可沟通性》。

  该文关注公众对保护和传承文化遗产的价值认知和传播现状。随着考古学转型和公众的时代文化发展需求，公众考古成为热潮，国内文化遗产事业面临一系列传承和传播危机：参与文化遗产资源保护、利用和传承的利益相关者存在认知"知沟"，公众对文化遗产保护的价值认知不足；新媒体的传播实际效果不理想。文章认为让文化遗产"活"起来关键之处在于让文化遗产成为实现个体存在价值的方式。

马晓娜、图拉、徐迎庆在《中国科学（信息科学）》第 2 期发表《非物质文化遗产数字化发展现状》。

  该文梳理了 20 世纪 90 年代以来文化遗产保护数字化发展进程，

介绍了非遗数字化研究的各个环节及存在的基本问题，强调新兴数字技术为非遗数字化提供了新的技术手段与方法。同时，技术本身也存在问题，新技术的过多干预是否会影响非遗精神的传承，这一点值得持续思考。文章最后总结了非遗数字馆展示方式及非遗数字化领域可继续深入的若干研究方向。

鲍林在《博物馆研究》第 2 期发表《口述历史在地方党史类纪念馆工作中的实践探析——以连云港市革命纪念馆"革命前辈口述史工程"为例》。

该文关注口述历史作为一种资料获取方法以及关注底层民众的视角特点，强调在地方党史类纪念馆业务工作中引入口述历史方法的必要性。

张宏涛在《图书馆情报工作》第 3 期发表《美国哥伦比亚大学口述历史工作研究及启示》。

钱晓燕、王来刚在《档案与建设》第 2 期发表《留存江村记忆　丰富乡土文化——吴江开弦弓村口述历史资料采集工作的实践与思考》。

苏州市政协文史委员会编《口述非遗（第 5 卷）》由古吴轩出版社出版。

3 月

13 日

山东省总工会"齐鲁工匠口述史"课题调研组赴日照港铁运公司调研。

19 日

全国首部非遗口述 AR 图书《了不起的非遗（第一辑）》在武汉首发。

26 日

国网浙江电力主持"浙电记忆"口述历史档案采集工作率先在嘉兴启动。

是月

陈墨在《当代电影》第 3 期发表《试说公众史学兼及口述史学》。

该文就公众史学中国化过程中的若干问题进行讨论。作者认为美国罗伯特·凯利及韦斯利·约翰逊创设 public history，其含义是让历史学家走进社会，甚至影响未来的历史进程，兼具实用性与学术设想。中国专业历史学者应主导公众历史书写，警惕以大众性排斥专业性的"大众迷思"。文章还论及公众史学的跨学科特点，"公众"概念应如何界定以及口述史学与公众史学在学科架构上的设置等问题。

李涛、李欣在《东方论坛·青岛大学学报》（社会科学版）第 1 期发表《论口述历史的主体间性》。

该文将胡塞尔和许茨所讲的"主体间思想"概念用于分析口述历史的性质。作者认为，口述历史不仅是一种客观认知活动，更是基于主体间的历史感知和交往，主体之间在时间上共处于"生动的现在"，在空间上是"面对面的关系"。口述历史这一主体间特性，区别于传统历史研究法，给普通人以书写历史的话语权；要实现这一点，在口述历史实践中需要遵循四个建构原则：接近呈现原则、互为主体性原则、开放性原则和视角互易性原则。

马泳娴在《高校图书馆工作》第 2 期发表《公共文化服务视域下的口述历史服务》。

该文关注口述历史的公共服务项目意义。口述历史服务是一种促进公共文化服务实现目的和职能的创新服务方式，具有以人民为中心、资源可整合的特点。作者调查了国内各省大型综合性信息机构口述历史项目开展情况以及国外口述历史服务的典型案例。重点分析了口述历史对公共文化服务的作用。文章认为要将口述历史更好地纳入公共文化服务体系，应在资源建设、服务供给和宣传推广三个层面继续努力。

高建辉在《图书馆学研究》第 6 期发表《数字人文视域下少数民族口述历史资料的保护研究》。

该文认为数字化保护对少数民族文化的传播和利用起着重要作用。数字化保护工作面临基础理论研究有待深入、实践条件不足、重视意识不够等问题。为此，在理论研究层面要准确界定相关概念，广泛宣传，提高保护意识，重视复合型人才培养；加强相关政策法规的建设，构建长效保护与合作机制。在实践层面上，重视前期调研，科学制定工作计划和方案，创新资源的收集方式，建立统一的数字化标准；利用大数据分析法指导资源收集和建库工作。

李赵鹏、刘强在《哈尔滨学院学报》第 3 期发表《武术口述历史研究的现状、价值与过程》。

该文认为武术口述史开展依然处于摸索阶段，武术口述史研究的价值表现在将研究对象实现了从武术精英到普通大众的突破，有助于拯救"活态"史料和发掘"边缘"史料，使武术史料变得真实、立体、生动。

刘莹在《档案天地》第 3 期发表《口述档案解封与利用中的法律与伦理问题探究——以"贝尔法斯特项目"事件为例》。

该文以美国经典的口述历史项目"贝尔法斯特"事件为例，分析其口述档案解封与利用过程中出现的法律与伦理问题，并从社会正义和权力角度分析其产生原因，以期对国内口述历史项目提供借鉴。作者认为，口述历史项目中法律与伦理问题的讨论重点应在于如何避免此类问题的发生而非事后定义。

朱必云、谢春林在《档案天地》第 3 期发表《论口述资料的收集与利用》。

该文主要介绍了一些国内外图书馆具有代表性的口述历史项目。

尹培丽、姚明在《高校图书馆工作》第 2 期发表《非物质文化遗产口述档案资源建设研究》。

该文讨论了构建非物质文化遗产口述档案资源体系的重要性、可开展方向及现有成果。

赖兰芳在《中国民族博览》第 3 期发表《试探广西公共考古发展的新思路》。

该文总结了广西公共考古近年来的发展情况、困境，提出了撰写科普读物、开拓新媒体、搭建学术交流平台、举办公共考古活动等发展新思路。

葛帮宁著《解放：中国第一个汽车品牌的前世今生》由工人出版社出版。

中共常州市委党史工委、常州市地方志办公室编《探路非洲——坦中合资友谊纺织有限公司口述历史》正式发行。

安徽省人民政府参事室、安徽省文史研究馆编著《中国农村改革的破冰之旅——安徽凤阳、肥西农村改革亲历者口述史》由黄山书社出版。

4月
3日
"跨学科口述历史研究学术研讨会"在天津社会科学院召开。
9日
"胜利记忆——解放南京部分老战士口述史展览"在雨花台烈士陵园开幕。
12日
浙江省第一批国家级非遗代表性传承人口述史丛书发布会在杭州举行。

  该丛书记录了国家级项目代表性传承人婺剧表演艺术家葛素云、姚剧表演艺术家沈守良、海宁皮影戏表演艺术家张坤荣等10位国家级非遗代表性传承人的艺术故事。①
18日
"闽宁扶贫协作口述史录"采集征编座谈动员会在银川召开。
23日
《大运河口述史》影像数据库开机仪式在江苏省淮安区举行。

  该项目关注大运河的建设者、享用者和文化传承者主体。数据库的建成既可用于当前和未来的大运河研究，也可用于公共教育服务。②
24日
青海省档案馆开展首次音像口述档案录制活动。
是月
唐纳德·沃斯特、侯深在《鄱阳湖学刊》第2期发表《我们为何需

---

① 《浙江省第一批国家级非遗代表性传承人口述史丛书发布会在杭州举行》，https：//www.sohu.com/a/307567673_100020365。

② 《淮安区举行〈大运河口述史〉开机仪式》，https：//www.sohu.com/a/310114362_120029124。

要绿色历史》。

文章指出,绿色公众史学研究中心的创立体现了21世纪地球环境危机下历史学家的时代使命。绿色历史正视并辩证地看待自然科学的力量,将之纳入历史学者的研究范围内;将研究视野拉回到人类物种甚至地球起源的时间深处,借助跨学科的方法和视角谱写一部人类历史。在经济增长已经成为当今世界的中心议题时,批判无条件的促进经济发展而牺牲环境和人文是绿色历史的任务。

梅雪芹在《鄱阳湖学刊》第2期发表《共建共享生态家园——绿色世界公众史学畅想》。

该文指出,"绿色公众史学"(Green Public History,GPH)理念以及"绿色世界公众史学研究中心"(CGPH)是史学研究工作者从时代关切出发,思考"环境保护、可持续发展和生态文明建设需要什么样的人"这一问题所作出的回应。绿色公众史学研究主旨在于培养发自内心尊重自然,在日常生活和工作中能自觉地按照《公民生态环境行为规范》行事,具备"生态世界观"的"绿色公众"。绿色公众史学是环境史学的一部分,环境史学是最大的公众史学。文章重点提出了绿色公众史学初步拟定的若干研究方向与主题。

周敏在《北京联合大学学报》(人文社会科学版)第2期发表《乡村振兴战略中农村口述史的时代价值与实施路径——基于对北京农村口述史的实证研究》。

该文探讨了农村口述史工作项目的时代价值和实践路径。针对当下中国农村口述史项目在学术理论和实践操作上存在的一系列问题,作者从实践主体、选题技巧、访问技巧、文本出版、影像表达和开发利用六个方面提出了针对性建议。

王丹林在《中国地方志》第2期发表《影像史学的新实践——中国影像方志的创作和发展》。

该文认为影像方志是运用多媒体数字技术来呈现地方社会历史与现状的资料性影像文献。中国影像方志的发展经历了由专题到综合性再到名镇名村影像志的三阶段,相比较传统纸质志书,影像方志将客观史学价值和视觉艺术效果融合在一起,具有开放性、具象化的文化传播特点。文章对中国影像志未来的发展提出几点思考。

谈国新、张立龙在《图书馆》第 4 期发表《非物质文化遗产数字化保护与传承刍议》。

该文从科学理论和技术操作层面对非遗数字化亟待解决的问题进行讨论。非遗的数字化保护不在于数字化形式，而要以本真、活态地再现非遗为目的。非遗表现形式要有相应的定量评估体系。在传承方面，要建立以传承人为核心的数字化活态传承机制，对传承人的基本信息纳入数据库实时统计。非遗数字化保护和传承问题的解决，关键取决于技术。

北京市西城区区委老干部局与区档案馆合作开展 2019 年口述采集项目。

周维方、赵光圣等在《山东体育学院学报》第 2 期发表《传统武术当代社会价值及其实现路径——基于武术家口述史的研究》。

刘明在《北方传媒研究》第 2 期发表《口述历史纪录片〈我的抗战〉的叙事技巧》。

黄娜、谭亮在《新世纪图书馆》第 4 期发表《我国图书馆开展口述史项目的研究》。

广东革命历史博物馆编《我们的远方故事：中国远征军中的黄埔军人口述录》由广东人民出版社出版。

特布信口述、白云整理"民族学文献丛书"第二辑《民族历史的见证——特布信口述史》由人民出版社出版。

高凤林著《党中央在延安：十三年党群关系口述史》由人民出版社出版。

5 月

17 日

南京理工大学档案馆召开南京五所高校口述历史专题座谈会。

23 日

北京市中小学体育特级教师口述史启动仪式在北京教育学院体育与艺术教育中心举行。

24 日

2019 年第二届中国建筑口述史学术研讨会暨华侨建筑研究工作坊于华侨大学举行。

本次活动由华侨大学建筑学院主办，为期三天。本次会议围绕口述史工作经验，涉及前期准备、工作范围、访谈对象、访谈内容、访谈技巧、资料整理、表现形式等多个方面内容，探讨了中国建筑口述史的发展前景。

24 日

上海交通大学数字档案馆"馆藏红色档案与口述历史档案成果发布会"举行。

25 日

"知青与铁姑娘"研究工作坊暨南京大学当代中国研究院揭牌仪式在南京大学社会学院举行。

本次工作坊为南京大学新中国人物群像口述史研究项目，为期两天。会议邀请了上山下乡运动的亲历者参加。

是月

李娜等主编《公众史学》（第二辑）由浙江大学出版社出版。

本辑共 20 篇文章，包括"理论探索、前沿与反思""博物馆、遗址与历史保护""家族史研究""数字公众史学""历史教育"和"评论"六大主题，包括《美国国家历史保护法案》50 周年纪念文章系列，内容涵盖国内外公共史学前沿的理论探讨与实践，侧重引介美国公共史学研究成果，对公众史学从业者具有学习和参研价值。

吴琼在《中国社会科学报》发表《挖掘中国文献独特影像基因，创新影像史学评价体系》。

该文认为，在数字化的互联网时代，影像史料成为史学研究不可或缺的资料形式，包含丰富多元的信息，对研究者提出了在技术和专业知识结构上更高的要求；史学界也需要引进新的评价方法，更新研究体系。

侯杰、马晓驰在《烟台大学学报》（哲学社会科学版）第 3 期发表《影像史学视域中的抗战及其史学思考——以长城抗战为例》。

该文借由《山河记忆·长城抗战》历史纪录片的制作实践，探讨了影像史学尤其是抗战题材纪录片应如何利用口述史料，将历史真实性与大众性结合起来的理论问题。文章肯定了影像史学再现历史所具有的独特优势，认为影像史学作品在制作过程中，面临视频制作技术者历史专业知识不足、历史学家参与不深入、资料搜集和辨析工作不到位等问题。

陈鸿超、杨祥银在《社会科学战线》第5期发表《英国早期口述史学的马克思主义史学传统》。

该文分析了英国现代口述史学早期发展阶段的马克思主义史学传统特征，包括形成背景、发展历程及公共性特点。英国口述史学受到英国马克思主义史学及美国口述史学的"新社会史转向"影响，致力于将历史实践"民主化"，劳工史、乡村研究成为重要领域。英国口述史具有鲜明的公共性特征，使得口述史学在英国成为一项重要的社会运动，对整个口述历史学界也产生了重要影响。

刘雪芹、李雪在《图书馆理论与实践》第5期发表《图书馆拓展口述历史延伸服务的实践探索——以与丁庙小学合作项目为例》。

该文以案例形式探索了图书馆与学校合作展开口述历史项目的可行性。

郑文换在《西北民族研究》第2期发表《从文化遗产保护到文化旅游开发的乡村振兴之路：以韩国河回村为例》。

该文以韩国"居住型世界文化遗产"安东河回村为个案，分析其从开展文化遗产保护到开发文化旅游产业再到文化旅游实现居住—商业分区的过程，总结其经验和特点。在此基础上，对经济落后但具备文化旅游资源的乡村进行保护开发提出建议。

冯慧玲、梁继红、马林青在《中国档案》第5期发表《台州古村落数字记忆平台建设研究——以高迁古村为例》。

该文介绍了台州古村落数字记忆平台的建设经验和特点，为数字时代探索如何依托档案资源来构建中国乡村文化记忆的新模式提供借鉴。

中国人民大学校友办公室编写的中国人民大学校友口述史（第一辑）

《与改革开放同行》由中国人民大学出版社出版。

陈志宏、陈芬芳主编的中国建筑口述史文库（第二辑）《建筑记忆与多元化历史》由同济大学出版社出版。

［美］约翰·彼得著、王伟鹏等译《现代建筑口述史——20世纪最伟大的建筑师访谈》由中国建筑工业出版社出版。

暨南大学国际关系学院/华侨华人研究院、暨南大学归国华侨联合会主编《归侨口述史·暨南篇》由暨南大学出版社出版。

中共上海市委党史研究室、政协上海市委员会文史资料委员会编《日月新天：上海解放亲历者说》由上海人民出版社出版。

迟福林主编《口述改革历史》由广东经济出版社有限公司出版。

姜斯宪主编的上海交通大学校史研究口述系列（第四辑）《思源·激流》由上海交通大学出版社出版。

6月

4日

山东省委党史研究院在潍坊市召开"改革开放以来山东市、县委书记口述历史征编"工作会议。

16日

"侍从人员眼中的蒋中正父子口述历史访谈"专题讲座在黄埔军校旧址举办。

20日

"百人百集纪录片：《共和国建设者口述实录》创作研讨会"在中国文联召开。

21日

2019年浦东新区"国际档案日"系列活动暨庆祝浦东解放70周年档案文化项目综合展示发布仪式在浦东展览馆举行。

  本次活动推出了四大档案文化项目："峥嵘七十年　浦东绘传奇——纪念浦东解放70周年档案史料展"；《申报中的浦东》与《浦东家族文化》出版首发仪式；摄影家影像资料捐赠仪式；上海市浦东新区长三角区域地情资料库签约揭牌仪式。

25 日

"叙忆南昌路口述史展"在上海黄浦区举办。

是月

李娜《公众史学研究入门》由北京大学出版社出版。

本书是李娜教授近年发表的近二十篇中英文论文修订后的集结本。其主旨是介绍"公众史学的基本框架和研究历史",为从事或对公众史学有兴趣者提供"入门指导",并为国内公众史学的建立和发展"提供一些切实的帮助"。全书共分为三部分,第一部分深度介绍了公众史学学科,包括学科起源、不同模式、研究路径和前沿问题。第二部分是全书的主体,讨论了公众史学与记忆和历史感知、公众史学与历史知识的呈现与传播、公众史学与历史的保存与保护、公众史学教育四大主题。第三部分"中国公众史学研究",是对国内公众史学现状的反思。[①]

陈紫竹在《日本侵华南京大屠杀研究》第 2 期发表《叙事话语与大屠杀记忆:以美国、以色列大屠杀纪念馆为例》。

该文认为纪念馆作为生产及传播公共记忆的重要平台,起到了建构集体记忆的作用,为历史记忆的政治化运用提供了话语基础。通过参观路线、陈列展品、儿童纪念馆主题展馆设计等方面,两馆分别塑造了不同的大屠杀叙事结构和内容。通过考察两馆对大屠杀记忆形塑,作者对南京大屠杀展馆提出两点建议。一,建构南京大屠杀"前现代大屠杀"的叙事主旨。二,将南京大屠杀纳入到"日本侵略"以及"东方主战场"的总叙事框架下。

丁华东、张燕在《档案学研究》第 3 期发表《档案记忆再生产研究的学术价值与问题思考》。

该文检讨了档案与社会记忆既有研究框架的局限。文章指出,档案记忆再生产研究有利于整合档案记忆的研究成果,开拓档案记忆研究新空间,推动社会记忆理论研究新发展。为此,要注意其中涉及的

[①] 王希:《公众史学并非一种崭新的发明——李娜〈公众史学研究入门〉序》,《世界历史评论》2019 年第 1 期。

科学性、本体论等方面的问题,以构建一体化的档案记忆理论体系。

金家玮在《科学教育与博物馆》第3期发表《博物馆语境下的口述历史探究》。

文章首先分析了博物馆学与口述历史结合原因,指出口述史在博物馆学中的应用方向以及目前在实践中存在的难题。作者认为,口述历史在博物馆学中的应用尚处于初级阶段,需要加强口述史项目的整体规划和专业性训练。

钟源、吴振寰在《图书馆杂志》第6期发表《美国10校图书馆口述历史工作调查分析》。

该文调查了哥伦比亚大学口述历史研究中心、阿拉斯加大学费尔班克斯口述史历史项目等10所美国图书馆的口述历史项目,总结了美国高校图书馆口述历史工作运营经验,以期为国内图书馆口述历史实践提供可借鉴的发展路径。

宋蓉在《山东图书馆学刊》第3期发表《人微言不轻——安徽省图书馆〈抗战老兵口述历史〉项目案例分析》。

该文从口述史实践角度对安徽省图书馆所开展的抗战老兵口述历史项目进行了分析,对采访专业性、口述史内容的真实性问题进行了简要探讨。

张楚廷著《改革路上:张楚廷口述史》由华中科技大学出版社出版。

李豫闽主编、贺瀚著《海峡两岸剪纸艺术口述史》由福建教育出版社出版。

王岚、郑正恕著《我在现场——摄影家口述》由上海教育出版社出版。

张锦在《山西档案》第3期发表《口述档案,口述传统与口述历史:概念区分及其档案意义》。

李继锋在《抗日战争研究》第2期发表《终极抢救与规范之作——评〈烽火记忆——百名抗战老战士口述史〉》。

7月

5日

江苏检察人口述历史"省部级要案承办检察官口述实录"启动暨首

次工作会议在南京大学举行。

"第三届中国公众史学高校师资论坛"于浙江大学西溪校区举行。

本次论坛为期六天,由浙江大学公众史学研究中心李娜主持,主题为"公众史学、口述历史与数字人文"。此次论坛以讲座、研讨、工作坊与实地参访结合的形式,内容涵盖了公众史学和口述历史领域最前沿的理论与实践以及数字人文,对于国内正方兴未艾的公众史学和口述历史学科建设有积极意义。①

13 日

"中国社会学会 2019 年学术年会论坛"在云南大学(东陆校区)举行。

本次论坛主题为"口述历史、集体记忆与社会认同",由"理论与方法""变迁与记忆""历史与记忆""媒介与记忆""传统与记忆"五个单元组成。论坛为期两天,邀请了南京大学教授周晓虹、温州大学教授杨祥银进行主题演讲。

20 日

"全国首届体育口述历史学术研讨会"在津召开。

"物质与非物质文化遗产对话与融合"国际研讨会在京举行。

是月

林发钦著《海岛民风:澳门路环老街坊口述历史》《小店忆旧:澳门老店口述历史》由广西师范大学出版社出版。

澳门理工学院中西文化研究所从 2009 年开始将"澳门本土文化口述历史"研究项目,作为研究所的一项重要任务,经过近十年的努力开拓,已初见成效,成为为澳门开展专业口述历史研究的主力军。该所的访谈工作受访者总计有 330 多人,访次近 400 人次,已收集了不少于 560 小时的录音、录像资料,转录文稿超过 280 万字。此次出版的两部著作是该所的阶段性成果。

姚力在《当代中国史研究》第 4 期发表《乡民的生命叙事与口述历

---

① 《公众史学、口述历史与数字人文——第三届中国公众史学高校师资论坛》,http://www.ch.zju.edu.cn/2019/0911/c22874a1658937/page.htm。

史的多重价值》。

该文围绕《村史留痕：陕西佳县泥河沟村口述史》一书的内容、研究方式及价值进行讨论。作者强调，此项口述历史研究将泥河沟村的村落文化存留并展现在世人眼前，有助于村民认知村落文化，提高村民对农业文化遗产的保护意识，将当地脱贫致富谋发展与保护文化遗产的任务结合起来。

陈涛在《图书馆研究与工作》第 7 期发表《高校图书馆口述文献整理与利用实证研究》。

文章以云南民族大学图书馆口述文献馆藏为例，分析了该馆口述文献收藏类型、整理与利用的方法，总结了国内图书馆口述文献整理现状中存在的若干问题，强调从档案学界借鉴经验，规范图书馆口述文献的整理，以加强图书馆口述文献的整理与利用。

张义、张渝珩在《图书馆情报工作》第 13 期发表《美国民俗生活中心口述文献的采集与利用》。

该文站在图书馆学口述文献的采集与利用角度上，以美国国会图书馆下属的美国民俗生活中心为例，介绍其发展历史和主要口述历史项目，重点总结了该平台对口述文献的采集、利用实践经验，为国内图书馆提供借鉴。

郭平在《天津大学学报》（社会科学版）第 4 期发表《女性传承人的身份再造与认同——以王树花口述史研究为出发点》。

该文从性别视角研究分析了非遗女性传承人王树花口述史材料，讨论了影响女性传承人记忆形成的因素。

季中扬、陈宇在《云南师范大学学报》（哲学社会科学版）第 4 期发表《论传统手工艺类非物质文化遗产的创新性保护》。

该文认为传统手工艺类非遗在强调其本真性和传统的同时不应排斥创新，问题的关键在于如何创新。作者提出两点，一，政府和社会要重视传统手工艺行业的整体性保护，为非遗创新保驾护航；二，提倡传统手工艺在传承中创新，而非一味迎合个性和资本。

何祚欢、朱天福采访，荣明祥口述，朱天福整理《楚剧往事》由武汉大学出版社出版。

中山市公路局主编《公路里的中山——中山公路建设亲历者口述回忆》由广东人民出版社出版。

杨洪林、樊祖著《土家织锦传承人口述史研究》由中国社会科学出版社出版。

许民强主编《泽源：大连海事大学校友口述实录》由大连海事大学出版社出版。

杜维善口述，董存发撰稿《杜维善口述历史》由上海书店出版社出版。

8月

7日

"同心圆·中国梦——父辈的1949"口述史节目在北京人民广播电台正式开播。

"发展中的世界记忆"国际学术研讨会在苏州召开。

9日

中国社会科学院哲学研究所启动老学者口述史访谈工作。

深圳拓荒史研究会举办"70·40我们的拓荒记忆"启动仪式。

19日

2019四川省阿坝州口述历史工作推进会在黑水县召开。

是月

王琳在《档案学研究》第4期发表《大屠杀研究中见证者口述历史的价值》。

　　该文站在史料性质角度，讨论了口述历史在二战期间德国纳粹屠杀犹太人问题上的研究价值。口述历史使得大屠杀研究从最初单纯地依靠文献资料收集和整理的工作，发展到通过采集普通民众口述的方式来进行，增加了大屠杀史料的多样性和研究角度的多元化。文章探讨了历史与记忆的关系，认为大屠杀中见证者的个人记忆和历史事件之间是相互融合和转化的关系，见证者的口述历史补充了历史真相背后的历史意识和情感认知，口述历史可以和文献资料一样，提供客观的大屠杀史实。

吴振寰、韩玲、钟源在《图书馆工作与研究》第 8 期发表《美国路易斯安纳州立大学图书馆口述历史工作研究》。

该文以美国路易斯安纳州立大学图书馆 T. Harry Williams 口述历史中心为研究对象，总结其特点和对国内图书馆的启示。

刘萍在《湖北社会科学》第 8 期发表《战时日本的战争形塑初探——以〈靖国之绘卷〉为中心的考察》。

该文探讨了在影像史学潮流下，不加分析地利用图像影视作品可能对二战期间的日本史研究产生的弊端。影像尤其是日本战时影像作品往往是经过选择的生产过程，这使得影像只是"再现"，而非"映现"，要特别注意职业素养和政治倾向对图像资料的真实性和客观性影响。在利用和研究影像时，要考察其生产和流播过程。

上海国家会计学院会计口述历史项目工作组主编《会计口述历史》（第一辑）由立信会计出版社出版。

9 月

6 日

"来博物馆里听胡同居民的故事"东四南口述史分享会在北京东城区史家胡同博物馆举办。

是月

张锦在《山西档案》第 6 期发表《口述历史的前端控制：基于"中国电影人口述历史项目"的案例研究》。

该文以中国电影人口述历史项目为例，讨论了口述历史访谈阶段的前端控制和规范化操作的理论与实践问题。前端控制是现代档案管理的重要理论，要求档案管理从文件产生源头就开始介入并实施控制而不是被动等待文件归档。现代口述历史区别于传统历史研究的关键在于将口头史料档案化，并以档案或文献的思维来处理口头证词。收藏机构的规范化不足以解决口述历史文本的非结构化生成，这一点更凸显前端控制的必要性。

金连玉在《自然与文化遗产研究》第 9 期发表《口述史在文化遗产活化利用中的新尝试——以"南京城墙记忆"口述史为例》。

该文介绍了"南京城墙记忆"口述史项目的内容与意义。南京城墙遗产保护、规划与申遗工作以及民俗、传说和个人记忆是该口述史项目的重要采集内容。本次口述史项目体现了非遗保护与传播由"物"为本到以"人"为本的转变，拉近了市民与非遗之间的距离，丰富了南京城墙博物馆资源，提供了新的记忆资源和展示视角。

加小双、李宜芳、谭悦在《山西档案》第 5 期发表《数字记忆视域下非物质文化遗产的保护与传承》。

该文指出目前非遗保护与传承工作主要开展方式有基于资源库保存的档案化管理和以人为核心的活态化传承，但二者都有各自的局限性。作者以北京童谣非遗项目的传承与保护为例，展示了数字记忆将社会记忆转化为数字内容资源，在保护原实体性记忆和对文化资源再开发方面的优势。

马知遥、刘智英在《文化遗产》第 5 期发表《非遗保护与传承的记忆阐释——以山东省莱州市非物质文化遗产为例》。

该文结合山东莱州花饽饽制作工艺等非遗项目，从时间、空间和传承人三个维度来讨论非遗保护与传承的记忆阐释问题。

孔翔、陈品宇、文英姿在《华东师范大学学报》（哲学社会科学版）第 5 期发表《文化地图在城市街区集体记忆建构中的作用初探——基于"记忆江宁"活动的调研》。

该文对"记忆江宁"文化地图的绘制成果和实际影响进行评估，探讨文化地图在构建地方集体记忆中的作用和价值，涉及文化地图编制过程中权力关系等因素对地方集体记忆建构的影响。

张维在《档案与建设》第 9 期发表《美国 VHP 老兵口述档案实践特色及启示》。

曲青山、吴德刚主编《改革开放口述史（地方卷）》由中国人民大学出版社出版。

阮仪三口述，潘君祥撰稿《阮仪三口述历史》由上海书店出版社出版。

朱九思口述，陈运超整理《谋与敢：朱九思口述史》由华中科技大学出版社出版。

毛巧晖等著《北运河民俗志——基于文献与口述的考察》由中国戏剧

出版社出版。

10 月

15 日

中国人民大学公共史学工作坊举办第三期主题研讨会。

  此次工作坊以"历史再现的可能性——从《长安十二时辰》说起"为主题，邀请《长安十二时辰》作者马伯庸为主旨发言人，由中国人民大学史学理论研究所所长、历史学院教授杨念群主持。与会学者就历史非虚构写作、历史剧等公共文化产品与历史专业研究之间的关系、非虚构写作及历史研究中的想象问题、历史再现的可能性问题等进行了深入探讨。①

是月

人民出版社策划推出"中国共产党口述史"书系。

  该书系包括曲青山、高永中主编《新中国口述史（1949—1978）》；欧阳淞、高永中主编《改革开放口述史》；曲青山、吴德刚主编《改革开放四十年口述史》《改革开放口述史（地方志）》。

夏翠娟在《图书与情报》第 5 期发表《文化记忆视域下家谱文献价值的再认识和内容的深开发》。

  该文首先交代了"文化记忆"理论的学术脉络和概念意涵。作者将家谱文献置于文化记忆理论中，强调家谱文献作为社会变迁下集体记忆的见证价值，以移民史研究为例，认为不应剔除家谱文献中的"虚假"信息，而恰恰要追问"传奇"和不实成分存在的原因及其反映的观念。就数字化时代如何发挥家谱文献的"记忆"价值这一问题，从技术层面对家谱数据库的建设提出了若干建设性的意见。

庞博在《档案学研究》第 5 期发表《影像档案编研产品的社会记忆功能浅析——以文献纪录片〈燃烧的影像〉为例》。

  该文认为影像档案的编研体现了社会记忆和集体记忆的建构过

---

  ① 《公共史学工作坊第三期顺利举办》，https://mp.weixin.qq.com/s/6QAXHikH-bXm84vFlm4SRg。

程，影像档案本身具有唤醒集体记忆的功能。作者以《燃骚的影像》为例，分析其依托的档案资料、制作过程中的经验和特点。

钱茂伟在《浙江社会科学》第10期发表《作为活人历史研究的口述史》。

该文对口述史文本生产过程中的各个环节进行理论与方法层面上的思考。文章总结了口述史的若干特点，认为口述史首先是形态，其次才是方法。强调口述史是"活人有感的历史"，即当事人对口述文本或研究结论进行反馈甚至干预。这一特点要求研究者本身进行自我清查，并且让当事人参与审核过程。

高建辉、邱志鹏在《图书馆理论与实践》第10期发表《少数民族口述历史资料的来源、特点和分类方法研究》。

文章从图书情报学的角度对少数民族口述历史资料的概念进行界定并分析了它在保护和传承民族文化等方面的价值。作者提出了确定少数民族口述历史资料种类的单一和复式分类方法，以期为少数民族口述历史资料的搜集整理及数据库建设提供理论基础。

郭存海主编《我们的记忆：中拉人文交流口述史》由朝华出版社出版。

本书由中拉青年学术共同体（CECLA）历经三年组织策划实施，是首部关注中国和拉丁美洲人文交流的口述史著作。

11月

8日

"第五届'口述历史在中国'国际研讨会"在中国传媒大学召开。

8日，"口述历史之夜"——中国口述历史国际周2019特别发布会暨第五届"口述历史在中国"国际研讨会开幕式举行。此次活动由崔永元口述历史研究中心口述历史国际周组委会发起，展示了年度优秀口述历史项目短片和年度十大口述历史项目，与会专家学者分别进行了主题发言和深入交流。[①]

---

① 《"口述历史之夜"活动在中国传媒大学举办》，http://reader.gmw.cn/2019-11/11/content_33310415.htm。

9—10 日，本届国际研讨会正式召开，主题为"见证·回望——口述历史视域下的时代记忆"，包括三场专题研讨会，分别是"口述历史的多元理论""口述历史的多元实践""口述历史的多元应用"①。

9 日

中国艺术口述历史数据库暨首期中国电影人口述数据库发布会在南京艺术学院电影馆召开。

22 日

"记忆与遗产：三线建设研究高峰论坛"在湖北宜昌召开。

是月

李慧波在《天津大学学报》（社会科学版）第 6 期发表《新中国成立 70 年来中国大陆地区口述历史发展状况》。

该文总结了新中国成立以来尤其是 21 世纪中国大陆口述历史的发展特征、动因、问题及愿景。文章指出，21 世纪以来口述历史研究发展迅速，关注精英人物和重大事件和社会普通人物的社会生活，涉及众多学科领域，吸引了越来越多的新媒体加入。通过学术会议、国家权威立项机构、口述历史理论研究等方面不断推进学术化。作者认为口述史学需进一步在学术化的研究方向上努力，要有更多高校和研究机构投入口述史学的研究，构建中国口述历史理论体系。

添志鹏在《档案与建设》第 11 期发表《记忆再生产视角下档案资源开发的思路与策略》。

该文在社会记忆再生产视角下讨论档案资源的开发问题。记忆再生产视角下，档案资源以尊重记忆真实为原则，其开发要考虑到其中所隐含的记忆元素，由输出档案产品转向输出记忆能量。档案开发者需要调整自身的角色定位，增强档案记忆观念，对资源的开发要兼顾主流与多元；积极利用新兴的技术媒介促进记忆传播与认同，将档案资源的社会记忆功能与社会治理目标结合起来。

---

① 《第五届"口述历史在中国"国际研讨会日程》，https://mp.weixin.qq.com/s/9gXbBVtxjLGs22UMa9jUyg。

全根先在《高校图书馆工作》第 6 期发表《口述史采访中的文献收集工作》。

该文从口述史采访实践经验出发，指出口述史采访中文献收集工作的重要性、常见问题以及应遵守的基本原则，强调在信息高度发达的网络时代，要善于利用文献检索，发现核心文献，注意收集文献的时代性以便对受访者进行更加准确的认知。

王思淇、吴丽君在《山西财经大学学报》第 S2 期上发表《论网络短视频发展与当代口述史学的关系》。

该文简要探讨了口述史方法在网络短视频中成功应用的案例，认为口述史中的访谈法和资料整合方法对于网络短视频传播和转型具有积极意义。

樊锦诗口述，顾春芳撰写《我心归处是敦煌：樊锦诗口述自传》由译林出版社出版。

刘钟美在《图书馆研究与工作》第 11 期上发表《口述历史特色文献资源建设研究——以中国工运学者口述历史资源建设为例》。

12 月

3 日

江苏省"百村万户"口述史采集工作总结表彰会议在宿迁市召开。

6 日

新中国记忆与口述史学术研讨会暨 2019 江苏省口述历史研究会年会在江苏召开。

7 日

中国高校影视学会暨第一届中国影视史学年会在广州召开。

第九届全国大学生口述史成果交流赛决赛于中山大学举行。

10 日

口述史纪录片《口述国图》在 2019 中国（广州）国际纪录片节上首映。

28 日

"乡村文化与乡村志编修研讨会"在宁波大学人文与传媒学院举行。

是月

姜萌、王文婧主编《中国公共史学集刊》第二集（影像史学专号Ⅰ）由中国社会科学出版社出版。

本集主题为影像史学，设立 7 个专栏共 11 篇文章，包括"工作坊传真""专题研究""实践者说""名家访谈""调查与分析""资料整理"与"学术编年"。其中，杰夫·丘比特《军团传统：英国的博物馆、军队记忆与社会》、安德鲁·林奇《情感史视野下的澳大利亚战争纪念活动》两篇文章运用图像研究，主题触及了记忆研究、情感史等当下研究热点，为我们展示了国外公共史学研究的路径与方法。郑泽宇《公共史学与美国罗斯伍德大屠杀》一文以个案分析的方式介绍了美国公共史学的实践。在国内公共史学的实践方面，于洪介绍了《百家讲坛》栏目的创作过程；蒋竹山以其"电影与社会"课程的教授经验，对将影像史学运用到历史教学中来进行了理论和实践方面的思考。在理论研究上，李开元、杨念群等对"历史知识的应用与传播"问题展开深入讨论。就"史学写作形式"问题，包伟民在访谈中发表了"史学写作形式走向多样化是一种必然的趋势"的意见。

南京大学"社会学理论与中国研究"项目阶段性成果之《口述史研究专题》在《南京社会科学》第 12 期刊出。

南京大学在 2019 年开展了"新中国工业建设口述史"与"新中国人物群像口述史"两项系列研究，完成了"一五"期间确定的 156 项重点建设项目——第一拖拉机厂和洛阳矿山机械厂、20 世纪 60 年代启动的贵州"三线"建设工厂，社会学人和新华报人等口述史项目访谈。为使上述研究能够建立在坚实的理论基础之上，邀请项目组 8 位参与者就口述史的概念方法、研究现状和未来走向进行多方位的讨论，文章在《南京社会科学》分上、中、下三辑刊出。

洪秋兰、黄沁雪在《文献与数据学报》第 4 期发表《我国图档学科"口述历史"研究：回顾与展望》。

该文对国图书馆学和档案学领域的口述历史研究的上百篇成果予以评述。首先总结了图档学科口述历史领域的三大研究主题，认为图档学科对国外口述历史研究不够深入，多停留在表面介绍水平，缺乏对国外经典案例、重点项目和各类机构等总体概况的全面梳理和细致研究。

高建辉在《四川图书馆学报》第 6 期发表《少数民族口述历史资料及其有声数据库建设》。

该文从图书馆学科角度分析了少数民族口述历史资料概念的提出及其内涵界定，认为少数民族口述历史资料的判定关键在于内容与少数民族历史文化的相关度。最后，提出建设少数民族口述历史资料数据库的四个阶段。

徐立勋在《城建档案》第 12 期发表《口述档案——城建档案活化的新动力》。

该文较为全面地梳理了国内外口述史、国内口述档案实践的兴起和发展历程，探讨了口述档案在城建档案工作中缺位的主要原因，口述档案之于城建档案的重要性以及在城建档案工作中开展口述档案的若干方面。

金文恺、彭筱军在《汕头大学学报》（人文社会科学版）第 12 期发表《基于口述史辨析互联网诞生的五大历史争议》。

该文利用互联网口述历史（OHI）项目组平台获得的一手口述历史资料，梳理了自互联网诞生以来的五个产生了激烈争议的问题。

孟月在《资源信息与工程》第 6 期发表《口述档案的价值理解——基于档案双元价值观视阈》。

该文从信息价值和工具价值两个方面分析了口述历史的档案属性，肯定了口述档案的真实性。

编 后 记

在去年编辑集刊第二集过程中，更加认识到"影像史学"不仅是一个公共史学领域值得探讨的问题，对于历史学的未来，也是一个非常值得重视的话题，于是决定将"影像史学专号"分为Ⅰ和Ⅱ。这就有了去年的"影像史学专号Ⅰ"和今年的"影像史学专号Ⅱ"。

本集共分6个栏目，刊发了11篇文章。"工作坊传真"栏目，刊登的是2019年10月15日"公共史学工作坊"录音整理稿。以马伯庸老师《长安十二时辰》为底本拍摄的电视剧，在2019年引起了收视热潮，被誉为2019年质量最好的电视剧之一。对我们而言，更感兴趣的是他提出的"历史可能性小说"概念及他再现历史的思考。在杨念群老师的提议下，我们组织了"公共史学工作坊"第3期。工作坊邀请马伯庸、李开元、陈阳、肖铁、路国权、张宏杰、邱靖嘉、滕乐等老师，围绕"历史再现的可能性"主题，进行了有趣的讨论。来自不同领域不同专业的老师们提供了对历史再现问题的思考。过去几十年，中国史学界对历史书写功能的轻视，导致了史学从业者很少去关注历史再现的边界和历史书写技巧。这次讨论，虽然没有得出什么显著的共识，但是至少表明，历史学界有人开始注意到了我们今天该如何再现历史、如何讲述历史故事。讨论轻松愉悦，思路活跃，其中有不少闪光点值得深入发掘。

"专题研究"栏目刊登了6篇论文。刘鸿亮老师的论文《图像史视野中的"通州八里桥之战"》，在史料梳理的基础上，借助图像，为我们感性详细地分析了八里桥之战英法联军和清军的军械及战术差异等。八里桥之战是影响了中国历史发展的重要战斗，清军和英法联军的伤亡比让人匪夷所思。本文借助大量图表，让原本不易理解的战斗场景感性生动起来，不仅能够帮助读者走进惨烈的历史现场，也能够帮助读者理解清军惨败的背后原因，更加深刻地理解"落后就要挨打"的道理。本文部分文字曾经发表过，但是作者进行了大幅度的扩充，并配上了不少图表，文章重新获得了别样的价值。编辑部经过讨论，认为这并不违反学术规范，决定刊发此文。此文还有另外一个价值，就是显示了军事史研究是一个需要高度重视影像资料的领域。

近年来，思想史的研究借助数据库、图像等获得了不小的推进。徐峰老师《晚清的镜像与中国人形象认知》是一篇有关历史认识的论文，对晚清时期外国人拍摄的照片进行了分析，指出这些照片其实是晚清西方人对中国人意识的一种产物，反过来又刺激了中国人的自我认知更新和反思。本文的分析，有助于我们站在更高的高度来检讨近代中国人意识的生成过程及其得失。

自从照相技术被带入中国后，中西方摄影师们在晚清拍摄了大量照片。这些照片陆续被运用到晚清史研究和书写中，或作为资料，或作为帮助理解的插图。检讨相关书籍，发现大多数照片的使用，都是不规范的，甚至有一些是错误的。从推动史学研究和书写规范发展的角度来说，这也是一个值得关注的问题。刚好建秋同学也对这一问题有兴趣，我就建议她以此为硕士论文题目。不幸遭遇疫情，资料获取比较困难，举证方面有些不够典型和丰富。文章的深度虽然不够，但是基本问题都注意到了，具有一定的价值。建秋同学已经参加工作，不用再考虑学术发表的问题，遂修改后予以刊发。文章的价值是建秋同学努力的结果，存在问题的主要原因是我指导水平不够。还请读者朋友们宽谅。这篇文章也反映了另外一个问题，中国近现代史领域对影像资料的重视不够。如果能建立一个高水平的中国近现代史影像资料库，对影像资料的来源和信息进行标准化标注，对推进中国近现代史的研究和书写，应该是很有价值的。

刘金泉、曾备同学的论文借助两部与傣族"琵琶鬼"有关的电影，分析了傣族群众在1949年前后对"琵琶鬼"的认知变迁，揭示了影像对于人民大众观念改易的影响力。文章还提出了非纪实电影是否可以作为"影像史学"史料问题的思考。林卉老师的论文则梳理了中国口述历史影像作品创作的历程，提出了当前存在的问题和今后发展的方向。林老师是中国传媒大学崔永元口述历史研究中心的副主任，一直在口述历史实践的第一线，她的观察和思考颇有价值。

滕乐老师的论文是一篇从传播学角度研究我国历史剧现状及其出路的文章。作为历史悠久的大国，我国也一直是历史剧高产国家。但是近年来历史剧的生产出现了新的变化，就是21世纪初的非常受欢迎的历史正剧，逐渐出现了叫好不叫座的情况，而所谓历史传奇剧大行其道。在滕老师看来，这是因为新媒体的出现导致传播环境出现了变化，影响历史剧生产的核心因素已经从渠道、内容等，转向了满足受众身份认同的需求。

"实践者说"栏目刊登了央视《中国影像方志》执行总导演于洪老师关于《中国影像方志》节目的策划手记。《中国影像方志》是近几年央视策划的一个大型历史文化类节目，计划给中国所有的县级行政单位制作一集影像方志。这一国家级文化影像工程，是将方志从小众读物扩展到大众文化形式的一种创新，是历史与现实的融合，具有很高的文化价值，是公共史学实践新的形式。于洪老师等人经过不懈探索，逐渐总结概括出一套创作思路，取得了优异的成绩。本文就是对节目创作的一个回顾和总结，既有助于我们增加对节目的了解，也有助于我们了解电视工作者将历史与影像结合时的思考。

历史剧是我们日常生活中最常见到的一种历史类公共文化产品，但是历史剧对人民大众历史认知的影响到底多大，真的是很难说清楚。带着这种疑惑，我指导黄山、余稷荣、崔童、张亦琪、李祎凝五位同学开展了一个调查，采用调查问卷等方法，去认真研究电视历史剧对当代青年历史认知的影响到底有多大。同学们努力认真地完成了这个工作，通过对问卷和深度访谈等材料的分析，同学们发现90%的人表示自己的历史认知受到了电视历史剧的影响，研究发现历史剧影响效果的大小与受众教育程度的高低两个变量间存在反比。由于研究样本在选取和抽样方面条件有限，导致调查和分析还存在一定问题，但是这一调查对于我们了解历史电视剧的价值及其存在的问题，是不能否定的。因此，我们将这一调查报告发布在"调查分析"栏目。国内很多历史学的本科生、硕士生会参加"大学生'创造杯'""挑战杯"等活动，如果有质量较高的调查报告，非常欢迎投稿给我们。

"资料整理"栏目继续刊登的是楼文婷同学对影像史学研究论著篇目的整理。这种资料整理既耗时，阅读感又比较差，但是如果要切实推动相关研究的深入开展，笨工作总得有人做。经过第二集和本集的资料整理，虽然一定存在遗漏，但是也为今后影像史学研究的开展，提供了一个资料的积累。经过资料整理，也可以看出相关研究低水平重复的现象还比较突出。"学术编年"栏目刊载了韩晶晶同学编纂的《2019年公共史学发展编年》。由于篇幅限制等因素，此次编年编写得相对简略。两位同学都是在我的指导下完成的工作，贡献是两位同学的，问题和责任是我的。

对于人类来说，2020年是个不平凡的一年。在这样一个年份，集刊还能正常出版，离不开各位作者和学院领导的大力支持。在此致以真诚的感谢！

另外，经过编辑部讨论，集刊第四集的主题暂定为"历史非虚构写作"，诚挚邀请师长朋友们热情惠赐大作。投稿邮箱是 chinapublichistory@126.com。稿件刊发不收取任何费用。

还是那句话，我们办这个刊物，是希望打造一个以公共史学为主题的交流平台，不拘泥于文章的形式，不拘于作者身份，只看文章的质量和价值。

姜萌

2020年10月14日